中国园林的理念

西方记述
1300—1860

Ideas of Chinese Gardens
Western Accounts 1300 – 1860

[奥地利] 比安卡·玛丽亚·里纳尔迪　编

陈　健　黄炎子　译

华中科技大学出版社
http://press.hust.edu.cn
中国·武汉

图书在版编目（CIP）数据

中国园林的理念：西方记述：1300—1860 /（奥）比安卡·玛丽亚·里纳尔迪编；陈健，黄炎子译. —武汉：华中科技大学出版社，2024.1
ISBN 978-7-5680-9909-7

Ⅰ.①中… Ⅱ.①比…②陈…③黄… Ⅲ.①古典园林-文化研究-中国-1300—1860
Ⅳ.① K928.73

中国国家版本馆CIP数据核字（2023）第176381号

中国园林的理念　　　　　　　　　　　　　　　　　　　［奥地利］比安卡·玛丽亚·里纳尔迪　编
西方记述 1300—1860　　　　　　　　　　　　　　　　　　　　　　　　陈 健　黄炎子　译
ZHONGGUO YUANLIN DE LINIAN: XIFANG JISHU 1300-1860

出版发行：华中科技大学出版社（中国·武汉）	电话：（027）81321913
武汉市东湖新技术开发区华工科技园	邮编：430223

策划编辑：王　娜	美术编辑：杨　旸
责任编辑：王　娜	责任监印：朱　玢

印　　刷：武汉精一佳印刷有限公司
开　　本：710 mm×1000 mm　1/16
印　　张：18
字　　数：282千字
版　　次：2024年1月 第1版 第1次印刷
定　　价：128.00元

投稿邮箱：wangn@hustp.com
本书若有印装质量问题，请向出版社营销中心调换
全国免费服务热线：400-6679-118 竭诚为您服务
版权所有　侵权必究

译者序

几年前，浙江大学艺术与考古学院古典园林研究中心策划了一个"海外中国园林研究"译丛，后来由于种种原因而搁置，只能零星出版。《中国园林的理念：西方记述 1300—1860》（以下简称《中国园林的理念》）算是这一松散系列的第二部。上一部《中国对欧洲园林建筑的影响》已于2022年由华中科技大学出版社出版。

《中国园林的理念》收录了近6个世纪间西方人士对中国园林的观察及看法。该书编者比安卡·玛丽亚·里纳尔迪现为意大利都灵理工大学景观建筑学教授。关于中国园林西传，里纳尔迪写有专著 The "Chinese Garden in Good Taste": Jesuits and Europe's Knowledge of Chinese Flora and Art of the Garden in the 17th and 18th Centuries。这本文集中的作者有外交官、商人、植物猎人、军官和游客，但主体是天主教会和基督教会的传教士。这些西方人士虽然身份各异，但基本上都是知识分子。18世纪欧洲对中国园林的认知，早期以建构为主，后期观察占了上风。从学理上看，《中国园林的理念》与《中国对欧洲园林建筑的影响》可以构成某种连续性。在后者中，作者埃德伯格将欧洲对中国园林的接受分为三个阶段，由此而形成三种认知：异国风格、怪诞风格及模仿风格。前者则正对应于"模仿风格"。这一阶段的特征，正如埃德伯格所总结："传教士对中国园林实物及文化背景的了解，基本上能够给出一些真实的、准确的中国园林描述。据此，可在欧洲进行程度不一的模仿。"

中国园林在欧洲的传播，学界的基本共识是，其始于13世纪的《马可·波罗游记》，终于1860年的火烧圆明园。18世纪是中国园林向欧洲传播的密集阶段。

大航海是中国园林西传的地理条件，启蒙运动是中国园林被接纳的思想背景。在这段园林传播历史中，我们不难看出以下几种共识。

第一，早期传播的主要媒介是明清时期的外销瓷，尤其是外销瓷器上的图案。这些图像由画工完成，它们的来源、选择的标准及表现形式都在很大程度上决定了中国园林的形象。埃德伯格认为，在中国园林西传的早期，欧洲人甚至连一幅真正的中国山水画都没见过。后期传播的主体是传教士。传教士阶层大多活动在北京及广州，他们所亲历的园林大多数是皇家的三山五园及广州的商人园林；只有少数人如利玛窦和福琼参观过南京、扬州及宁波的江南地区的官僚园林。换言之，江南文人园林，作为中国园林的精华，并未被充分了解。

第二，对中国园林的评价，大体上经历了由早期的赞美转变为后期的贬损与拒斥。在西方观察者中，传教士因其使命使然，大多对中国园林持欣赏态度，而商人、植物猎人及外交官，因其在中国的限制而大多持否定看法。

第三，18世纪中国园林西传，留下了诸多学术问题，有些至今没有答案，有些悬而未决。这些相关问题包括：中国风（Chinoiserie）与中国园林的关系；英中式园林中18世纪中国园林与英国园林的较量；中国园林与中国形象；中国园林与洛可可园林以及困扰几代学者的"Sharawaggi"之谜。

《中国园林的理念》的文本体裁庞杂，跨越时间漫长，作者身份迥异。这些因素赋予文本极强的可读性与开放性。本书编者在研读文本的基础上认为，中国园林形象有四个特征，这些特征同时暗示了时间的递进。首先，中国园林以假山作为核心：假山作为景观的背景，正如欧洲园林中的假山一样；假山还被用来分隔空间；中国园林中的假山还能营造恐怖的场景。其次，中国园林总体上是对自然的模仿，呈现出不同风格的乡村景观。再次，中国园林以序列化的形式展现不同的景色（步移景异），有戏剧化效果。最后，中国园林矫柔造作，是对自然的扭曲，具有十足的人工性。

对同样的文本，本人反复解读后形成如下结论：第一，在西人看来，中国园林的空间结构是迷宫，无论山洞、道路还是建筑与水系，单项是迷宫，综合更是复杂的迷宫。第二，假山是中国园林的核心，但假山的恐怖、怪诞主要来自太湖石。湖石自白乐天始，就成了中国士人的自我象征。绵延千年的湖石史，基本上覆盖了中国文人造园史。第三，小尺度。本书的作者们认为，小尺度既可以以局部表示整体，也可以等比例缩小，他们多次提到中国园林中的矮化树种，这应该和中国的盆栽相关。第四，不规则（反几何）。对那些饱读《几何原本》的传教士来说，中国园林中几乎找不到一条直线。有人认为，中国园林中几乎找不到一棵正常的树；有人认为，如果欧洲人是竭尽全力去将水池做平，中国人则是竭尽全力将水池做成凸凹不平。

用编者和我本人的读解做个例子，无非是提醒读者，这本书没有一个标准的理解。

是为序。

陈　健

浙江大学艺术与考古学院

古典园林研究中心

目　　录

导　论

对于17、18世纪的欧洲人来说，中国既代表了一种不可抗拒的参考范本，又代表了一种具有异国风情的复杂形式。由于中国出版物在欧洲的广泛传播，中国文化得以闻名。这些出版物同进口到欧洲的中国精制产品一起，对西方人产生了强烈的吸引力，同时也对西方的文化和审美趣味产生了显著的影响。[1] 体现这种影响的一个典型案例是，西方园林美学经历了园林形态从受几何形态启发到受自然启发的演变过程，而在这一过程中，中国园林在西方园林的学术争论中不断被提及。[2] 始于17世纪末，英国最早引用了谈及中国园林中显著自然属性的相关文献，其被用于反对法国园林中的几何形状，以及支持英国风景园林的自身发展。中国园林作为西方园林典范的重要性，在18世纪下半叶英国园林被移植到法国土地上时，被英国园林的名称清楚地表明了，他们称这种园林为英中式园林（jardin anglo-chinois）。

在欧洲园林的不同发展阶段，欧洲对中国园林或是中国造园理念的相关了解，都来自西方旅行者的叙述。耶稣会传教士和其他传教士、商人、外交官、游客和植物收集者通过日记、书信、游记、传教士报告和对中国及其文化的一般描述，向欧洲人提供了他们对中国园林的理解。这些记述揭示了中国园林主要由不规则的自然性构成的特点。随着时间的推移，它们涵盖的细节越来越丰富，多关于中国园林的多样性，以及园林中令人惊讶的空间序列。[3] 由于这些记述是以西方旅行者在中国的亲身经历为基础的，因此它们被认为是中国园林设计的权威来源，同时它们也为西方园林艺术演变中的理论争辩提供了相应的文字支持。

本书讨论了西方观察者感知和传播中国园林的方式，并以此为目标，为过去的文本作品重新构建了框架。通过过去的文本作品，欧洲人形成了这样一种观念，即中国园林具有自然性、不规则性、多样性等特点，其接近于西方人所追求的乡村景观。书中所收录文章的时间顺序见证了西方旅行者对中国园林认知的演变：从13世纪开始，第一批关于中国园林的零碎信息传到欧洲，引发了人们的好奇；到17世纪，人们为中国园林中显著的自然魅力着迷；到18世纪，当西方的见证人试图编写他们自己特有的设计原则时，中国园林所代表的造园方法开始愈发显示出其条理；19世纪，随着西方国家在中国的商业野心受挫，中国及其园林的吸引力在欧洲开始逐渐下降。

西方关于中国园林的知识是双重解读的结果：一是西方旅行者通过文字描述传达了他们对中国园林的体验；二是那些从未到过中国的欧洲人对这些记述的接受。[4] 而这一过程所产生的知识，不可避免地使中国园林在欧洲成为一个模糊的概念，这使其复杂的美学体系和灵活的设计原则不能被充分理解。然而，对于欧洲人来说，中国园林代表了一种极为通用的参考模式，其被用来质疑或支持那些已经建立的或是新发展的西方园林风格。对于17世纪末和18世纪初的英国人来说，中国园林是一个被设计成自然景观片段的园林形象，其与巴洛克式园林中受约束的几何形状正相反。在18世纪后期的法国，中国园林成为多样化园林设计的典范，缺乏多样性的法国正统园林及以宁静朴素为主的英国风景园林，都与之形成鲜明的对比。最终在英国，从18世纪最后几十年开始，中国园林逐渐被拒绝作为一种可能发展西方园林艺术的风格来源。中国园林设计中显著的自然性被认为是过于奢侈的，是一种精心设计的人工作品，其有别于英国风景园林中对自然的重构。[5]

对17世纪晚期到19世纪中期活跃于欧洲的有关中国园林的讨论，不仅是一个关于西方园林美学演变过程中风格和品味变化的设计问题，也是一个远距离跨域模式下的文化转译问题。在18世纪下半叶，耶稣会传教士通常把皇家园林圆明园称为"中国的凡尔赛宫"或"北京的凡尔赛宫"，其暗示了中国皇家园林是地位和权力的象征。[6]

中国的形象

欧洲所认为的中国的形象长期以来一直受到《马可·波罗游记》的影响，这种影响甚至持续到近代。马可·波罗在游记中叙述了他在蒙古帝国（Mongol Empire）的旅行和他在忽必烈汗（Kublai Khan）宫廷度过的岁月，忽必烈汗是元朝的开创者。波罗的故事结合了现实、传闻和幻想，并以游记的文学形式呈现出来，这使欧洲人眼中的中国成为一个神秘而又平凡的东方国度。中国是一个传说中的东方国家，这一观念在几个世纪以来一直根植于欧洲文化中，而明朝（1368—1644年）采取的孤立主义政策及随后中国的闭关锁国，又进一步加深了欧洲的这种观念。

直到16世纪下半叶，欧洲和中国之间才开始了长期的交流互动。1557年，葡萄牙人在中国东南沿海的澳门建立了定居点，随后西欧国家在远东地区进行了快速的商业扩张。随着16世纪晚期耶稣传教会的成立，以及港口城市广州作为西方人的贸易基地的重要性日益增长，欧洲从各种渠道获得了越来越多的关于中国的信息，除了茶叶，还有其他进口商品，如装饰瓷器、漆器和丝绸等，其创造了一个繁荣的异国物品市场，同时西方旅行者在中国的见闻叙述也满足了欧洲人的需求，这些叙述通过描述中国物品的历史、地理和文化背景，在欧洲塑造出一个人们日益熟悉的中国形象。

一手记述资料探讨了广泛的主题，并提供了大量关于中国及中国文化的信息，为欧洲人了解中国作出了巨大贡献。[7]西方观察者在他们的叙述中对中国的印象基于他们的直接经验和他们自己的看法，但还是受到一系列因素的制约：他们所扮演的角色、他们的目的、他们采取的与中国人建立关系的策略、他们停留的时间、他们的期望，以及最后，他们的观点不可避免地由他们在前往中国之前阅读的记述所构成。

在17和18世纪，耶稣会的传教士在塑造欧洲人对中国的认识方面发挥了主要作用。他们代表了西方人和传教士的主要群体，在他们从16世纪末到18世纪末的整个传教过程中，他们一直居住在中国，并写了关于中国的诸多文章。他们在中国长期驻留，并且在朝廷拥有特权地位，特别是在清朝，他们为皇帝执行各种任务，这些条件为耶稣会传教士提供了了解中国的独特视角。为了争取对他们传教事业的支持，耶稣会传教士将他们所获得的知识通过一系列详细而成功的著作呈现给欧洲人，这些作品激发了人们对中国的极大热情。耶稣会传教士在他们具体详细而富有同情心的描述中，赞扬了中国的稳定、繁荣及其丰富而高雅的文化。他们帮助中国在欧洲树立了一个在整体上较为积极的形象，即中国是一个富裕的文明古国，在儒家思想的指导下，实行开明的政治体制，并由受过高等教育的学者参与管理。正如耶稣会传教士所描述的，中国成为批判欧洲世俗的一面镜子。莱布尼茨（Leibniz）和伏尔泰（Voltaire）等哲学家指出，中国是欧洲的典范。

在耶稣会传教士的叙述之后，其他西方访客也有了相关记述：大使和外交官，这些人主要是荷兰人和英国人，他们寻求与中华帝国*签订对他们有利的贸易协议；以及一些商人和偶尔来此的旅行者。由于实际利益的驱使，以及进入中国市场的意图，他们对中国图景的描述少有称赞。他们的观察与他们外交或商业任务中的突发事件有关，也与语言的难度有关，与耶稣会传教士不同，他们中只有极少数人学会了中文。他们倾向于强调所有不适宜的地方：繁文缛节、礼仪所带来的限制，以及对他们在中国行动的限制和条件。[8]

乔治·马戛尔尼勋爵（Lord George Macartney，1737—1806年）在1793年率领英国的第一个外交使团觐见了乾隆皇帝，他在出使团被皇帝解散后与法国耶稣会传教士钱德明（Jean Joseph Marie Amiot，1718—1793年）的一次交流中，很好地描述了这种由不同语境导致的判断多样性。当时，钱德明受雇于朝廷，他向大使讲述了他在承德接待外交使团期间及后续发生的事件。马戛尔尼对钱德明的话进行了反思，他在日记中指出，这位耶稣会传教士"可能是因为在这个国家生活了半个世纪，也可能是由于拥有丰富的知识和经验……他付出了很大的努力去消

---

* 译注：本书中的"中华帝国"是中国帝制时代统一王朝的通称。

除欧洲对中国性格、习俗和政策的一些错误观念，这种努力在某些情况下，并不是没有成功"。马戛尔尼写道，钱德明"除了是一个如此正直和博爱的人之外，他的意见也值得我尊重；不过，由于中国人长期以来对他公认的美德和能力给予了极大的尊重，他可能不自觉地对他们产生了过多的偏爱，并可能通过一种谄媚的方式来看待他们的政府"。[9]

耶稣会传教士对中国文化的解读被一种理想化的看法所扭曲，至18世纪末，当欧洲人对中国的迷恋开始减弱时，这一看法已然在西方悄然流行开来。对中国看法的逐渐转变是由一系列因素造成的，包括耶稣会势力被逐渐削弱，最终于1773年被解散。然而，这种转变最为主要和直接的动机是：中华帝国实行的限制性贸易政策将西方的贸易活动限制在广州南部地区，以及外交使团的接连失利，尤其是为获得更多贸易权而被派往中国的英国使团的失败。中欧两者之间经济贸易失衡，欧洲从中国进口了大量的商品，却几乎无法出口任何东西。中国从一个积极的范例转变为一个敌视进步的对手。[10]

18世纪下半叶，普遍存在的对中国的崇拜之情显然已被拒绝所取代。这形成了一种倾向，并且这种倾向注定要在接下来的两个世纪里成为一种标志，同时中国的政治发展和经济增长引发的西方的恐惧又进一步加剧了这种倾向。

中国园林的形象

在17世纪或18世纪，一个富有的欧洲人在日常生活中，能够通过各种各样的接触和渠道了解关于中国园林的大概面貌。这些接触和渠道具体的特点和所传递的内容，都在西方对中国园林设计的普遍认知中发挥了作用。

广为流传的信息是一种只被认为是间接沟通媒介的形式，但它们有一种迷人的视觉吸引力：从中国进口的瓷器、纺织品和漆器。这些物品上的不同的装饰，传递了异国风情园林中关于山野景观或是宫廷景色的片段。这些优美的场景有时暗示着气氛而非现实。然而，它们似乎验证了园林与景观之间的连续性的新兴观点，从18世纪早期开始，这一观点就为英国的园林设计提供新模型，后来又在西欧发挥作用。如果说这些图像所传递的信息由于描述的模糊性而对塑造西方关于中国园林设计的认识并不重要，那么更重要的是它们在改变西方装饰艺术品位方面所作出的贡献，它们还鼓励了异国情调孕育的审美想象的发展。它们促使中国艺术的出现，以及欧洲人对受中国启发的图案的创造性解读，并使其应用于装饰艺术和建筑，在18世纪传遍了英国和欧洲大陆。[11] 中国装饰画将中国艺术风格和中国园林的形象简化为奇异的山水景观，点缀着稀奇的亭台楼阁，居住着"中国式"长袍的人物（图13）。然而，中国的艺术品在欧洲的启蒙运动中引发了一个真实性或貌似真实的重要的问题。这些产品是专门为出口欧洲而生产的，它们已经适应了西方的口味。随着时间的推移，欧洲设计师和工匠们对这些物品的模仿将会产生一种矛盾，即"中国的"品味或风格，宣称它们是中国的或被认为是中国的，然而它们不仅并非来自中国，而且完全是欧洲的产物。[12]

那些描绘在瓷器、织物和漆器上的精致场景之所以能作为中国园林的理想形象，也是因为在欧洲缺乏能够提供中国园林可信形象的具体视觉材料。第一个到达欧洲的中国园林可靠的图形代表是1724年那不勒斯传教士马国贤（Matteo Ripa，1682—1746年）从中国带回来的景点合集。马国贤1711年到北京，并于1713年受康熙帝委托完成一组铜版画，描绘在中国北方刚建成不久的夏季行宫避暑山庄的三十六处景致，此事在中国是首次。马国贤在返回意大利的途中，在伦敦停留，携带了几张康熙承德避暑山庄图册的复制品（图3和图4）。彼时，那些画册被观看，其中一些甚至被出售，这使得马国贤雕刻作品在当地艺术家中有了一定的知名度。其中一位是兼诗人和历史学家的园林设计师约瑟夫·斯宾塞（Joseph Spence），他认定马国贤带到伦敦的图像提供了中国园林自然景观的一些视觉暗示。这些图像还为首批以英国风景园林式样设计的花园提供了一个比较的对象。[13] 1751年，斯宾塞说，在"中国现任皇帝的宏大花园的三十六幅版画中，没有一棵普通的树，它们似乎超过了我们近期最优秀的设计师的自然品味"。[14] 然而，即使这些观点相对准确，也只是对这个重要的皇家园林的片面描述。它们描绘了园林中的主要建筑群，这些建筑群表现出了独特的自然环境：它们或被群山环抱，或在高山顶上，在山上可以俯瞰坐落在山谷中的不规则湖泊。

马国贤只描绘了部分景观，没有全景图或完整筹划来提供各种场景的一个整体感觉。尽管如此，这些图像依然唤起了人们极强的好奇心，在1753年的伦敦，其中的十八幅景观图被重新镌刻出版。[15] 马国贤大大改变了这些新景点图，以适应欧洲的品味。美丽的动物被插入场景中，人物和阴影一同延伸画中的空间，而原来符合中国画标准的布局在西方人眼中缺少了空间层次。承德避暑山庄的景色，在马国贤图册的各种版本的引导下，成为在欧洲流传几十年的唯一的中国园林的具体形象。

因此，西方对中国园林的了解主要来源于其他媒介：口头讲述，源自少数园林的直接观察者的体验。他们的讲述内容在欧洲被广泛出版和阅读，弥补了真正来自中国园林的视觉图像的缺乏。在18世纪的欧洲，纯粹的语言文化的渠道被广泛接受，在彼时的欧洲，关于西方园林艺术演变的讨论通过专著、小册子和几乎没有图像材料的文学描述进行着。[16] 因此，西方访客的叙述成为西方对中国园林感受的主要媒介。通过传教士、外交官和旅行者的描述——他们的叙述来自对场地的直接体验——中国园林逐渐从幻想和奇异的领域中走出来，获得一种真正的面貌，并能与欧洲园林相比较，最终能够为欧洲园林的演进作出贡献，尽管是间接的。旅行者坚持认为，他们的叙述是中国园林信息的可靠来源。像马国贤那样，耶稣会传教士和其他传教士在宫廷中担任了各种角色，他们是当时唯一有机会进入中国皇家园林的欧洲人。他们自称为有特权的观察者，并且是唯一能够对这些园林的设计提出独特见解的人。[17] 由外交代表团的几位成员撰写的中国的旅行记述文，常被冠以"真实的叙述"，以强调他们记述的准确性和可靠性。

中国政府对他们活动的限制，以及行程的安排方式，极大地影响了西方观察者对园林的体验。当耶稣会传教士在朝廷任职时，其他西方旅行者却不得不留在东南沿海的港口。那些被允许出入帝都的人必须遵循同样的路线，包括澳门的南部港口或广州，即西方人到中国内地的主要通道，再到朝廷所在地。因此，旅行者的叙述总是在路线上描述相同的站点，因为标准化的行程会引起同样的重复。在这一行程中，园林以它们的重要性和它们作为西方读者特别感兴趣的主题而发挥着重要作用。在描述这些园林时，作者确信他们的叙述将会使公众满意。

在马可·波罗对忽必烈汗的帝国园林的第一个残片描述之后，访客的描述主要集中在清朝皇帝开发的大型建筑群上：长春园（Garden of Joyful Spring）和圆明园（此二者都建在北京西北郊）（图5），以及在中国北部边界附近建造的承德避暑山庄。这些清朝皇帝在一年中长期居住的宫殿和园林是行使皇权的主要中心。[18] 在朝廷任职的耶稣会传教士经常陪同皇帝前往行宫，西方外交官也在那里被接见。

从1757年到1842年，随着清朝对外国人的政策限制，中国与西方人的贸易仅限于一个港口城市——广州。因此那些参与中国贸易的旅行者所写的记述主要集中在当地政府官员的私家园林，以及广州的河南岛（Honam）上富有的行商花园（图11和图12）。中国行商是中国政府授权的一批贸易商，他们垄断了主要出口商品贸易，在中国和西方的文化关系中发挥了重要作用。西方旅行者和商人经常光顾中国商人的郊区住宅，在他们举行庆祝活动和精心安排宴会的场所——园林中，进行娱乐。这些园林也是寻找植物标本来丰富欧洲花园的首选之地（图8和图15）。[19] 广州行商对对外贸易的垄断权在1842年末被废除，西方人在中国活动地域范围的扩大，为西方商人提供了新的商业机会，为旅行者提供了更多可叙述的园林。

随着时间的推移，西方旅行者对中国园林的描述出现了四个主要主题，其反映出这些观察者在观察中的偏好。中国园林最初作为对自然景观的再现；接着又作为乡野的形象；后来成为多种空间序列的编排；最后作为自然的变形。这些主题不能严格地与西方旅行者叙述的顺序表联系在一起，因为，特别是在18世纪下半叶的记述中，前三个主题都倾向于出现在作品中，伴随着不同程度的考虑。然而，它们的确描述了西方对中国园林的看法的演变，并允许西方旅行者对中国园林设计原则的解读主题化。

自然的再现

在13世纪末，马可·波罗在关于忽必烈汗园林的叙述中描述了一座 "用湖中挖出的泥土加工堆叠成的山丘"，并且山丘上"覆满从遥远的地方运来的树木"。[20] 差不多在四个世纪之后的17世纪，耶稣会传教士利玛窦（Matteo Ricci，1552—1610年）、曾德昭（Álvaro Semedo，1585/1586—1658年）、卫匡国（Martino Martini，1614—1661年）、安文思（Gabriel de Magalhães，1610—1677年）和荷兰特使约翰·尼霍夫（Johannes Nieuhof，1618—1672年）等人延续了这一观点，在他们的简短叙述中，都强调中国园林的自然风貌。他们还强调中国人塑造园林地形的能力，通过塑造人工地形再现自然景观的元素，例如山丘、湖泊和树林。在中国园林中重建的一系列自然形态中，假山是一个特殊的要素，旅行者认为这是中国园林具备自然特性的一个重要元素（图1）。西方观察者赞赏建造它们所需要的技能，以及创造这些地形所需要的创造性和独创性。在1655年出版的《中国新图志》（*Novus atlas sinensis*）一书中，意大利耶稣会传教士卫匡国写道，在皇帝的花园中有 "许多用精湛的技艺堆叠起来的假山，这些假山的工艺之精妙甚至胜于真山"。[21] 同样，当尼霍夫在1665年描述同样的园林时，他赞赏"奇石或假山的加工奇妙之极，以至于艺术似乎超越了自然"。[22]

假山对西方园林传统来说并不完全陌生。在欧洲文艺复兴时期的园林中，它们是作为神话背景的象征而被建造的，例如帕纳索斯山（Mount Parnassus）在神话中是缪斯和太阳神阿波罗的故乡，在罗马美第奇别墅（Villa Medici）的园林中就仿造了帕纳索斯山的景观；同样，在中国的园林中，假山、假山群及石头的组合，让人想起了自然景观的原始形式，它们的营造暗示了一种与自然的理想联系。[23] 因此，他们通过巧妙地模仿景观元素，创造了可以引起参与者精神共鸣的园林：假山使人联想起连绵起伏的山脉。葡萄牙耶稣会传教士安文思在其1688年的出版物关于中国的概述中描述了北京皇城内的一座园林，该园林以一座"人工堆叠的假山为主，其如同一个由岩石环绕的锥形丘……如此布置，以仿造高大的山体和陡峭崎岖的悬崖峭壁；因此，在适度的距离上，整个假山仿佛代表了荒野中的崇山峻岭，如同大自然的天然杰作"。[24]

在中国的园林中，西方旅行者所面对的山体显然没有被赋予任何暗示性的意义，而是纯粹地作为地质构造被展示出来，且它们为自然地貌提供了一个明确的借鉴。如同在自然中一般，中国园林中的假山组织了其周围的空间，它为风景场所提供了背景，所有与自然景观相关的园林构成元素都被固定在这一背景下：溪流、池塘、平原和树林。正如法国耶稣会传教士张诚（Jean-François Gerbillon，1654—1707年）所解释的那样，假山在康熙皇帝园林中起到了划分空间的作用，在其园林中有两个大池塘，"池塘周围几乎都是用挖水池时清出来的泥土堆成的小山"。[25]

因此，假山的存在揭示了园林的人工性，并表明了园林构成背后的策略：它们证明了中国园林是经过精心设计和巧妙构思的，其试图再现一个清晰的自然景观形式。

尽管细节普通且有限，但早期西方旅行者口中的园林叙述，既是对景观敏感的结果，其表现为通过综合的方法呈现复杂的地形，也是对必要的园林建造工艺关注的结果。早期的西方观察者强调假山和岩石构成传达了中国园林的特点，这体现了园林构成中的自然性和普遍的不规则性，并暗示了中国园林的设计原则与巴洛克式园林的对称布局形成了鲜明的对比，后者在当时主导着欧洲宫廷园林。

17世纪初，欧洲人发现中国园林背后的设计策略是通过人工技巧来模仿自然景观形式，这导致了直接的观察者及阅读他们叙述的读者产生了对中国园林设计态度的分歧。一些法国耶稣会传教士认为，康熙皇帝的园林表面所显示出来的朴素感和自然特性并不适合用来表现皇权和政权。在法国的规则式园林中，皇权和政权是通过运用严格的几何构图，赋予自然环境强烈的秩序来表现的。[26]然而，不同于法国的思想，早期旅行者的叙述中对中国园林设计的示意，以及欧洲人对中国文化和中国政府日益增长的赏识，吸引了英国人，他们当时正在思考如何发展一种新的、可以从法国园林的几何形态中解放出来的自然园林。[27]

英国风景园林代表了18世纪欧洲园林设计的一个根本性变化。它显示了自然要素和建筑要素的随机分布，其包含平缓的山丘、不规则的水体、蜿蜒的小路和丛生的树木，以一种新的园林美学为特点。新的园林风格被视为英国这个从君主专制主义和过去形式主义中解放出来的国家在意识形态上的表达。新式风景园林的合法性源自一系列文化参考，这种文化参考融合了古罗马和中国的文化。这种融合体现了一个意图，即围绕园林景观来构建一个伟大的文明古国的理想谱系。罗马和希腊建筑的再发现，以及尼古拉斯·普桑（Nicolas Poussin）和克洛德·洛兰（Claude Lorrain）所绘的古典风景画带来的诱惑力，为英国提供了一个机会，使其成为一个可以代表自身的新罗马。[28] 而中国园林，虽然是一种具有异国情调的新事物，但它的优点就是同欧洲大陆的传统完全无关，同时它又与另一个伟大而古老的帝国联系在一起。它提出了一个可参考的类型，因为中国花园的不规则性和自然性预示着英国园林美学的发展方向已然转移，这种转移由一种新兴的自然景观欣赏方式所驱动。

中国园林支持使用不同的设计方法来抵抗欧洲大型规则式园林中明显的人工性。从17世纪的最后几十年开始，为了支持他们早先提出的受自然景观启发的园林理论，英国人从西方旅行者的记述中，引用了他们对中国园林假定的不规则性。[29] 散文家威廉·坦普尔 （William Temple）发起了一场公开的学术讨论，其内容是关于在中国园林风格方面，园林设计向更 "自然" 或 "不规则"形式的演变过程。1690年，坦普尔赞扬了中国园林与众不同的美学，其设计 "没有任何规划或排布的部分"，他主要是从马可·波罗和耶稣会传教士那里了解到这些信息，坦普尔把他们定义为 "一些同中国人长期生活的其他人"。[30] 坦普尔的言论在随后的几十年里得到详细阐述。例如，1712年，诗人、散文家和文学评论家约瑟夫·艾迪生 （Joseph Addison）表达了他对中国园林的自然风貌的赞赏，他对此的了解来自那些 "给我们带来中国记述的作家"，同时他还奚落了英国园林师中仍然盛行的品味，他说 "相反，他们不喜欢富有情趣的自然，倾向于尽可能地远离它"。[31]

艾迪生的观点得到了史蒂芬·斯威策（Stephen Switzer）的回应，在他的《乡村图示》（*Iconographia Rustica*，1718年）中，斯威策认为中国园林是新型园林风格的有效典范，其对英国风景园林的发展具有重要影响。[32] 后来，罗伯特·卡斯特尔（Robert Castell）在《古人别墅图解》（*The Villas of the Ancients Illustrated*，1728年）一书中称赞中国园林"对自然的模仿"及它们"巧妙的错位，人工技艺的痕迹在其中不曾显现"，他也是从"我们现有的中国设计风格的叙述"[33]中了解到的。

当时德国重要的园林理论家之一赫什菲尔德（Christian Cajus Lorenz Hirschfeld）提出，西方旅行者对中国园林的叙述可能对英国风景园林的早期发展作出了一定的贡献。在他关于园林历史和理论的长篇著作《园林艺术理论》（*Theorie der Gartenkunst*，1779—1785年）（同时以德文和法文出版）中，赫什菲尔德指出："运用思考和天赋无疑不需要特例就能发现在英国园林中采用的新风格，且这种风格从英国传播到了各地，然而，关于中国园林的报道可能对此作出了极大的贡献。"[34]但赫什菲尔德对这些报道所传达的中国园林理念持有保留态度。

然而，中国园林为英国人提供的不仅仅是与法国规则式园林对立的美学术语，它们还表达了一种不同的愿景。欧洲人高度评价康熙皇帝是一位开明睿智的统治者，他们通过耶稣会传教士的著作了解到，他治理的国家不同于欧洲的贵族世家管理，而是由士大夫来管理。[35]西方旅行者所描述的康熙皇家园林的自然形态，强化了欧洲人对中国政治智慧和道德操守的认知。事实上，正如耶稣会传教士张诚所解释的，即使是在康熙的园林里，相对于华美精致的装饰，他更偏好谦逊的简朴，因为他想表明"不愿为他的私欲而耗费国家的财物"。[36]

乡野景观设计的不规则性

在18世纪，关于中国园林的评论大部分来自耶稣会传教士。从18世纪初开始，他们在对中国园林的观察中启用了一种新的方法，其试图编撰受自然景观形式启发的园林设计原则。耶稣会传教士开始使用一种与假山所表达的野生自然（图2）截然不同的形象——乡村来表达他们对中国园林的看法。耶稣会传教士提出的乡村形象有助于解释中国园林设计的诸多方面。乡村代表了园林外在的自然简朴，同时，它也表达了一种复杂的构成，其包含了在园林组织缜密的地形上分布的各种自然和建筑元素。此外，乡村作为一种理想的景观，有秩序和组织，不规则且有变化，其有助于表达中国园林背后的设计原则：乡村表明中国园林是精心设计的空间，其构成基于设计的不规则性，这种不规则性促成了空间和要素的多元化。

在耶稣会传教士的叙述中，关于中国园林与乡村景观之间的联系，早在1705年就出现在张诚写的一封信中，但这一观点在法国耶稣会传教士王致诚（Jean-Denis Attiret，1702—1768年）于1743年书写的信中才被赋予了权威性，这封信于1749年发表。王致诚曾在乾隆皇帝手下担任宫廷画师，他在描述位于北京附近的圆明园时写道，中国园林"完全遵循这一原则，即'他们所要表现的是乡村的自然野趣，一种退隐江湖的安逸'"。[37] 耶稣会传教士用乡村来解释西方旅行者所说的中国园林中"愉悦的自然混乱"（agreeable natural confusion）。例如瑞典自然学家奥洛夫·托伦（Olof Torén，1718—1753年），在他出版的游记中，用这种说法来介绍中国的花园，他认为它与西方规则式园林中"艺术化修剪出来的树木……步道……以及只有几种图案的花圃"[38] 完全不同。乡村的概念成为西方旅行者解读中国园林主要特征的一个持久的关键点。在18世纪70年代，法国耶稣会传教士韩国英（Pierre-Martial Cibot，1727—1780年）在其著作中经常使用这一概念来介绍中国园林设计原则。

对中国园林与乡村景观之间的相似性的承认，代表了西方旅行者理解中国园林设计的关键点。这意味着目击者对中国园林的自然形态有了一种更加强烈的敏感性。同时，这种感知与18世纪初在欧洲出现的田园牧歌式的品味是一致的，它为园林设计的学术争论提供了理论依据，并为后来西方园林艺术的风格创新指明了方向。当时的创新体现在模糊了园林和周围乡村景观之间的界限。意大利文艺复兴时期的园林和法国园林都重视视觉上的审美乐趣，包括园林中的乡村部分，他们在园林的几何形状和周围的景观之间建立了一种并列的关系。在18世纪上半叶，只有英国人开始提倡将园林和乡村景观结合起来，这也是后来英国风景园林的主要特征。对于新式园林风格的倡导者来说，乡村审美是对乡村景观多样化的欣赏；可见，由乡村审美产生的园林理念是基于对这种多样性的表现的。[39]

从18世纪初开始，园林设计成为一种多样化的乡村景观的观点，开始出现在西方旅行者对中国园林的描述中（图9）。旅行者在他们的描述中提到了乡村中简朴与多样性的融合，其为18世纪中期欧洲大陆正在进行的关于发展新式园林模式的理论讨论提供了支持，这一讨论基于对主流园林风格的日益批判，例如以凡尔赛花园为代表的巴洛克式园林。理论家雅克－弗朗索瓦·布隆代尔（Jacques-François Blondel）是批评凡尔赛宫设计缺陷的作者之一，他的《弗朗索瓦建筑》（*Architecture Française*，1752年）一书认为皇家花园是令人遗憾且缺乏多样性的。[40] 马克－安托万·洛吉耶（Marc-Antoine Laugier）是新古典主义早期重要的理论家之一，他持有同样的观点，在通过阅读耶稣会传教士王致诚的信了解到中国园林后，他赞成模仿中国园林的简朴和多样性。洛吉耶的《论建筑》（*Essai sur l'architecture*，1753年）在新古典主义建筑理论中极具影响力，在此书中，他既重视 "在空旷的乡村中天然去雕饰的美丽自然"，也重视 "中国的园林品味"，这些特点都与凡尔赛宫的规则性和对称性形成鲜明的对比。[41] 洛吉耶称赞中国人 "在园林装饰中表现出质朴。他们偏好的不对称性，以及他们设计和排布花木、水渠和周围一切事物的恣意手法，都由于其质朴的特征而更具吸引力"。[42] 洛吉耶总结了他对中国园林的评议： "通过巧妙地将中国理念与我们的理念融合在一起，我们将成功地创造出可以再现自然魅力的花园。"[43] 洛吉耶为法国设想的新式园林风格并没有完全摆脱规则性：根据他的说法，它应该是 "选择、秩序与协调的和谐组合，并不过于拘束和正式"，以及他所提及的 "大自然的宜人散漫和激奋人心的奇异（bizarreries）"，这些都被中国园林设计充分地掌握了。[44]

在英国，中国园林不仅被认为是自然园林的原型，而且是一种令人愉快的、多样化的花园，因此，它是一个值得被效仿的杰出范例。英国建筑师艾萨克·韦尔（Isaac Ware）因将安德烈亚·帕拉第奥（Andrea Palladio）的《建筑四书》（*I quattro libri dell'architettura*）翻译成英文而闻名，[45] 他也提出了中西结合的园林设计原则。在《建筑大全》（*A Complete Body of Architecture*，1756 年）一书中，韦尔用中国园林的多样性、"乡村的野性和开放的简朴"来驳斥英吉利海峡两岸皇家园林（如凡尔赛花园和肯辛顿花园）的单调形式，他从西方旅行者的描述中了解到 "他们（中国人）在不适宜的园林中恣意潇洒"并对此表示赞扬。[46]继洛吉耶之后，韦尔提议 "采用他们对自然的敬畏和我们自己卓越的艺术"，建议将规则和不规则的设计结合起来，以发展一种新的园林风格。[47]

这种对凡尔赛花园的批判集中体现了一种更普遍的对专制制度和旧政权道德败落的反应，耶稣会传教士著作中对中国及其政府的正面评价为这种反应提供了支持。洛吉耶和韦尔都转向了西方旅行者描述中所提出的"自然"的中国园林形象，以回应巴洛克式园林明显的人工性、精心的装饰和多样性的缺席，并且他们提倡简朴——一种洛吉耶所赞扬的乡村中的"天然去雕饰"。园林设计中的这种理想且自然的简朴，代表了启蒙运动的知识分子在社会政治体系中所盼望的清明和节俭。这种态度在18世纪70年代重现，相较于法国规则式园林的铺张浪费，当时在中国的耶稣会传教士强调中国园林的伦理维度。

耶稣会传教士将乡村的概念应用于对中国园林的解读中，暗示了构成形式的简朴，并间接表明园林中缺乏纯粹的装饰。在18世纪70年代，耶稣会传教士提出了中国园林，由于其设计灵感源自乡村景观，在设计和维护方面比巴洛克式园林更加节省财物。[48]

耶稣会传教士韩国英是被引荐到北京朝廷的传教士，他在1774年撰写并于1782年发表的《论中国园林》（*Essai sur les jardins de plaisance des Chinois*）一文中，继洛吉耶和韦尔之后，主张把中国园林作为重塑欧洲园林的典范。他的建议不仅基于美学问题，还基于这样的假设，即在西方园林中采用中国的园林设计原则将减少 "建造和维护园林的费用"。韩国英在他的文章中解释了这种选择在园林设计中的社会优势："他们越是追随中国人的品味，这一点就越是容易实现；他们可以让这样的制度得到采纳，这将使成千上万的人腾出手来从事农业生产，而现在这些人徒劳地在空无一人的林荫道上铲草、修剪调整那些无人看见的树木。"[49]韩国英呼吁采用更加谦逊的园林风格，这与当时对法国园林风格的严厉批评是一致的，其反映了18世纪下半叶正在法国进行的关于凡尔赛花园维护费用的争论，尽管当时法国已面临严重的财政危机。

景观序列

哲学家卢梭（Jean-Jacques Rousseau）是巴洛克式园林的主要批评者之一。在他的作品中，他以自然的伦理观来抵抗当代社会的人工化，不仅引导了欧洲精英的道德信念，也重新定位了他们的品味，这是一种以自然的世外桃源为导向的审美品味，其为英国风景园林在法国和欧洲大陆的成功传播奠定了知识背景。

然而，西方旅行者对中国园林的记述在塑造法国园林景观的原始特征方面发挥了重要作用。他们强调中国人对自然形式的美学处理，对法国如画性的讨论作出了贡献。同时在18世纪末，法国早期对"自然"花园的理论表述也明确参考了这些旅行者的报告。

第一个利用西方旅行者的叙述来构建法国风景园林讨论的理论家是来自波尔多博学的植物学家弗朗索瓦·德·保罗·拉塔皮（Francois de Paul Latapie）。1771年，拉塔皮出版了《现代园林艺术构成及英式园林艺术》（*L'art de former les jardins modernes ou l'art des jardins anglais*），这是他对托马斯·惠特利（Thomas Whately）所著的《现代造园图解》（*Observations on Modern Gardening*，1770年）的法文译本，此书被认为是对英国风景园林理论探讨最为全面的书。[50]

拉塔皮为惠特利的《现代造园图解》写了一篇详尽的序言，即引言，这篇序言在法国关于不规则花园的理论讨论中发挥了重要作用。它包含了王致诚信件中的长篇摘录，并收录了题为《中国园林布局的艺术》（Of the Art of Laying Out Gardens Among the Chinese）法译本的精彩短篇，这篇文章由威廉·钱伯斯（William Chambers，1723—1796年）在从中国回来几年后撰写，并于1757年首次出版。拉塔皮转向西方旅行者的描述，暗示了英国新式园林风格与中国园林之间的对应关系。因此，法国最早的英国风景园林的理论表述与西方旅行者笔下的中国园林设计息息相关。

18世纪下半叶，西方旅行者将中国园林的特点表现为建筑的不规则性。但是，他们的书信文本所传达的不仅仅是一种宁静的乡村风景形象；他们越来越注重园林的多样性所带来的视觉吸引力。王致诚、威廉·钱伯斯、耶稣会传教士蒋友仁（Michel Benoist，1715—1774年）、后来的瑞典东印度公司的船长卡尔·古斯塔夫·埃克伯格（Carl Gustav Ekeberg，1716—1784年）、韩国英及荷兰裔美籍外交官范罢览（André Everard van Braam Houckgeest，1739—1801年）都强调了中国园林中层出不穷的多样性、强烈鲜明的对比，以及其引起的惊喜感，园林的布局放大了这些感知。王致诚将圆明园描述为，一系列出人意料的情景融合在了假山、山谷和湖泊的衔接处。千差万别的建筑促成了连续的多样性，如在园林里为皇帝娱乐而仿制的中国城市，王致诚认为这种连续的多样性，"不仅体现在它们的位置、视线、布局、大小、高低和所有其他常规方面上，而且体现在构成它们的细部之中"。[51]

西方旅行者在他们的叙述中介绍了从游客角度看园林空间构成所引起的情感和审美反应。1767年，耶稣会传教士蒋友仁在从北京写来的一封信中解释了中国园林中的视觉诱惑，将其描述为一个让游人可以不断发现新奇事物进而心驰神往的地方。"你所见的是一种整体，它的美让你震惊和陶醉，几百步之后，一些新的物体又会呈现在你面前，进而引起新的赞叹"。[52]

蒋友仁、王致诚、钱伯斯及之后的韩国英都强调了园林中的视觉和情感体验被设计成各种元素和情节，这些元素和情节沿着既定的路线被游人发现并引导他们穿过场地，同时在这一过程中园林的结构逐渐被揭示出来。为了解释这种设计方法，西方观察者借用了"场景"（scene）的概念。通过使用"场景"一词，旅行者明确表达了中国园林构成的人工性，即一连串精心编排的景色，每个景观都有一个特定特征，每一处景色都可以从指定的地方和亭子里看到。在他写于1743年的信中，王致诚描述了皇家园林所提供的不同"景点"（vues / views），从而暗示了中国园林设计和绘画之间的联系。然而，他在对圆明园内建成的微型城市的描述中，将其视为对真实城市环境中喧嚣的模拟，相较于一种静态画面，其更多的是暗示了一种戏剧表演的气氛。几年后，在1757年，钱伯斯用"场景"一词来表示园林呈现给游客的不同景色，并讨论了三种不同类型的场景。1771年，埃克伯格提及了"形形色色的场景"及道路在逐步揭示这些场景中的作用。韩国英在他写于1774年的文章中，使用了"场面"（tableau）一词，暗示了园林情节中一种更为戏剧性的概念。王致诚表明，中国的园林设计方法包括布置一系列独立的场地，每一个场地的关注点都在自然元素背景中的建筑元素上：建筑或置于山谷中间，被假山所包围，或者位于水中石岛的顶峰。韩国英在其题为《对中国植物、花卉与树木的观察（及其在法国应用的可能）》（Observations sur les plantes, les fleurs et les arbres de Chine qu'il est possible de se procurer en France，1786年）的文章中，从中国园林所提供的丰富多样的自然景象中，解读了中国园林的风景潜力，也展示了"她的任性，她的疏忽，甚至她的错误和遗忘"，以此来创造令人惊讶的园林构成。[53] 王致诚、钱伯斯及后来的韩国英，在讨论植物在中国园林中的作用时都提出了关于时间流逝，以及园林中植被四季变化的相关概念，这为中国园林的场景构建贡献了有目共睹的无限可能性。

西方旅行者的著作表达了中国园林设计所提供的多样性之后，法国的风景园林也朝着更有活力、更加有趣的形式发展。新的花园被设置为真正的景观探险，可以按照既定的路线来欣赏，花园沿途设有一系列不同的空间，充满了新奇和令人惊讶的布局，不时还会出现奢靡的花园建筑小品，其创造了唤醒游客不同情思的各式场景。这种新型的花园基于一种戏剧性的自然叙事，为了纪念英式风景园林风格和它所提出的巧妙的中国设计方法的融合，其被命名为英中式园林。随着古代政权的结束，法国重新发现了一种迄今为止受几何抑制的绝对自然力量，这种自然以召唤异国情调风景的形式来呈现。[54]

英中式园林在欧洲迅速地传播开来。其较为显著的特点之一是亭台楼阁，以及其他彰显"中国"风格的构筑物散布在园林中，这呼应了新园林形式中对东方元素的借鉴。"中国"建筑在西方园林中的流行，部分原因要归结到威廉·钱伯斯出版的《中国建筑、家具、服装和器物的设计》（*Designs of Chinese Buildings, Furniture, Dresses, Machines, and Utensils*，1757年），这本书中包含了一些他绘制的中国建筑和物件（图6）。1761—1762年，钱伯斯亲自设计了首批带有中国风格的园林建筑之一，即建于伦敦皇家植物园邱园（Kew）的楼高十层的宝塔。[55] 很快在欧洲园林中就出现了富有创造性的"中国"风格建筑物，其中包括从1775年于巴黎附近竣工的巴加特尔园（the garden of Bagatelle）中的中国桥和中国亭，以及同年建于尚特鲁庄园（the park of Chanteloup）中的宝塔，到1775年左右在尚布尔西（Chambourcy）附近折中主义的来兹荒漠园（Désert de Retz）中所建造的中国屋，再到18世纪80年代受凯瑟琳一世（Catherine I）委托建于沙皇村（Tsarskoye Selo）的中国村庄，以及1789—1790年建于慕尼黑的英式庄园（Englischer Garten）里的中国塔（Chinese Tower）。[56]

18世纪和19世纪初大量涌现的图集促成"中国式"园林建筑物在整个欧洲大陆传播，这些图集呈现了一系列五花八门、奇情异致的园林布局。[57] 其中最为重要的是兼任建筑师、工程师和制图师的乔治-路易·拉鲁日（Georges-Louis Le Rouge）所出版的版画集。拉鲁日也是较早使用"英中式园林"一词的人之一。1775—1789年，拉鲁日制作了21册版画图集，或称图册，其中记录了最负盛名的欧洲园林和中国园林，其收录在《园林风尚设计荟萃》（*Détails de nouveaux jardins à la mode*）的总标题之下。中国园林的案例是通过西方旅行者的描述和插图来介绍的。第5册包含了1757年钱伯斯文章的法译本，而第14至17册则专门介绍了中国园林的概况。[58] 为了说明这四册图集中的三册，拉鲁日采用了北京耶稣会传教士寄回欧洲的中国园林图片（图7）。[59]

这些对遥远国度的幻想促使法国和欧洲大陆的园林模式朝着同巴洛克式园林体系背道而驰的方向演变。过去的经典准则之所以被超越，也要归功于富有趣味的英中式园林为不规则和奇异提供了机会。正如珍妮·巴里耶（Janine Barrier）、莫妮克·莫瑟（Monique Mosser）和邱志平（Che Bing Chiu）所评论的那样，"以一个同时具备智慧、诗意和革新的中国名义，任何事情都有机会成为可能，甚至可以获得最大的许可。总之，中国不仅是一种风尚，她首先是现代性的载体"。[60]

后续的发展问题

英中式园林及稀奇的园林建筑在整个欧洲的传播，使人们对这些作品中究竟有多少是真正的中国元素这 问题产生了明显的困惑。这个问题肯定也传到了中国，因此耶稣会传教士韩国英决定澄清这个问题，他撰写了一篇关于中国园林设计的论文《论中国园林》，旨在 "摒弃所有当下西方关于中国园林的错误观念"。[61] 在这篇文章中，对园林结构、建筑及亭台楼阁的论述都有明显的遗漏，耶稣会传教士显然认为与决定园林构成的总体设计体系相比，它们都只是次要的元素。

赫什菲尔德在《园林艺术理论》中表示，被欧洲定义为 "中国式" 的园林只不过是西方臆想的产物，并认为威廉·钱伯斯的著作创造了这一类型园林。[62] 赫什菲尔德认为钱伯斯的著作更多的是为了解释和验证，以及来使他的园林理论更具吸引力，而不是对中国设计原则进行严肃的理论分析。为了说服他的读者，赫什菲尔德在他的作品中转载了钱伯斯的文章《中国园林布局的艺术》，并从钱伯斯关于中国园林的第二部作品《东方造园论》（*A Dissertation on Oriental Gardening*，1772年）中引用了大量的内容。为了辩驳钱伯斯的著作，赫什菲尔德还引用了其他旅行者的记述作为他了解中国园林的来源，例如王致诚、法国耶稣会传教士李明（Louis Le Comte，1655—1728年）、托伦和埃克伯格的描述。与赫什菲尔德对钱伯斯的立场相反，法国理论家和评论家安东尼 - 卡特梅尔·德昆西（Antoine-Chrysostome Quatremère de Quincy）则为西方旅行者的描述辩护，他认为他们是了解中国园林的可靠来源。在他写于1788年并发表在《百科全书》（*Encyclopédie méthodique*）［狄德罗（Diderot）和达朗贝尔（D'Alembert）所著的拓展版］一节上的《中国园林》（Chinois jardins）一文中，德昆西指出如果赫什菲尔德读过耶稣会传教士对中国园林的记述，特别是韩国英的《论中国园林》，那么他就不会对钱伯斯断言的真实性产生怀疑。[63] 因此，德昆西认为韩国英和钱伯斯的记述在西方对中国园林的认识中具有基础作用。继洛吉耶和韩国英之后，德昆西表达了将中国的园林品味引入法国现代园林的愿望。[64]

如果最后，随着英中式园林风尚的流行，只有少数人对欧洲获得的中国园林信息及中国园林设计的概念在西方的真实性问题感兴趣，那么英吉利海峡两岸之间，关于不规则园林模式的起源争论就更加激烈了。中国园林在这场争论中发挥了至关重要的作用。事实上，其主要的争议是关于一些显然的且完全抽象的东西：风景园林是创造于英国还是中国？西方旅行者关于中国园林的报告加剧了双方的争论。英国人用这些叙述来说明中英园林设计方法的不同，证明他们所阐述的风景园林具有绝对原创性。对法国人而言，中国园林起到了破坏英国园林设计创新性的作用。形容词"英中式"用于形容不规则的园林设计，结合了中式参照和英式风景园林，以一种微妙的方式驳斥了英国作为风景园林创始者的声音。[65]在西方旅行者编撰的报告中，法国人找到了风景园林源自更古老的中国园林传统之中的证据。耶稣会传教士和威廉·钱伯斯是在争论中被引用较多的作者。一些人认为他们是权威的来源，而另一些人则认为他们是被自己的热情所迷惑的胡言乱语者。

作家霍勒斯·沃尔波（Horace Walpole）在1771年首次出版的《论现代园林》（*On Modern Gardening*）中，指出英国风景园林是独立于王致诚信中所描述的中国模式，并对信中所表达的圆明园的自然面貌提出了质疑。[66]拉塔皮在为惠特利的《现代造园图解》法译本撰写的长序中谈到，英国人在1720年左右才从规则式园林中解放出来，"独自追随自然"，而这种解放是在极少数作者，如威廉·坦普尔，参考了中国的园林设计之后才出现的。拉塔皮用西方观察者对中国园林的描述来证明，"最自然的园林构成方法"并不是英国人的发明。为了"完整地证明英国园林与中国园林的完美相似性"，他引用了钱伯斯1757年的文章和耶稣会传教士王致诚对圆明园的描述。[67]这一论点被拉鲁日发扬光大，他大胆地表示："众所周知，英国园林不过是对中国园林的模仿。"[68]

面对海峡对岸的邻国，布隆代尔采取了一种更加微妙但同样坚定的立场。在他的《建筑学教程》（*Cours d'architecture*，1771年）中，他表明英国人无疑曾试图在他们的园林中模仿中国风格，但他们几乎没有成功，因为中国园林是一种欢乐活泼的生活经验，与英国"严肃的民族"的精神并不一致。因此，布隆代尔认为，移植到英国的中国模式产生了以"理应值得赞扬的简朴，但往往悲哀和单调"为特点的园林；由于这个原因，这些园林有助于鼓励宗教冥想，但肯定不适合作为"尘世人"住所的补充。[69] 与布隆代尔的立场相同但意图相反的是，1792至1794年由马戛尔尼勋爵率领的英国驻华使团的参与者，他们认为恰恰是一种弥漫的愉悦感表明了英国和中国园林在审美上的不同（图10）。他们观察和强调的中国园林的系列特点似乎唤起了如画式园林的要素：蜿蜒的小路，由曲折的河流围成的小岛，小岛中部设有凉亭，有各种树的树林点缀着几块草地，草地崎岖不平且覆有粗糙的岩石。[70] 然而，对于第一批参观清朝皇家园林的英国旅行者来说，中国园林和它们雕梁画栋的亭台楼阁都显得过于欢快和繁盛，中国园林不可能是真正的如画式风景园林。

马戛尔尼勋爵试图以理智的言辞结束英法之间的争论。1793年，他曾作为大使在皇家的圆明园和避暑山庄中受到接见，并参观了它们的园林。因为他是为数不多的熟悉英国园林并参观了中国园林的人之一，所以他能够提供两种风格之间实际相似的证据。他把英国和中国的园林设计联系在一起，因为他认为它们体现了相同的美学原则：它们是对不规则性、多样性、差异性、惊奇性和模仿自然的不同应用，旨在摆脱形式上的模式。他写道："我们英国的造园术和中国的之间定有极大的相似之处。"他显然意识到了当时的争论，觉得有必要补充："我们的造园风格真的是从中国模仿而来的，还是源于我们自己的，我留待虚荣去断言，让无事者去讨论。一种出于理智和反思的发现，可能同样发生在相距遥远的不同国家中，两者并无必要互相借鉴。"[71]

那场关于英国景观风格起源的学术争论反映了一个远比园林审美讨论更广泛的问题。法国在知识、经济和政治方面的不断衰落对英国产生了利好。英国这个岛国正在成为一个拥有庞大工业力量的国家，而法国因欧洲大陆内战而被削弱，其正遭受金融危机的影响，被大革命压制得难以喘息。因此，中国园林被用于英法之间的竞争，必须承认英国人威廉·马歇尔（William Marshall）在他的题为《种植和乡村装饰》（*Planting and Rural Ornament*，1796年）的实用论文中得出的讽刺但雄辩的结论的有效性：英国风景园林不过是对中国园林的模仿，这种想法是"建立在高卢人（Gallic，指法国人）的嫉妒而非事实之上"。[72]

这种平衡的变化还表现在，从18世纪最后十年开始，英国旅行者在让欧洲了解中国及中国园林方面发挥了日益重要的作用。耶稣会传教士的记述极大地影响了17世纪和18世纪欧洲对中国的看法。但是，在18世纪下半叶，当耶稣会传教士被驱逐出主要的欧洲国家，以及在1773年教皇克里门十四世（Pope Clement XIV）打压耶稣会时，耶稣会传教士在其著作中塑出的对中国文化的解读，已经开始被认为是扭曲的，其被视为他们为自己的使命进行宣传的结果。可能是由于意识到了这种偏见，在中国的最后一批耶稣会传教士之一的韩国英，申明他完全是根据中国的历史文献和文学资料来撰写文章，并向他的读者保证他所写的《论中国园林》一文是真实的。韩国英的《论中国园林》是耶稣会传教士对西方的中国园林知识的最后一次巨献。

对自然的扭曲

在18世纪末，西方船只不断侵扰远东的近海领域，使远东地区的土地日益被侵占。前几个世纪的旅行者对中华帝国的崇敬之情正在逐渐消失，因为他们认为当时的中国与其他国家之间存在技术和经济上的差距。在1793年的外交任务中，马戛尔尼勋爵拒绝接受向皇帝反复磕头的仪式，他觉得自己代表的国家和中国一样强大。[73]马戛尔尼的拒绝反映了西方对中国的看法发生了改变。

马戛尔尼勋爵察觉并确认了中国和英国园林的相似性，但同时他也强调了一种差异："我们（英国）的优势似乎在于改善自然；他们（中国）的优势在于征服自然，但二者产生了同样的效果。"[74]虽然两国与自然的这种不同关系带来了类似的结果，但其构成意图依赖于截然不同的设计方法，并表明了一种本质上的差异。[75]即使马戛尔尼勋爵对他所参观的中国园林留下了良好的印象，但他对中国人对自然的态度的评论表明了英国风景园林和中国园林之间的主要区别，即园林表面上的自然性在多大程度上体现了人类对环境的改造。这种差异，以及中国园林设计中明确的人工性，后来都成为西方直接目击者和记述的读者批判中国园林的基础。

旅行者认为中国人对自然的态度表现在园林中的过度人工化，这矛盾地使中国园林与法国规则园林得以相提并论。英国作家威廉·马歇尔从未访问过中国，他在《种植和乡村装饰》中写道："中国的造园风格……与自然风光并无关系，其如同古罗马人或现代法国人的园林一般：同自然和谐共生的艺术无疑都是我们自己的（英国的）。"[76]英国人认为，与法国园林一样，中国园林也将自己的意图强加于自然，只是没有以对称和规则的几何学这样直白的方式来表现。

对中国园林的考量再次转向了最初激起欧洲人热情的主题：中国园林形式的自然性。然而现在，看法已然发生了巨大的变化。正如许多目击者所证实的那样，因为基于对自然形式的模仿，中国的园林早已成为人们效仿的典范。罗伯特·卡斯特尔在18世纪20年代曾为中国的园林着迷，因为它们是由"岩石、瀑布和树木组成的，呈现出自然的形态"，然而这种迷恋已经消失了。[77]

在19世纪早期，山石、水景、零散的花木被认为是中国园林设计的主要特点，但西方观察者贬低了它的价值，认为它过于精致、生硬，远离了自然本身的朴素，因此其最终的表现是不自然的（图14）。

这种看法在19世纪的西方，主要是在英国的旅行者编撰的大量描述中很常见，同时它也影响了那些从未访问过中国的西方人的看法。苏格兰植物学家和园林设计师约翰·克劳迪厄斯·劳登（John Claudius Loudon）认为"园林式"（Gardenesque）是一种结合了风景园林的美学方法，注重单一植物的形式和外观的园林风格。他也是一位在园林设计理论和实践论文方面高产的作家。在他的《园艺百科全书》（*An Encyclopaedia of Gardening*，1835年）修订版中，劳登评价了各位观察者对中国园林的描述，并在书中大量引用了苏格兰植物学家詹姆斯·梅因（James Main，约1765—1846年）的旅行日记，尽管他自己对其内容进行了扩充。[78]劳登回应了梅因的批判并展开了他自己的评论，劳登总结道，中国园林不过是"一个微不足道且错综复杂的小世界……是一个不协调的非自然组合"，其中"最显著的特点是未开发的自然，如古老的树木、嶙峋的岩石、长满青苔的洞穴等；但这些都是在如此小尺度上模仿的，以至于这种尝试确实很荒诞可笑"。[79]

中国园林在过去被视为自然的守护神，而现在在西方人眼中却成了自然的暴君。19世纪的观察者以贬损的方式描述中国园林，强化了这种观点的转变。英国自然学家乔治·贝内特（George Bennett）在1832年至1834年游历了澳大利亚和东南亚，在访问广州后，他得出了一个极端的结论，该结论被记录在他1834年出版的旅行日记中：就园艺或园林布局而言，这些人关注美观理念或真实品味以外的任何东西，在布置他们的园林时丝毫没有注意到这一点；每件事物都表现得僵硬、笨拙和完全不自然。在扭曲自然方面，中国人似乎被认为达到了完美的境界。[80]因此，中国园林被认为只不过是对自然的一种曲解，任何试图了解中国人怎样对待自然和园林设计的尝试都被放弃了。当马戛尔尼勋爵写到英国园林和中国园林的区别时，他提出，在后者中，他"没有观察到人造废墟、洞穴或隐居地"。[81]他指出英国风景园林中使用的建筑和结构，作为历史事件的序列，将历史感融入园林的自然布局中，是一种对过往的借鉴，并认为这是中国园林所缺乏的。但是，中国园林确实有一些部分在传递一种更为深远的历史感：地质历史。当劳登指责"古老的树木、嶙峋的岩石、长满青苔的洞穴"的存在时，他提供了一种被时间打磨的破败的自然形象，这种自然形象在弯曲的花木和斑驳的岩石中得以显现。[82]像马戛尔尼一样，劳登也不能理解通过扭曲的树木和嶙峋的山石来暗示园林中时间流逝的复杂意图。即使是像劳登这样思想开明的人，也成为如今给中国文化蒙上阴影的偏见的受害者，这种偏见将中国园林构成的诸多方面简单地解释为对自然的扭曲。

至少根据许多19世纪西方观察者对中国园林设计背后空间策略的思考，园林的整体布局旨在影响游客对空间的感知，其促成了中国园林的人工化效果。他们特别关注"东方的梦幻手法"（fanciful devices of the East）[83]，这些视觉手法用来控制参观者的视线，改变他们对花园真实尺寸的感知。[84]英国外交官约翰·弗朗西斯·戴维斯（John Francis Davis）在其1816年随威廉·阿美士德勋爵（Lord William Amherst）率领的英国使团前往北京的旅行记中（1841年出版），在说明中国南部的清朝皇家园林时，描绘了一幅中国园林的蓝图："它们所覆盖的场地并不大，但借助中国造园术的复杂和技巧，通过在亭台楼阁、桥梁、岩石和树丛之间设置蜿蜒的道路，人为地呈现出一种更大空间尺度的外观；增设的水体润色了整个空间，水中还设置了一座小岛。"[85]

几年后，罗伯特·福琼（Robert Fortune，1813—1880年）作为英国派往中国的最著名的植物猎人，综合了这种旨在扭曲园林空间外在尺度的空间策略，他写道，中国园林设计的特点是"尽力使小东西显得大，而使大东西显得小"。[86]

在19世纪，中国人在其园林中所引入的扭曲和不可预测的叙事形式，似乎与将世界文明带入一个新时代的完美和自然的设计的清晰性相去甚远。当劳登发表他的《园艺百科全书》及贝内特乘船驶往中国时，另一艘英国船舰"贝格尔号"（Beagle）正在渡洋而来，船上有一位英国旅行者，他将彻底终结自然界"简朴性"的确定性。

正如西方观察者所描述的那样，在19世纪中叶，中国园林消解于两种普遍且流行的富有异国情调场景的刻板印象之中：一种是《一千零一夜》（One Thousand and One Nights）中描绘的浪漫东方主义，另一种是大量生产的青花瓷盘上所表现的风景。[87]如果《一千零一夜》中的典故被用来描述中国是一个充满奇迹的地方，那么这两种场景都被用来表达旅行者对中国园林的看法。[88]美国作家布兰兹·梅耶（Brantz Mayer，1809—1879年）在其1847年出版的游记中，将他几年前访问过的一个广州行商的园林描述为"富有东方幻想和品味的精致图画"，其中"有盆景，铺满睡莲的小池塘……迷人的凉亭……狭窄的溪流上悬挂着轻盈的桥，桥的线条轻盈，仿佛是用细纱织成的"。[89]西方旅行者用《一千零一夜》来描绘中国皇家园林的奢华，[90]而缀有纹样的瓷器则唤起了中国园林的不变特性，这特性就像一成不变的盘子设计一样，可以用一些普遍而通用的元素来概括。

西方对中国园林设计的抵制首先在对其恶劣的批评中达到高潮，然后是对西方不规则园林的理想参考模式——圆明园的实际破坏。在众多西方旅行者的描述中，圆明园被认为是中国园林艺术的最佳表现。[91]随着它在1860年被摧毁，中国失去了其有力的文化认同的象征之一。同时，对这一侵略行为也破坏了欧洲自己的历史，因为根据有幸看到它的人的描述，此园林比任何其他园林都更能影响西方园林艺术的发展。至此，中国园林再也没有被当作典范了。

本文集包括由欧洲国家旅行者撰写并已发表的记述，但美国旅行者小奥斯蒙德·蒂法尼（Osmond Tiffany, Jr.，1823—1895年）和查尔斯·泰勒（Charles Taylor，1819—1897年）的两篇文章除外，这两篇文章被列入选集是因为它们对西方人对中国园林看法的讨论很有意义。[97]它们也被认为是美国商人从18世纪后期开始在中国不断增多的证据。[93]本文集所选文本按照出版年份排序，但张诚、马国贤、蒋友仁和晁俊秀（Francois Bourgeois）的叙述除外。这些文本的创作时间远远早于它们的出版日期，而且叙述中国园林的语气、语言和方法都具有其出版之前的时代特征。这一系列的摘录以附录结尾，且附录包含了威廉·钱伯斯的《东方造园论》。将这一深具影响力的文本与文集中其他文本分开收录有两个主要原因。首先，钱伯斯的《东方造园论》在内容上是一个与众不同的文本，而且其篇幅也比其他所选的摘录要长得多；其次，《东方造园论》不仅是对中国园林设计的叙述，还显示了钱伯斯如何利用中国园林来推广一种新的如画式园林风格。

对中国园林的描述出现在各类文献中，包括日记、信件、散文、旅行记事和传教士报告。这些文献在体裁、风格、篇幅及所提供的中国园林信息方面都有所不同。带着不同程度的理解和些许的天真，在中国的西方人通过阐述他们的游览记忆来推进调查，这些记忆主要涉及园林的可见方面：空间的组织、系统的蜿蜒道路、植被的布置，以及不断出现的水体和山石。他们没有意识到在中国园林设计以外的一些不太明显的方面，例如园林设计与山水画之间的联系，中国文学传统对园林场景构成的影响，风水观在指导体量和间隙的布局及道路结构方面的作用，或者是对道教和佛教（两者创造了中国园林的隐含意义）的借鉴。

在关注中国园林的空间表达方面，并不是所有的记述文本都表现出了相同的叙述质量或深度；对不同园林的评论也各不相同，从零星的信息到详尽的描述都有。一些作者由于缺乏适当的词汇来描述中国的园林，把注意力集中在特定的元素上，如假山；另一些作者跟随欧洲的园林美学发展，把中国的园林设计与西方的园林风格并列，以方便他们的远方读者了解中国园林。在18世纪20年代，马国贤认为在北京郊区为康熙皇帝建造的长春园与巴洛克式园林截然不同，他说"这座园林同我所见的其他贵族庄园一样，其审美品味与欧洲的趣味完全相反。欧洲人在园林中试图用艺术来排除自然，铲平山丘，清空湖水，清理树木，整顿道路……相反，中国人用艺术来模仿自然，他们将园中地形改造为由山丘组成的迷宫"。[94] 在18世纪的最后几年，英国外交官乔治·伦纳德·斯当东（George Leonard Staunton，1737—1801年）、约翰·巴罗（John Barrow，1764—1848年）和乔治·马戛尔尼都展示了中国园林设计与英国风景园林之间的相似之处。然而，他们的观点在几十年后被他们的同胞詹姆斯·梅因和罗伯特·福琼所反驳，后者强调了两种传统之间的差异。

一些作者在解释中国园林设计原则方面作出了真诚的学术努力，提供了旨在成为权威性论著的文本，如钱伯斯和韩国英的文章；而其他作者则倾向于潦草地简化。西方人所经历的壁垒和限制，以及在描述中国园林的空间形象时的困难，都被认为是零散的，且由无序设计造成的，再加上他们对欧洲中国风的记忆，都鼓励了一种对中国园林的简单化解释，因此中国园林美学同反复出现的元素相关联，似乎传达了一种共同的中国形象。1797年，约翰·克里斯蒂安·惠纳（Johann Christian Hüttner，1765?—1847年）加入了马戛尔尼驻清廷使团，他概述了中国园林设计的主要特点，总结出了他认为在几乎所有的园林中都能看到的典型元素："中国人在他们园林中更偏好假山、小山、水体及建在树荫下的房子。"[95] 英国医生尤利乌斯·伯恩卡斯特（Julius Berncastle，？—1870年）证实，中国园林与"大家都熟悉的中国画上的风景完全一样"，有"人造湖泊和河流，上面置有轻巧的桥梁，通向洞穴、亭子、宝塔、石窟，以及仿造的悬崖，悬崖设有一条通往山顶的路：沿途有果树、鲜花和各种瓷器饰品，其数量太多以至于无法一一考察，总之，形成了一个可以想象的最为奇特和有趣的景观"。[96] 值得注意的是，即使少数西方旅行者能够看到大相径庭的各色园林，例如在北京和承德等北方的皇家园林，或是在中国东南沿海的富商和官宦园林，他们依旧没有注意到其风格之间的明显差异。在西方人看来，在元素的重复出现中确认中国园林的同质性比确认风格上的差异更为重要。

这些描述不可避免地包含了对设计的简化和对中国园林形式词汇的综合，对这些描述的接受显然引起了许多西方旅行者的关注，他们思考了文字和视觉描述在传达中国园林空间布局方面提供的各种机遇。耶稣会传教士王致诚确信图像会强化他的描述，而范罢览则肯定无论是书面记录还是图形描述，都无法为了解中国园林设计的复杂性提供可靠的表述。建筑理论家洛古耶通过工致诚的叙述了解了中国的园林设计，他同意这位耶稣会传教士的观点，并希望得到圆明园的平面图，因为他相信，对于那些希望在西方园林中唤起中国园林设计原则的人来说，这将是一个重要的参考。[97]

欧洲对中国园林的接受，既是长期实地调查的产物，也是旅行者及其读者长期心理建设的产物，随着直接目击者报告的增多，其内容也有所不同。尽管其结果并不精确，但这一过程具有长期的开创性作用：从18世纪初到19世纪中叶，它为欧洲人提供了他们所需要的更广阔的视角，以此来为西欧正在发展的园林美学新理念而辩护。

注释

1. 关于欧洲对中国的迷恋，参见下述文章，例如，William W. Appleton, *A Cycle of Cathay: The Chinese Vogue in England During the Seventeenth and Eighteenth Centuries* (New York: Columbia University Press, 1951); H. Belevitch-Stanevitch, *Le goût chinois en France au temps de Louis XIV* (Geneva: Slatkine Reprints, 1970); David Porter, *Ideographia: The Chinese Cipher in Early Modern Europe* (Stanford, California: Stanford University Press, 2001); David Porter, "Monstrous Beauty: Eighteenth-Century Fashion and the Aesthetics of the Chinese Taste," *Eighteenth-Century Studies* 35, no. 3 (2002): 395–411.

2. 关于中国园林对18世纪欧洲园林美学的影响，资料来自Arthur O. Lovejoy, "The Chinese Origin of a Romanticism," in *Essays in the History of Ideas* (Baltimore: Johns Hopkins University Press, 1948), 99–135; Osvald Sirén, *China and Gardens of Europe of the*

Eighteenth Century (New York: Ronald Press, 1950); Dora Wiebenson, *The Picturesque Garden in France* (Princeton, N.J.: Princeton University Press, 1978)，尤其是第3章和第4章；Jurgis Baltrušaitis, "Land of Illusion: China and the Eighteenth Century Garden," *Landscape* 11, no. 2 (1961–62): 5–11; Jurgis Baltrušaitis, "Gardens and Lands of Illusion," in *Aberrations: An Essay on the Legend of Forms* (Cambridge, Massachusetts: MIT Press, 1989), 138–81; Janine Barrier, Monique Mosser, and Che Bing Chiu, *Aux jardins de Cathay: L'imaginaire anglo-chinois en Occident* (Besançon: Les Éditions de l'Imprimeur, 2004), 74–84. 另参见注释28和55中所引用的讨论中国对英国风景园林和18世纪法国园林的影响的作品。

3. 关于西方旅行者对中国园林的描述，参见Sirén, *China and Gardens of Europe*, 3–9, 165–66; Maggie Keswick, *The Chinese Garden: History, Art and Architecture*, rev. ed. (London: Frances Lincoln, 2003), 16–37; Bianca Maria Rinaldi, "Die Reise nach China: Die chinesischen Gärten in den Beschreibungen westlicher Reisender," in *Reisen in Parks und Gärten: Umrisse einer Rezeptions- und Imaginationsgeschichte*, ed. Hubertus Fischer et al. (Munich: Meidenbauer, 2012), 291–308. 关于20世纪之前西方旅行者的描述，参见Peter Valder, *Gardens in China* (Portland, Oregon: Timber Press, 2002). 关于耶稣会传教士对中国园林的描述的研究，参见Bianca Maria Rinaldi, "Borrowing from China: The Society of Jesus and the Ideal of Naturalness in XVII and XVIII Century European Gardens," *Die Gartenkunst* 17, no. 2 (2005): 319–37; 以及Bianca Maria Rinaldi, *The "Chinese Garden in Good Taste": Jesuits and Europe's Knowledge of Chinese Flora and Art of the Garden in the Seventeenth and Eighteenth Centuries* (Munich: Meidenbauer, 2006). Craig Clunas, "Nature and Ideology in Western Descriptions of Chinese Gardens," in *Nature and Ideology: Natural Garden Design in the Twentieth Century*, ed. J. Wolschke-Bulmahn (Washington, D.C.: Dumbarton Oaks Research Library and Collection, 1997), 21–33, 该书就西方对中国园林的描述中的自然概念进行了讨论。这些研究为我的讨论提供了重要的信息来源。

4. 关于园林的接受情况，参见John Dixon Hunt, *The Afterlife of Gardens* (Philadelphia: University of Pennsylvania Press, 2004). 在其第22～34页通过口述概括了西方对皇家园林圆明园的接受情况。

5. 关于18和19世纪英国旅行者对中国园林的看法，参见近期的研究报告，来自Elizabeth Hope Chang, *Britain's Chinese Eye: Literature, Empire, and Aesthetics in Nineteenth-Century Britain* (Stanford, California; Stanford University Press, 2010), 23–70. 伊丽莎

白·霍普·张（Elizabeth Hope Chang）主要关注威廉·钱伯斯的《东方造园论》、马戛尔尼出使乾隆皇帝使团的参与者所编写的报告及罗伯特·福琼的叙述。

6. 凡尔赛花园是基于规则性和几何学构图概念的典范，这种构图概念是整个欧洲文化所共有的，它代表了欧洲所有皇宫效仿的典范。耶稣会传教士将圆明园和凡尔赛宫相提并论，暗示了圆明园是中国园林设计的最佳典范。关于圆明园和凡尔赛宫的对比，参见Greg M. Thomas, "Yuanming Yuan/Versailles: Intercultural Interactions Between Chinese and European Palace Cultures," *Art History* 32, no. 1 (2009): 117–25.

7. Marcia Reed, "A Perfume Is Best from Afar: Publishing China in Europe," in *China on Paper: European and Chinese Works from the Late Sixteenth to the Early Nineteenth Century*, ed. Marcia Reed and Paola Demattè (Los Angeles: Getty Research Institute, 2011), 9–27.

8. Reed, "A Perfume Is Best from Afar," 18–20.

9. John Barrow, *Some Account of the Public Life, and a Selection from the Unpublished Writings, of the Earl of Macartney*, vol. 2 (London: T. Cadell and W. Davies, 1807), 305–6.

10. 在撰写关于西方对中国认识演变的总结时，我参考了以下研究：Basil Guy, *The French Image of China Before and After Voltaire* (Studies on Voltaire and the Eighteenth Century 21) (Geneva: Institut et Musée Voltaire, 1963); Sergio Zoli, "L'immagine dell'Oriente nella cultura italiana da Marco Polo al Settecento," in *Il Paesaggio*, ed. Cesare de Seta, vol. 5 of *Storia d'Italia: Annali*, ed. Ruggiero Romano and Corrado Vivanti (Turin: Einaudi, 1982), 47–123; Colin Mackerras, *Western Images of China* (Oxford: Oxford University Press, 1989); Thomas H. C. Lee, ed., *China and Europe: Images and Influences in Sixteenth to Eighteenth Centuries* (Hong Kong: Chinese University Press, 1991); Julia Ching and Willard G. Oxtoby, eds., *Discovering China: European Interpretations in the Enlightenment* (Rochester, N.Y.: University of Rochester Press, 1992); J. J. Clarke, *Oriental Enlightenment: The Encounter Between Asian and Western Thought* (London: Routledge, 1997), 37–53; David E. Mungello, *The Great Encounter of China and the West, 1500–1800* (1999; reprint, Lanham, Md.: Rowman and Littlefield, 2013).

11. 在关于中国风的重要文献中，参见Madeleine Jarry, *Chinoiseries: Le rayonnement du goût chinois sur les arts décoratifs des XVIIe et XVIIIe siècles* (Fribourg: Office du livre, 1981); Dawn Jacobson, *Chinoiserie* (London: Phaidon, 1993)；以及近期的David Porter, *The Chinese Taste in Eighteenth-Century England* (Cambridge: Cambridge University Press, 2010)，尤其是第3章和第5章。

12. David Porter, "Writing China: Legitimacy and Representation, 1606–1773," *Comparative Literature Studies* 33, no. 1 (1996): 110.

13. 关于马国贤和他的版画对英国园林美学的影响，本文资料来自Basil Gray, "Lord Burlington and Father Ripa's Chinese Engravings," *British Museum Quarterly* 22, nos. 1–2 (1960): 40–43; Rudolph Wittkower, *Palladio and English Palladianism* (London: Thames and Hudson, 1974), 185–86; Yu Liu, "Transplanting a Different Gardening Style into England: Matteo Ripa and His Visit to London in 1724," *Diogenes* 55, no. 2 (2008): 83–96. 一本关于马国贤和他避暑山庄版画研究的新出版物正在筹备中，由Stephen H. Whiteman and Richard E. Strassberg编辑，并由Dumbarton Oaks Research Library and Collection出版。Stephen H. Whiteman, "Translating the Landscape: Genre, Style and Pictorial Technology in the Thirty-Six Views of the Mountain Estate for Escaping the Heat" 一文对马国贤的风景画进行了详细和创新的研究。

14. Joseph Spence, "Letter to the Rev. Mr Wheeler," 1751. 引述于John Dixon Hunt and Peter Willis, eds., *The Genius of the Place: The English Landscape Garden*, 1620–1820 (Cambridge, Massachusetts: MIT Press, 1988), 269.

15. *The Emperor of China's Palace at Peking, and His Principal Gardens, as well as in Tartary, as at Peking, Gehol and the Adjacent Countries; with the Temples, Pleasure-Houses, Artificial Mountains, Rocks, Lakes, etc. as Disposed in Different Parts of Those Royal Gardens* (London: Sayer, Overton, Bowles, and Bowles and Son, 1753).

16. Joseph Disponzio, introduction to *Essay on Gardens: A Chapter in the French Picturesque*, by Claude-Henri Watelet, ed. and trans. Samuel Danon (Philadelphia: University of Pennsylvania Press, 2003), 5–6.

17. 耶稣会传教士王致诚解释道，由于他在乾隆皇帝的宫廷中担任画师，他有机会广泛地参观皇室的居所，他写道，他被允许进入院内的"每一处地方"。Jean-Denis Attiret, *A Particular Account of the Emperor of China's Garden near Pekin*, trans. Sir Harry Beaumont [Joseph Spence] (London: Dodsley, 1752), 47–48.

18. Stephen H. Whiteman, "From Upper Camp to Mountain Estate: Recovering Historical Narratives in Qing Imperial Landscapes," *Studies in the History of Gardens and Designed Landscapes*, 33, no. 4 (2013): 249–50. 耶稣会传教士王致诚在其1743年描述圆明园的信中指出，乾隆皇帝"通常每年在这里（圆明园）居住十个月。"Attiret, *A Particular Account*, 48–49. 在1773年写的一封信中，耶稣会传教士蒋友仁证实了王致诚的观察，他表示圆明园是乾隆皇帝最喜欢的住所，他只在北京待三个月左右，除了去鞑靼打猎

和偶尔去参加首都的仪式之外，其余时间都住在圆明园。Michel Benoist, "Troisième Lettre du P. Benoit. A Pékin, le 4. Nov. 1773, " in *Lettres édifiantes et curieuses, écrites des Missions étrangères par quelques Missionnaires de la C.[Compagnie] de J.[Jesus]*, vol. 33 (Paris: Berton, 1776), 177–79. 从1722年直到被毁，圆明园一直是连续五位清朝统治者的皇权中心。Richard E. Strassberg, "War and Peace: Four Intercultural Landscapes," in Reed and Demattè, *China on Paper*, 104–5.

19. 参见Fa-ti Fan, *British Naturalists in Qing China: Science, Empire and Cultural Encounter* (Cambridge, Massachusetts: Harvard University Press, 2004), 31–35.

20. Marco Polo, *The Book of Ser Marco Polo, the Venetian, Concerning the Kingdoms and Marvels of the East*, trans. and ed. Henry Yule, vol. 1 (London: Murray, 1871), 326.

21. Martino Martini, *Novus atlas sinensis* (Amsterdam: Blaeu, 1655), 31: "许多用精湛的技艺堆叠起来的假山，这些假山的工艺之精妙甚至胜于真山。"

22. Johannes Nieuhof, *An Embassy from the East-India Company of the United Provinces, to the Great Tartar Cham, Emperor of China*, trans. John Ogilby (London: Macock, 1669), 129. 在他随荷兰东印度公司（VOC）到远东旅行的记述《东方的印度艺术和快乐园丁》（*Orientalisch-Indianische Kunst- und Lust-Gärtner*，1692年）中的第11章，德国德累斯顿的皇家宫廷园丁乔治·迈斯特（George Meister，1653—1713年）提供了有关东亚花园的信息，重点是假山和建造技术的某些方面。尽管他对亚洲园林的描述题为"关于日本和中国的观赏性园艺及与此相关的内容"，但不确定他是否曾访问过中国的任何园林。他去过好望角，在那里他在东印度公司的花园做了研究，他还去了雅加达（巴达维亚）、马六甲和日本。正如怀伯·库特（Wybe Kuitert）在研究迈斯特的旅行记录中所写的那样，在长崎可以找到一些似乎与迈斯特文字相符的花园。Wybe Kuitert, "Georg Meister: A Seventeenth Century Gardener and His Reports on Oriental Garden Art," *Japan Review*, no. 2 (1991): 125–43.

23. 关于东方和西方文化中的假山概念的总结，参见Michael Jacob, "On Mountains: Scalable and Unscalable," in *Landform Building: Architecture's New Terrain*, ed. Stan Allen and Marc McQuade (Baden: Lars Müller, 2011), 136–64.

24. 这段话来自安文思的第一个英译本: Gabriel de Magalhães, *A New History of China* (London: Newborough, 1688), 324–25.

25. Jean-François Gerbillon, "Seconde voyage fait par ordre de l'Empereur de la Chine en Tartarie par les Peres Gerbillon et Pereira en l'année 1689," in Jean-Baptiste Du Halde, *Description géographique, historique, chronologique, politique et physique de l'empire de*

la Chine et de la Tartarie chinoise, vol. 4 (Paris: Le Mercier, 1735).

26. 例如，见本选集中收录的法国耶稣会传教士李明的评论。曾担任康熙的数学和欧几里得几何学导师的法国耶稣会传教士白晋（Joachim Bouvet，1656—1730年）在描述康熙的长春园时写道："除了两个大喷泉和他（康熙）挖的 些水渠，没有什么能反映一个如此富有和如此强大的君主的宏伟。一切都非常整洁，但建筑、花园、地形的布局都比许多属于私人绅士的宫殿要差得多，特别是在巴黎周围看到的那些宫殿。"Joachim Bouvet, *Portrait historique de l'Empereur de la Chine* (Paris: Michallet, 1697), 81–82. 奥地利耶稣会传教士白乃心（1623—1680年）对他所看到的中国园林中缺乏装饰品感到失望，他认为中国园林只是简单的封闭式草地，可以被用来"踢足球"。"Voyage du P. Grueber a la Chine, " in *Melchisédec Thévenot, Relations de divers voyages curieux ... *, 2 vol., 3rd part (Paris: Moette, 1696), 15.

27. 关于中国对英国风景园林发展的影响，为我的讨论提供参考的重要资料有：Patrick Conner, "China and the Landscape Garden: Reports, Engravings, and Misconceptions," *Art History* 2, no. 4 (1979): 430–40; David Jacques, "On the Supposed Chineseness of the English Landscape Garden, " *Garden History* 18, no. 2 (1990): 181–87; Liangyan Ge, "On the Eighteenth-Century Misreading of the Chinese Garden," *Comparative Civilizations Review* 27 (1992): 106–26; 以及近期的Yu Liu, "The Inspiration for a Different Eden: Chinese Gardening Ideas in England in the Early Modern Period," in *Comparative Civilizations Review*, no. 53 (2005): 86–106; Yu Liu, *Seeds of a Different Eden: Chinese Gardening Ideas and a New English Aesthetic Ideal* (Columbia: University of South Carolina Press, 2008), especially 1–41.

28. 在撰写这份摘要时，我采用了以下关于花园和英国景观花园的通史研究：John Dixon Hunt, *Gardens and the Picturesque: Studies in the History of Landscape Architecture* (Cambridge, Massachusetts: MIT Press, 1997); Franco Panzini, *Progettare la natura: Architettura del paesaggio e dei giardini dalle origini all'epoca contemporanea* (Bologna: Zanichelli, 2005).

29. 关于中国园林的作用、西方旅行者对中国园林的描述及英国风景园林发展的最新研究，参见 Christina Kallieris, *Inventis addere: Chinesische Gartenkunst und englische Landschaftsgärten: Die Auswirkungen von Utopien und Reisebeschreibungen auf gardentheoretische Schriften Englands im 18. Jahrhundert* (Worms-am-Rhein: Werneresche Verlagsgesellschaft, 2012).

30. William Temple, "Upon the Gardens of Epicurus, " in *Miscellanea, the Second Part: In*

Four Essays, 4th ed. (London: Simpson, 1696), 132. 坦普尔主要根据马可·波罗的书和耶稣会传教士的著作来构建他对中国的了解；参见William Temple, "Upon Heroick Virtue," in *Miscellanea, the Second Part*, 171–80, 197.

31. Joseph Addison, The Spectator, no. 414, 25 June 25, 1712. 引述于Hunt and Willis, *The Genius of the Place*, 142.

32. Stephen Switzer, *Iconographia Rustica*, vol. 1 (London: Browne, Barker, King, Mears, Gosling, 1718), xxxviii.

33. Robert Castell, *The Villas of the Ancients Illustrated* (London: By the author, 1728), 116–17.

34. Christian Cajus Lorenz Hirschfeld, *Théorie de l'art des jardins*, vol. 1 (Leipzig: Weidmann and Reich, 1779), 93: "……可能不需要特别的例子来发现英国采用的新方式，并且这种新方式从那里开始传播到各地，然而，其与中国园林的关系很可能对此作出了巨大贡献。"

35. Joachim Bouvet, *Portrait historique de l'Empereur de la Chine* (1697)一书对康熙在欧洲的形象贡献良多。白晋的描述在编辑上获得了成功，并很快被翻译成其他语言出版：1699年，莱布尼茨编辑的拉丁文版在汉诺威出版；同年，伦敦和乌特勒支出现了英文和荷兰文译本。1710年，意大利语译本在帕多瓦出版。

36. Gerbillon, "Seconde voyage ... en Tartarie," 228.

37. Attiret, *A Particular Account*, 38–39.

38. 这句话摘自该游记的第一个英译本：Olof Torén, "Letter V," in *Peter Osbeck, A Voyage to China and the East Indies*, vol. 2 (London: B. White, 1771), 230. 托伦在他对中国园林的简短评论中补充道："他们（中国人）不做石窟，而是把一堆多孔的石头堆叠在一起，看起来就像岩石和山脉。这种园林中的浪漫情调甚至延伸到了小花坛和房屋中的花盆。"同上，230

39. 在关于意大利文艺复兴时期花园、法国花园传统和英国景观风格中的园林与景观之间关系的简短总结中，我借鉴了John Dixon Hunt, *A World of Gardens* (London: Reaktion, 2012), 160–85.

40. Jacques-François Blondel, *Architecture françoise*, vol. 1 (Paris: Jombert, 1752), 46.

41. Marc-Antoine Laugier, *An Essay on Architecture*, trans. Wolfgang and Anni Herrmann (Los Angeles: Hennessey and Ingalls, 1977), 138. 所有引自洛吉耶的文字都来自于沃尔夫冈和安尼·赫尔曼的英译本。

42. Laugier, *An Essay on Architecture*, 139.

43. 同上, 139.

44. 同上, 138.

45. Isaac Ware, *The Four Books of Andrea Palladio's Architecture* (London: Ware, 1738). 这部作品献给第三代伯灵顿伯爵（the Third Earl of Burlington）理查德·博伊尔（Richard Boyle），以及第四代科克伯爵（the Fourth Earl of Cork）.

46. Isaac Ware, *A Complete Body of Architecture* (London: T. Osborne and J. Shipton, 1756), 646, 645.

47. 同上, 646.

48. 中国的园林与英国的风景园林共享这一特点，参见Hunt and Willis, *The Genius of the Place*, 导言, 23–25.

49. Pierre-Martial Cibot, "Essai sur les jardins de plaisance des Chinois, " in *Mémoires concernant l'histoire, les sciences, les arts, les mœurs, les usages, & c. des Chinois: Par les Missionnaires de Pekin*, vol. 8 (Paris: Nyon, 1782), 326. 该丛书下文简写为 *Mémoires ... des Chinois*。

50. Thomas Whately, *Observations on Modern Gardening* (London: Exshaw, 1770).

51. Attiret, *A Particular Account*, 41.

52. Michel Benoist, "Lettre du Père Benoist à Monsieur Papillon d'Auteroche. A Péking, le 16 novembre 1767, " in *Lettres édifiantes et curieuses écrites des missions étrangères, Mémoires de la Chine*, vol. 23 (Paris: Merigot, 1781), 536–37.

53. Pierre-Martial Cibot, "Observations sur les plantes, les fleurs et les arbres de Chine qu'il est possible de se procurer en France, " in *Mémoires ... des Chinois*, vol. 11 (Paris: Nyon, 1786), 216: "模仿她的任性，她的疏忽，甚至她的错误和遗忘。"

54. 关于法国如画园林，参见*Jardins en France, 1760–1820: Pays d'illusion, terre d'expériences* (Paris: Caisse Nationale des Monuments Historiques et des Sites, 1977); Wiebenson, *The Picturesque Garden in France*; Sophie Le Ménahè ze, *L'invention du jardin romantique en France, 1761–1808* (Neuilly-sur-Seine: Éditions Spiralinthe, 2001); John Dixon Hunt, *The Picturesque Garden in Europe* (London: Thames and Hudson, 2002), 88–139. 关于中国园林在18世纪法国园林中的作用，参见Antoine Gournay, "Jardins chinois en France à la fin du XVIIIᵉ siècle, " *Bulletin de l'Ecole Française d'Extrême-Orient* 78 (1991): 259–73.

55. 关于钱伯斯和他的中国园林著作的文献非常多，重要的资料包括Robert C. Bald, "Sir William Chambers and the Chinese Garden, " *Journal of the History of Ideas* 2, no. 3

(1950): 287–320; Eileen Harris, "Design of Chinese Buildings and the Dissertation on Oriental Gardening," in *Sir William Chambers, Knight of the Polar Star*, ed. John Harris (University Park: Pennsylvania State University Press, 1970), 144–62; David Porter, "Beyond the Bounds of Truth: Cultural Translation and William Chambers's Chinese Garden," *Mosaic* 37, no. 2 (2004): 41–58; Barrier, Mosser, and Chiu, *Aux jardins de Cathay*.

56. 关于18世纪欧洲园林中的"中国"风格的园林建筑，重要的作品包括Eleanor von Erdberg, *Chinese Influence on European Garden Structures* (Cambridge, Massachusetts: Harvard University Press, 1936); Patrick Conner, *Oriental Architecture in the West* (London: Thames and Hudson, 1979); Gerd-Helge Vogel, "Wunderland Cathay: Chinoise Architekturen in Europa, Teil 1, " *Die Gartenkunst* 16, no. 1 (2004): 125–72; Gerd-Helge Vogel, "Wunderland Cathay: Chinoise Architekturen in Europa, Teil 2," *Die Gartenkunst* 16, no. 2 (2004): 339–82; 以及近期的Stefan Koppelkamm, *The Imaginary Orient: Exotic Buildings of the Eighteenth and Nineteenth Centuries in Europe* (Fellbach: Menges, 2014).

57. 例如William and John Halfpenny, *Chinese and Gothic Architecture Properly Ornamented* (London: Sayer, 1752); Matthew Darly, *A New Book of Chinese Designs* (London: By the author, 1754); Charles Over, *Ornamental Architecture in the Gothic, Chinese and Modern Taste* (London: Sayer, 1758); Paul Decker, *Chinese Architecture, Civil and Ornamental* (London: By the author, 1759). 关于图集在园林结构设计中的作用，参见 Hunt, *A World of Gardens*, 221–23.

58. William Chambers, "Traité des édifices, meubles, habits, machines et ustensiles des Chinois ... ," in George-Louis Le Rouge, *Détails de nouveaux jardins à la mode "jardins anglo-chinois, "* cahier 5 (Paris: By the author, 1776). 其中专注于中国园林的图册有第14册（1785年）、第15册（1786年）、第16册（1786年）和第17册（1786年）册，分别有11、28、30和30幅图版。

59. Le Rouge, *Détails de nouveaux jardins*, 第14册"中国园林"（1785年），以11幅版画作为插图，描绘了乾隆皇帝在中国江苏南巡时所到访的11处皇家宫苑，这些版画包含在法国耶稣会传教士钱德明寄到法国的画册中，自1770年以来它们一直被保存在巴黎皇家图书馆的风景画室中。拉鲁日使用了钱德明于1765年寄往法国的第二本画册中的图片，这本画册包括46幅中国南方的皇宫和风景名胜，为第16册"中国花园：中国皇家园林"（1786年）和第17册"英中式花园：中国皇帝的宫苑"（1786年）的一部分作插图。Véronique Royet, ed., *Georges-Louis Le Rouge: Les jardins anglo-*

chinois (Paris: Bibliothèque Nationale de France, 2004), 202. 第15册和第16册的部分图版再现了一系列皇家园林圆明园四十景的西方复刻本。拉鲁日从瑞典伯爵卡尔·弗雷德里克·谢弗（Carl Fredrik Scheffer）那里借来了它们，谢弗是支持瑞典中国热的重要人物。谢弗成为东印度公司的总经理，他可能是靠着自己的商业关系购买了这套图册。Sirén, *China and Gardens of Europe*, 166–69.

60. Barrier, Mosser, and Chiu, Aux jardins de Cathay, 83.

61. Cibot, "Essai," 316: "Ecartons toutes les fausses idées de l'Occident sur les jardins de plaisance qui sont actuellement en Chine."

62. Hirschfeld, *Théorie*, vol. 1, 93–118.

63. Antoine-Chrysostome Quatremère de Quincy, "Chinois jardins," in *Encyclopédie méthodique: Architecture*, vol. 1 (Paris: Panckoucke, 1788), 644–53. 1782年至1832年期间出版的《百科全书》是丹尼斯·狄德罗和让·勒隆·达朗贝尔在1751年至1772年期间出版编辑的《百科全书》的修订版。

64. Quatremère de Quincy, "Chinois jardins," 653.

65. Hunt, *Picturesque Garden*, 92–95. 关于中国园林在英国的理论辩论中的作用，参见 Liu, Seeds of a Different Eden, 1–14; Qian Zhongshou, "China in the English Literature of the Eighteenth Century," in Hsia, *The Vision of China*, 128–32.

66. 沃尔波的评论是基于约瑟夫·斯宾塞对王致诚圆明园描述的英译本。Horace Walpole, "On Modern Gardening," in *Anecdotes of Painting in England*, vol. 4 (Strawberry Hill: Kirgate, 1771), 134–35. Wiebenson, *The Picturesque Garden in France*, 60–61. 对英国作者的不同立场的全面分析，参见Liu, Seeds of a Different Eden, 2–41.

67. Thomas Whately, *L'art de former les jardins modernes, ou l'art des jardins anglois*, trans. François de Paul Latapie (Paris: Jombert, 1771), 序言：iv; vi; ix: "只遵循自然……最自然的园林构成方法……完整地证明英国园林与中国园林的完美相似性。1757年出版的钱伯斯撰写的《中国园林布局的艺术》的法文版在ix~xxiii页，1749年出版的由王致诚撰写的皇家园林圆明园的描述的很大一部分在xxiii~xxxvii页。尽管如此，关于王致诚的信，拉塔皮写道："尽管它呈现出如此奇妙的景象，但我相信很少有人不会认为这些花园过于宏伟，宫殿过于繁多，无法想象在那里的孤独。如此多的财富给人的惊讶多于它带给人们的喜悦，并且不会让人产生任何安宁和幸福的想法。"（拉塔皮的演讲稿，第xxxvii页）。

68. Le Rouge, *Détails de nouveaux jardins à la mode*, cahier 5, plate 1: "众所周知，英国园林不过是对中国园林的模仿。"

69. Jacques-François Blondel, *Cours d'architecture*, vol. 1 (Paris: Desaint, 1771), 150, 153: "严肃而质朴的人理应值得赞扬，但他们的世界往往悲哀和单调。"关于布隆代尔及他对中国园林和英国园林的思想还可以参见Wiebenson, *The Picturesque Garden in France*, 32–34.

70. Barrow, *Some Account of the Public Life*, 213.

71. John Barrow, *Travels in China* (London: T. Cadell and W. Davies, 1804), 134–35.

72. William Marshall, *Planting and Rural Ornament*, vol. 1, 2nd ed. (London: Nicol, Robinson and Debrett, 1796), 195–96. 引述于Conner, "China and the Landscape Garden," 429. 西方观察家对中国园林的描述继续被用于下一世纪继续进行的关于英国风景园林起源的辩论中。1845年，亚历山大·冯·洪堡在《宇宙》一文中证实了中国和英国园林传统的相似性。"中国园林似乎最接近我们现在习惯于认为的英国公园。"他根据韩国英、钱德明、乔治·伦纳德·斯当东和马戛尔尼勋爵的描述来讨论中国园林设计。Alexander von Humboldt, *Cosmos: Sketch of a Physical Description of the Universe*, trans. C. Otté, vol 2 (London: Bohn, 1849), 462. 几年后，即1848年，英国作家吉尔伯特·刘易斯（Gilbert Lewis）在评论罗伯特·福琼在中国旅行的第一篇报道时，否定了英国风景园林起源于中国的任何想法："但无论我们的园林在蔬菜原料或植物本身方面从这个地区（中国）得到或注定得到什么帮助，一个绝不可能的想法是，英国园林不同于欧洲大陆的独特风格是抄袭自中国的，这显然是没有根据的。"为了支持他的论点，他对西方观察家对中国园林的描述进行了分析，认为耶稣会传教士编纂的那些描述有的过于模糊，有的过于笼统，有的过于修辞，而不切实际。Gilbert Lewis, "Fortune's China: Gardening," in *Edinburgh Review*, vol. 88 (London: Longman, Brown, Green, and Longmans, 1848), 411.

73. 关于马戛尔尼使团作为两个国家之间的交锋的重要研究，参见 James L. Hevia, *Cherishing Men from Afar: Qing Guest Ritual and the Macartney Embassy of 1793* (Durham, N.C.: Duke University Press, 1995), 第3章和第4章。

74. Barrow, *Travels in China*, 135.

75. 体现于Chang, *Britain's Chinese Eye*, 40–42, 52–53.

76. Marshall, *Planting and Rural Ornament*, 195–96.

77. Castell, *The Villas of the Ancients*, 117.

78. 在《园艺百科全书》第一版（1824年）中，劳登引用了耶稣会传教士李明、杜赫德和王致诚对那些花园的描述，旅行家奥洛夫·托伦、亨利·埃利斯（Henry Ellis）爵士和彼得·多贝尔写的几行文字，以及著名且具有争议的钱伯斯和马戛尔尼勋爵的扩展观察，并对这些文字作出了怀疑的评论。这些引文和评论在1835年的版本中重复出现。

79. John Claudius Loudon, *An Encyclopaedia of Gardening* (London: Longman, Rees, Orme, Brown, and Green, 1835), 386.

80. George Bennett, *Wanderings in New South Wales, Batavia, Pedir Coast, Singapore and China*, vol. 2 (London: Bentley, 1834), 90.

81. Barrow, *Travels in China*, 135. 几年后，亨利·埃利斯（1777—1855年）在1816年陪同阿美士德勋爵率领的英国外交使团前往清廷时，他在旅行日记中评论说："中国人当然是大自然的良好效仿者，他们的岩石堆并不像英国的一些现代哥特式废墟那样容易受到嘲笑；事实上，它们是规模巨大的艺术作品，完全可以与原作相媲美。"Henry Ellis, *Journal of the Proceedings of the Late Embassy to China* (London: J. Murray, 1817), 286.

82. Loudon, *An Encyclopaedia of Gardening*, 386.

83. Brantz Mayer, "China and the Chinese," *Southern Quarterly Review* 23, no. 12 (1847): 18.

84. 伊丽莎白·霍普·张认为，中国园林中的视觉装置被看作"英国自然主义和中国人工主义之间的分歧"的有效证明。Chang, *Britain's Chinese Eye*, 27.

85. John Francis Davis, *Sketches of China*, vol. 2 (London: Knight and Co., 1841), 2–3. 埃利斯证实，中国的花园"是这样布置的，这使其看起来比实际情况更为广阔"。Ellis, *Journal of the Proceedings*, 286.

86. Robert Fortune, *A Residence Among the Chinese* (London: J. Murray, 1857), 218.

87. 参见John R. Haddad, "Imagined Journeys to Distant Cathay: Constructing China with Ceramics, 1780–1920," *Winterthur Portfolio* 41, no. 1 (Spring 2007): 53–80, 尤其是 69–73. 另参见Chang, *Britain's Chinese Eye*, 71–97.

88. 美国商人小奥斯蒙德·蒂法尼在结束他在广州逗留的游记时写道："在阿拉伯神话中，中部的鲜花王国被认为是魔法之国；虽然我没有爱上中国的公主，但在我的视野中，那里展示的奇迹就像阿拉丁神灯的精灵所揭开的一样多"。Osmond Tiffany, The Canton Chinese或The American's Sojourn in the Celestial Empire (Boston: J. Munroe and Co., 1849), 271. 引述于Haddad, "Imagined Journeys," 71. 关于《一千零一夜》对美国人认知中国的影响，参见Haddad, "Imagined Journeys," 70–71.

89. Mayer, "China and the Chinese," 18–19. 引述于Haddad, "Imagined Journeys," 71.

90. Thomas, "The Looting of Yuanming," 5–7.

91. 近期关于西方对圆明园及其摧毁的描述的讨论，参见Erik Ringmar, "Malice in

Wonderland: Dreams of the Orient and Destruction of the Palace of the Emperor of China," *Journal of World History* 22, no. 2 (2011): 273–97.

92. 二百字以下的短篇叙述没有作为单独条目列入选集，而是在本介绍性章节或一些条目注释中被引用。

93. 关于北美人对中国的看法及北美旅行者对中国的描述，参见John Rogers Haddad, *The Romance of China: Excursions to China in U.S. Culture, 1776–1876* (New York: Columbia University Press, 2009).

94. Matteo Ripa, *Storia della fondazione della Congregazione e del Collegio de' Cinesi*, vol. 1 (Naples: Manfredi, 1832), 401: "这座园林同我所见的其他皇家宫室一样，其审美品味与欧洲的趣味完全相反。欧洲人在园林中试图用艺术来排除自然，铲平山丘，干涸湖水，清理树木，整顿道路……相反，中国人用艺术来模仿自然，他们将园中地形改造为由山丘组成的迷宫。"

95. Johann Christian Hüttner, *Voyage à la Chine par J. C. Hüttner*, trans. T. F. Winckler (Paris: J. J. Fuchs, 1798), 41: "中国人在他们的园林中更偏好假山、小山、水体及建在树荫下的房子。"惠纳的旅行记录最初是用德语写的，于1797年首次出版: Johann Christian Hüttner, *Nachricht von der Brittischen Gesandtschaftsreise durch China und einen Theil der Tartarei* (Berlin: Voss, 1797).

96. Julius Berncastle, *A Voyage to China*, vol. 2 (London: Shoberl, 1850), 170.

97. 洛吉耶写道："我希望这段华丽描述的作者能为我们提供这个令人愉快的乡村住宅的实际平面图，毫无疑问，它可以为我们提供一个良好的模型。"Laugier, *Essay on Architecture*, 139.

第1章　马可·波罗
（Marco Polo，约 1254—1324 年）

威尼斯商人和探险家马可·波罗后来成为旅行者中的标志性人物。他那本广为流传的《东方见闻录》（*Book of the Marvels of the Modern World*）（在后来的英译本中被称为《马可·波罗游记》（*The Travels of Marco Polo*），以旅行记述的方式描述了远东国家和蒙古帝国地区的地理情况，影响了几个世纪以来欧洲人对中国的认知。[1] 在18世纪晚期，马可·波罗的书仍被西方旅行者作为去中国长途旅行的重要参考。[2]

1275—1292年，波罗在蒙古帝国担任了十七年的朝廷官员。这部作品可能写于1298年，当时波罗和他不幸的伙伴鲁斯蒂谦（Rustichello或Rusticiano）一同被囚禁在热那亚；马可·波罗向鲁斯蒂谦讲述了自己在1271年抵达元朝忽必烈汗（1260—1294年）朝廷的旅程，包括1271年至1295年他在亚洲的经历，以及他在中国长期冒险的生活。[3] 这两个背景截然不同的人（作为商人和旅行家的马可·波罗和宫廷浪漫主义作家鲁斯蒂谦）的相遇产生了这部作品，其中包含了关于波罗到达"中国"前途经国家的地理和特征的相关信息，以及当地物产、风俗习惯、名人、历史事件，以及逸闻趣事。结果这部作品为中世纪的亚洲提供了一种指导，它既被中世纪晚期的欧洲集体想象力所滋养，又为传说中的东方概念提供了实质性内容，这种影响在未来的许多年里仍然扎根于欧洲文化之中。始于波罗的叙述，基于"他亲眼所见的"，以及"他从守信和诚实的人那里所听到"的事情，[4] 鲁斯蒂谦用古法语混合着威尼斯语和意大利语创作了这一文本，丰富了波罗描述性的文学风格。[5] 使用这种来自贸易和浪漫主义的混合语言暗示了鲁斯蒂谦有意识地吸引更广泛的受众，而且事情正如其所预计的一样。冠以不同的标题，如《世界货币》（*Le devisement du monde*）、《世界奇观录》（*Le livre des merveilles du monde*）和《百万见闻录》（*Il milione*）等，这部作品从14世纪初开始便取得了巨大的成功，并以多种语言流传，其译本或多或少都基本忠实于原作。

马可·波罗是第一个提及中国园林的西方人。以下两部分摘录来自苏格兰的东方学家亨利·玉尔（Henry Yule）1871年的《马可·波罗游记》英译本，其中包含了他对上都（蒙古帝国旧都城）的皇室建筑群和忽必烈汗在大都（伟大的都城）建设的皇室园林的简短描述，大都是忽必烈汗在现今北京的地址上所建造的一座新城。[6]这些最早的零散描述都受到欧洲中世纪园林文化的影响。波罗将皇家园林描述为一个大型林区，里面有许多野生动物和驯养的家禽，内设鱼池和喷泉，让人联想起西方宫廷的狩猎保护区。同时，正如波罗所描述的那样，忽必烈汗的园林被视为一个象征性的微观世界，一个被精心养护的大自然，里面有丰富的水源和来自远方的各种动植物，进而呼应了中世纪时期关于伊甸园的主题，根据中世纪的传说，伊甸园隐藏在东方的某个偏僻角落。波罗对忽必烈汗园林的描述成为欧洲人了解中国园林的主要来源，并为后来的中世纪旅行文献中有关中国园林的稀少评论提供了参考。在方济会传教士鄂多立克（Odorico da Pordenone）于14世纪30年代编撰的亚洲旅行记述，以及约翰·曼德维尔（John Mandeville）于1356年左右撰写的关于东方的通俗虚构性描述，都以马可·波罗的作品为基础，对中国的皇家园林进行了简短的描述。[7]

波罗是第一个认识到中国人有能力在人工园林环境中创造自然景观形式的西方旅行者。忽必烈汗用扩建人工湖时挖掘出的材料在大都西部建造山峦起伏、树木繁茂的岛屿，在描述这一现象时，波罗开创了西方记述中的一个悠久传统，即强调中国园林中普遍存在的人工自然性。

* * *

摘自《威尼斯人马可·波罗传：关于东方国家和奇迹》（*The Book of Ser Marco Polo, the Venetian, Concerning the Kingdoms and Marvels of the East*），亨利·玉尔编译，第一卷，1871年

上都城和可汗宫殿

当你离开上述城市，[8] 向东北方向骑行三天，你会到达一个被称为上都的城市，这座城市是由现在在位的忽必烈汗建造的。在上都有一座非常精美的大理石宫殿，其内部房间皆为镀金的，并绘有人鸟走兽及各种奇花异草，装饰得富丽堂皇，令人叹为观止。

这座宫殿四周建有围墙，其圈定了一块十六英里*的土地，这是可汗的御花园，在园林内有喷泉、河流和溪涧，以及美丽的草地。园中还养了各类野生动物（不包括凶猛的兽类），这些动物是为皇帝的鹰和其他用来狩猎的猛禽提供食物的。在这些禽类中光是鹰隼就有两百多只，还没有算上其他的鸟雀。可汗每个礼拜都会亲自去巡视它们，有时他骑着马穿过园子，命令侍从带一只豹子跟随马后，如果他看到任何令他欢心的动物，他就用豹子去捕获它，而被抓到的猎物则用来投喂鹰隼。他这样做只是为了获得豹子猎兽的乐趣。

大汗的宫殿

在我所描述的两道围墙之间，有许多美丽的花园和结满各种果实的树木。园中饲养了各种动物，如白鹿和黇鹿、羚羊和狍子，以及各类品相上佳的松鼠，除了这些，还有许多可提供麝香的动物，以及其他各种各样的美丽生物，以至于除了有人来往的地方，其余场所都是它们的空间，无一空处。园中长满了茂密的青草，穿过青草的道路铺设得比地面高出两腕尺（约90厘米），这些道路从未变得泥泞，雨水不会在道路上滞留，而是流入草地，这些雨水使土壤变得更加肥沃，并且有助于快速长出大量的牧草。

从西北向围墙的一角延伸出一个美丽的湖，皇帝派人在里面放置了品种繁多的鱼，所以每当他想要鱼，他都可以随心所欲地拥有它们。河流注入这个湖泊又

---

* 译注：1 英里约为 1.6 千米，后文不再一一标注。

从其一端流出，但为了防止鱼类逃跑，在出水口和入水口处都安放了一个铁制或铜制的栅栏。

此外，在皇宫的北面大约一箭远的地方有一座山丘，它是用从湖中挖出的泥土经过艺术加工而堆成的；这座山高达一百步，占地一英里。这座山完全被树木所覆盖，山上栽满了美丽的常青树。同时我向你保证，只要皇帝听闻哪里有嘉木，不论树木在哪里，他都会派人把它连根带土一起运来种在山上，不论树有多重，都要用象搬运到这座山上栽种。通过这种方式，他收集了世界上最美丽的树木。此外他还用绿色的青石覆盖整个山丘。因为这座小山上的树木和山体都四季常青，由此得名为青丘，这个名字是极好的。

在小山的顶部有一座华美的大殿，大殿内外皆是青绿色的，于是小山、树木和大殿浑然一体，构成令人赏心悦目的奇景。伟大的可汗创造了这种美丽的景象，以宽慰和愉悦他的内心。

你必须知道，在（我们一直在描述的）大汗所居住的皇宫旁边，还有另一座宫殿，其在各方面都酷似皇宫，这是他为他儿子而建造的，他的儿子会在他之后继承他的皇位并成为新的统治者。因此，它是以同样的制式建造的，以便在他自己死后一切都能以同样的方式继续进行。这座宫殿矗立在湖的另一旁，并与大汗的皇宫相邻，有一座桥横跨水面连接着这两座宫殿。

注释

1. 关于马可·波罗的书在欧洲人对远东亚洲地理的了解中所发挥的作用，参见 John Larner, *Marco Polo and the Discovery of the World* (New Haven, Connecticut: Yale University Press, 1999). 为了定义波罗的书，拉尔纳使用了"地方志"（chorography）一词。关于马可·波罗的书及其接受情况的最新研究，参见 Suzanne Conklin Akbari and Amilcare Iannucci (eds.), *Marco Polo and the Encounter of East and West* (Toronto: University of Toronto Press, 2008).

2. 乔治·伦纳德·斯当东在其1792至1794年乔治·马戛尔尼勋爵率领的英国驻华使团的旅行记录中，将马可·波罗称为"第一个对该帝国（中国）发表记述的欧洲人"，并显示出对其著作的深刻了解。George Leonard Staunton, *An Authentic Account of an Embassy,* vol. 1 (London: Nicol, 1797), 454; vol. 2 (London: Nicol, 1797), 42;184–85, 514.

3. Spence, *The Chan's Great Continent*, 1.

4. Marco Polo, *The Book of Ser Marco Polo, the Venetian, Concerning the Kingdoms and Marvels of the East*, trans. and ed. Henry Yule, vol. 1 (London: John Murray, 1871), 1.

5. 关于马可·波罗书中的语言，以及他和鲁斯蒂谦在书的发展中所起的作用，我所依据的资料是Jennifer Robin Goodman, *Chivalry and Exploration, 1298–1630* (Woodbridge: Boydell Press,1998), 83–103; 以及F. Regina Psaki, "The Book's Two Fathers: Marco Polo, Rustichelloda Pisa, and *Le Devisement du Monde*," *Mediaevalia* 32 (2011): 69–97. 近期的语言学研究参见Simon Gaunt, *Marco Polo's "Le Devisementdu Monde": Narrative Voice, Language and Diversity* (Cambridge: Brewer, 2013).

6. 当忽必烈汗决定将其都城迁往大都时，上都成为他的夏季行宫。关于忽必烈汗的大都城，参见Nancy Shatzman Steinhardt, *Chinese Imperial City Planning* (Honolulu: University of Hawaii Press, 1990), 154–60.

7. 关于鄂多立克和曼德维尔对皇家园林的描述，参见Odorico da Pordenone, *The Travels of Friar Odoric*, trans. Henry Yule (Grand Rapids, Mich.:W. B. Eerdmans, 2002), 136; John Mandeville, *Mandeville's Travels*, ed. Maurice Charles Seymour (London: Oxford University Press, 1968), 163.

8. 一座被波罗称为"Chagannor"的城市。

第 2 章　利玛窦
（Matteo Ricci，1552—1610 年）

利玛窦是最早提出中国园林空间构成复杂性的西方旅行者。作为耶稣会在华传教使团的创始人之一，利玛窦于1582年到达中国，并在北京一直待到1610年去世。在他晚年时期，利玛窦致力于对自己日记的编辑，其中一篇关于耶稣会在中国传教的开始和进展的报道，夹杂了对中国文化和习俗的叙述。利玛窦未完成的手稿，题为《耶稣会与天主教进入中国史》（*Della entrata della Compagnia di Giesù e Christianità nella Cina*），被比利时耶稣会传教士金尼阁（Nicolas Trigault，1577—1628年）整合和编辑，他在从中国回来的路上将利玛窦的日记带到欧洲，并将其翻译成拉丁文，以《利玛窦中国札记》（*De Christiana expeditione apud Sinas*，1615年）为题进行出版。[1] 在随后的几年内，这部作品经历了多次翻译，形成了许多版本，使其为更广泛的公众所了解，它对17世纪欧洲的中国形象作出了决定性的贡献。[2]

这项作品包括了以下这段节选：耶稣会传教士利玛窦于1599年在南京参观了魏国公徐弘基的私家园林并对其进行了简要描述。利玛窦提到的这座园林从未被详细地确定过。无论如何，它和其他形成南京丰富遗产的历史园林一样，早就消逝了。南京曾多次作为王朝都城，也多次遭到破坏。然而，该描述表明该园林是（或包括）一个山石园林，它主要通过岩石假山来传达山峦景观的意象。苏州狮子林是采用这种构图方式的一个幸存的经典例子，今天它仍然呈现出利玛窦在明朝南京私家园林中注意到的所有元素：水池、树木、亭台楼阁和精心堆砌的假山。正如利玛窦所描绘的园林一样，在狮子林中，有复杂的路网穿梭其中的假山群景观，有助于区分园林中的不同功能区及它们之间的联系。[3]

利玛窦不仅发现了徐弘基园林中山峦景观带来的启发，还认识到道路在隐藏园林的真实尺度和改变游客空间感知方面的作用。这位耶稣会传教士将园林的结构描述为一种迷宫式，这不仅暗示了中国园林对空间的巧妙控制和普遍的不规则感，还暗示了园林所激发的耐人寻味的趣味性、惊喜感和多样性。[4]关于中国园林中所隐含的空间理念，利玛窦选择迷宫作为解释其构成机制的关键，后来的西方旅行者在描述中国园林时采用了这种观点，这证明了利玛窦的简短描述在未来参考方面所起的作用。[5]

* * *

摘自金尼阁，《利玛窦中国札记》，1615年，比安卡·玛丽亚·里纳尔迪译

在南京城内有一个家族的领袖，他是少有的以生活奢靡而闻名的人。[6]每次他离开他的府邸时，总是乘坐由八个轿夫抬的大轿；他拥有的花园、府邸及其中的陈设，在各个方面都显示出王家气象。有一天，这个人派他的叔父去拜访利玛窦神父并邀请他到自己府上去。神父到达后，在全城最美丽的园林中受到了接待。在那个园林中，撇开许多其他不可视亦不可言说的东西不谈，[7]他看到了一座由各种粗糙石头砌成的假山，这座假山内部巧妙地开凿了一个洞穴，里面设有接待室、大厅、台阶、鱼塘、树木和许多其他的胜景。很难说究竟是艺术还是奢侈占了上风。中国人修筑洞府是为了在发奋读书或宴会娱乐之时，可以在凉爽的石窟中避暑。迷宫般的形式更加增添了它的魅力；事实上，尽管它所占的面积并不大，但要想把它全部参观一遍也需要两三个小时，然后从另一扇门走出来。

注释

1. Nicolas Trigault, *De Christiana expeditione apud Sinas suscepta a Societate Jesu, ex P. Matthaei Riccii eiusdem Societatis commentariis Libri V* (Augsburg: Mangius, 1615).

2. 金尼阁的书在1616年至1684年期间被重印了四次，并以几种欧洲语言重新发行，包括法语（1616年，在1617年和1618年两次重印）、德语（1617年）、西班牙语（1621年）和意大利语（1622年）。部分英文版本出现在Samuel Purchas, *Hakluytus Posthumus or Purchas His Pilgrimes*, 1625. 金尼阁这本书的未删节英文译本出版于1953年：*China in the Sixteenth Century: The Journals of Matthew Ricci, 1583–1610*, trans. Louis J. Gallagher (New York: Random House, 1953). 参见David E. Mungello, *Curious Land: Jesuit Accommodation and the Origins of Sinology* (Honolulu: University of Hawaii Press, 1989), 48. 对于*De Christiana expeditione apud Sinas*一书的全面探讨，参见Mungello, *Curious Land*, 46–49.

3. 狮子林建于14世纪的元朝，最初是邻近寺庙的一部分，以其奇形怪状的假山岩石而闻名。1757年，乾隆皇帝在第二次南巡时首次参观了这座园林，之后，乾隆皇帝以狮子林为范本，在他北方的御花园内建造了两座假山园林。第一座在1772年左右完成，位于北京郊区被称为长春园的园林之中，长春园是圆明园的一部分；第二座是1774年在承德的避暑山庄中建造的。几个世纪以来，狮子林经常被改变，最初的狮子林于1917年被华裔建筑师贝聿铭的家族买下，直到1926年他们才将其修复完成。园林的一些特征可以追溯到那个时期。1954年，狮子林向公众开放。自2000年以来，它被联合国教科文组织列为世界文化遗产。Bianca Maria Rinaldi, *The Chinese Garden: Garden Types for Contemporary Landscape Architecture* (Basel: Birkhäuser, 2011), 147.

4. 金尼阁的书在1625年的英译本中省略了对迷宫的提及，参见Samuel Purchas, *Hakluytus Posthumus or Purchas His Pilgrimes: Containinga History of the World in Sea Voyages and Lande Travells by Englishmenand Others*, vol. 12 (Glasgow: MacLehose and Sons, 1906; first edition 1625), 323.

5. 耶稣会传教士卫匡国在他关于中国地理的详细论述中，忠实地抄写了利玛窦对中国园林的描述，收录在金尼阁的那卷书中，参见Martino Martini, *Novus atlas sinensis* (Amsterdam: Blaeu, 1655), 31. 荷兰使者约翰·尼霍夫将中国园林和迷宫联系在一起，参见Johannes Nieuhof, *Het gezantschap der Neërlandtsche Oost-Indische Compagnie, ann den grooten Tartarischen Cham* (Amsterdam: Jacob van Meurs, 1665), 178. 耶稣会传教士杜赫德从未访问过中国，但他在写到中国园林的岩石与错综复杂的小路穿插（有几个曲折的迷宫，人们可以在那里享受凉爽的空气）时，显然把利玛窦描述的南京园林的大致轮廓作为参考。Jean-Baptiste Du Halde, *Description ... de la Chine*,vol. 2 (Paris: Le Mercier, 1735), 85. 在范罢览对1794年和1795年最后一次荷兰驻清廷使团的描述中，他将迷宫的概念与园林中不同建筑的分布和连接方式联系起来，参见André Everard van Braam Houckgeest, *An Authentic Account of the Dutch East-India Embassy*, vol. 2 (London: R. Phillips, 1798), 8. 安东尼·朱利安·福什利（Antoine Julien Fauchery）以贬损的方式使用了迷宫的比喻。他说，在圆明园的皇家园林里，无尽的水路就像一个"水生迷宫"，其效果"比如画式风景更加奇怪"。Antoine Julien Fauchery, "Lettres de Chine," *Le Moniteur universel* 362, December 28 (1860): 1534, 引述与翻译见Thomas, "The Looting of Yuanming."

6. 利玛窦参考了徐弘基（?—1643年），他在1595年继承了南京魏国公的爵位。Matteo Ricci, *Della entrata della Compagnia di Giesùe Cristianitànella Cina*, ed. Maddalena Del Gatto (Macerata: Quodlibet, 2001), 307.

7. 金尼阁的文本在这一部分没有原稿那么详细，利玛窦在原稿中写道，在徐弘基的园林里，人们必须经过"大厅、厢房、木廊、塔楼、庭院和其他宏伟的建筑"才能到达"人工假山"。Ricci, *Della entrata ... nella Cina*, 307.

第3章　曾德昭

（Álvaro Semedo，1585/1586—1658 年）

以下两部分摘自1655年由葡萄牙人曾德昭所著的《大中国志》（*Imperio de la China*，1642年）[1]，该书是早期成功传播中国和耶稣会传教活动的著作之一。1613年，曾德昭到达南京，当时中国正处于明朝万历皇帝统治后期，曾德昭主要居住在中国南部，他最后在广州去世。他的作品对中华帝国进行了总体概述，其通过一系列主题章节进行叙述，关注中国文化的各个方面，如政府和宗教、语言和文学，以及艺术和科学等。这本书最后的几个章节还介绍了耶稣会在华传教的历史和过程。[2]

曾德昭对中国园林的概述侧重于私家园林，以及散布在南京和北京皇宫中的绿地。曾德昭强调假山的存在和叠山所需要付出的精力，可见曾德昭的观察依旧源于马可·波罗开创的传统，即强调中国园林精心营造的自然形象。[3] 曾德昭的描述也让人联想起马可·波罗的相关文本，例如他提到了园林中有一些鲜活动物，他认为这些驯养的或野生的动物为园林提供了趣味性，同时也强化了园林的自然品质。

* * *

摘自曾德昭，《大中国志》，1655年

中国人居住的房子不够华丽和耐久，但它们因良好的设计而便于居住，因精致整洁而令人愉快。他们在自己的房屋中使用了大量优质的清漆，并且粉刷得很精细。他们的房屋不高，因为他们认为低矮的房子更便于居住。相对富有的家庭会在庭院和房屋的通道上栽种鲜花和苗木；而在北方他们则种植果树。同样，若他们有足够的空地，他们也会种植更大的树木，并堆砌假山；为此，他们会从远方运来大量巨石。他们在空地中饲养各种鸟类，如鹤、天鹅及其他鸟，也饲养了一些兽类，如雄鹿和黇鹿。他们挖掘了许多鱼塘，可以清楚地看见池塘里有彩色金鱼上下游弋，还有其他类似的奇异有趣的东西。

除了外出，其余时间万历皇帝都留在宫内，就像蜂王一样，他既不见人，也不露面。许多人认为，这不像帝王的生活，倒像是被判处永久监禁的囚犯的生活。然而，在我看来这是一桩伟事：一个人不用露面，仅凭他的权力就能成为世界上所有帝王中最受崇敬、最令人敬畏和服从的人。如果称他的宫殿为牢狱的话，那么这也是一座非常宏大且使他愉悦的囚笼，此外他可以在他愿意的时候自由外出，他的宫室是那样舒适，里面有各种消遣娱乐，因而他无须外出寻求享受。

皇帝的宫殿及其内部的所有陈设，我认为都是世界上可寻到的最好的。南京的宫殿是最大的，其周长大约有五英里。北京的宫殿则稍微小些，但更加好。这些并不都是一座宫殿，而是很多座，这些宫殿彼此之间有一定的距离。宫殿的结构是非常精巧的，其中有许多东西是按照我们的样式修建的，如拱门、栏杆、柱子等诸如此类的东西，这些东西都是用大理石精心制成的，上面还有一些小的手工艺作品和奇特的装饰，也饰有浮雕或人物雕塑，它们立体而美观，宛如悬于空中。凡是用木头制作的部分都涂上了清漆，并精巧地绘制装饰。

大殿和宫室虽然不像欧洲相传的那样，一座是金的，一座是银的，一座是宝石的，也不使用任何挂饰，但建筑师的手和画家的笔提供了其他的种种装饰。庭院的地基非常整洁和宽敞。还有许多精致宜人的花园，以及一条穿过宫殿的河，蜿蜒曲折，增添了许多情趣。其中有许多养有珍禽异兽的假山，巧夺天工的精致花园，以及各种奇珍异宝。他们中有一位皇帝，因不满于冬季树木枝叶凋零，失去美丽，所以就下令制作许多假树，花费了大量的人力和财力，官员们对此表示不满，并对其大加责备。

整个宫廷建筑被两道墙包围，东、西、北、南四方开有四门，最后一道门是最重要的，其为宫殿带来了美丽而壮观的正面或外观。

注释

1　Álvaro Semedo, *The History of That Great and Renowned Monarchy of China* (London: E. Tyler, 1655). 曾德昭的作品于1640年用葡萄牙语写成，1641年首次印刷，1642年印刷版本的标题为《中国和其他邻国的信仰关系》。西班牙译本于1642年出版，书名为《大中国志》；意大利文版于1643年出版，法文版于1645年出版，英译本于1655年出版。1655年版的扉页上写着："由一位有素养的人译成英文"。Mungello, *Curious Land*, 75.

2　Mungello, *Curious Land*, 74–76.

3　另外两位在华的耶稣会传教士，意大利人卫匡国和葡萄牙人安文思，对中国园林的自然形态表示赞赏。在他们17世纪中期写的关于中国的描述中，他们对岩石和粗糙石头的组合进行了引人入胜的描述，说这些石头被排列得像自然山体一样。在对北京皇宫的描述中，卫匡国写道："一条由人工开凿并只允许小船航行的河穿过宫殿；它在宫殿的不同部分分岔形成各种水道，供内庭所需和娱乐之用。这些水道环绕着大量由能工巧匠所营造的山峰，这些假山可以引起真正的山峦对其所建造工艺质量的艳羡。在这类事物上，中国人总是异常精准……他们把这些假山营造得极为精致，令人愉悦而惊喜，并用散落的树木和花卉有品味地围绕着它们。"Martino Martini, *Novus atlas sinensis* (Amsterdam: Blaeu, 1655), 31. 卫匡国毫无疑问受到了利玛窦的影响，他在自己的作品中如实描述了南京的假山园林。安文思描述了皇城内的一座寺庙，"它建在一座人工建造的圆锥形山上，其周围布满了岩石，这些岩石都是早先从海边运来的，即便距离很远，也通过付出巨大的努力和金钱实现了。这些岩石大部分都充满了孔隙和空洞，这是海浪昼夜不断地冲刷和拍打造成的。中国人很欣赏这些未经打磨的自然作品。他们如此热衷于模仿高耸突起的岩石和陡峭的悬崖，以至于从一个适当的距离来看，整座假山就像一座陡峭的野山，是大自然的首创"。Gabriel de Magalhães, *A New History of China ...* (London: Newborough, 1688), 324–25.

第 4 章 约翰·尼霍夫

（Johannes Nieuhof，1618—1672 年）

1655—1657年，为了发展荷兰东印度公司和中国的贸易关系，身为管事的荷兰使者约翰·尼霍夫，陪同荷兰使团一起首次出使清廷。[1]这次出使产生了一本配有丰富插图的旅行记录，其名为《联合省东印度公司谒见中国皇帝或鞑靼大汗记》（*Het gezantschap der Nëerlandtsche Oost-Indische Compagnie, ann den grooten Tartarischen Cham, den tegenwoordigen Keizer van China*，1665年，又名《荷使初访中国记》）。该书在编排上取得了巨大成功。[2]尼霍夫对中国的描述令人回味无穷，加上随书附的大量铜版画，再现了中国风景地貌、城市风光、建筑、服饰及中国的动植物，这都对17世纪欧洲人对中国看法的形成产生了影响。这些版画是由出版商雅各布·范·莫伊尔斯（Jacob van Meurs）委托制作的，其目的是让这本书在欧洲公众中更具吸引力和市场。这些版画是根据尼霍夫在航行中所绘制的草图而制作的。它们描绘了处于棕榈树和宝塔的图形框架中的幻想场景，按照一种欧洲公众认可的模式，表现了遥远的异国他乡。[3]

该书是依据尼霍夫在旅行中，为公司主管撰写报告时所做的笔记而编写的，其还从耶稣会的资料来源中补充了有关中国的信息。[4]尼霍夫游记中对中国园林的观察似乎揭示了这种混合的情况。以下文字摘自尼霍夫1669年出版的第一本英文版记述，它是对北京皇城描述的节选，在文章的最后提及了关于中国园林的一些说明。尼霍夫的评论让人想起利玛窦对南京园林的描述和卫匡国对北京皇宫内绿地的概述。[5]与他们一样，尼霍夫认为中国园林最明显的特征是假山，这些假山通过巧妙的设计再现了自然的山水。尼霍夫对获得这种发明所需要的技能表示赞赏，他写道，在中国园林中设计这些假山时，"艺术似乎超越了自然"。

图 1 人工艺术化的假山，《荷使初访中国记》，约翰·尼霍夫著，乔治·霍恩译（阿姆斯特丹：雅各布·范·莫伊尔斯，1668 年），第 73 页，马切拉塔，莫齐 - 博尔盖蒂图书馆

* * *

摘自约翰·尼霍夫，《荷使初访中国记》（*An Embassy from the East-India Company of the United Provinces, to the Great Tartar Cham, Emperor of China*），约翰·奥格比（John Ogilby）译，1669年

  这个皇宫是正方形的，周长三英里，位于京城北面的第二道城墙内，其四周筑有城墙，以用坚硬的石垛垒至十五英尺*高；四面城墙，每面墙的中间均有一道城门，它们各自朝向东、南、西、北四个方向，所以以四方位来命名；其中南向的城门是最重要的也是最常用的门。我们通过南城门，进入了一个外院，其有一条前后、左右各四百步长的铺砖十字横道，中部设有一条水渠，水渠之上有

---

* 译注：1 英尺约为 0.3 米，后文不再一一标注。

一座十四步长的建造得非常奇特的石桥，水渠中一些地方被水草遮盖住了。在通道前的平地上还站着大量的士兵，有骑兵也有步兵，他们把守着，不允许任何人通过；过了桥，就来到了第一道门，这道门由三头黑象把守着。接着，穿过一个五十步长、建有五个宏伟拱门的门楼，就来到了第一个合院，这个合院长宽皆四百步，我们被平克斯通（Pinxenton）[6]带到这里，与其他使节一同期待着皇帝的到来。这个合院建造得极好，设有统一而庄严的屋宇，它坐落在另外三座岿然不动的宫殿之间，这些宫殿筑有厚实的墙体和壁垒，牢不可破。从这个合院开始，在三座华美的宫殿下设有廊道，通向第二个合院，它共计四百步宽，其周边筑有雕梁画栋的华美宫殿，同前一个合院一样。从这条通道可以进入第三个也是最后一个合院，其呈正方形，同之前合院的大小一样。这个合院坐落在十字交叉的道路之上，用灰色的石板铺成，是皇帝自己寝宫的所在地。在这中间还有四座最奢华的建筑，它们在规模、艺术和魅力上都远超其他所有的建筑，它们至少占据了这个合院三面的三分之一。

正前方出现的建筑是皇上御座的所在之处，它比前面所提及的建筑都要庄重和奢华得多，可以通过三个宽大而奇特的拱门进入其中。只有皇帝和皇后居住在这第三个合院中，除了他们的侍从，没有人可以进入这里。

如果你从南门直走到第三个合院，或走到皇帝的寝宫，就可以看到这座宫殿内部的全貌了；同样的院落布局，穿过不同的门，都有类似的建筑物和装饰品。整个宫苑以十字形式沿中轴的道路分布，被整齐有序地划分成几个部分。第三处合院位于整个皇城的中部，也是皇帝寝宫的所在地，在这个合院的外部设有几处宜人的花园、宫殿、树林、水池、河流和精致的避暑山庄，这是皇帝为他娱乐消遣而建造的。这些地方每个都非常大，足以让任何皇子居住，所以在城墙内的皇城还囊括了几个王室庭院。

除了上诉提及的那条覆有杂草的浅水渠，在皇城里还有另一条水渠，它曲折蜿蜒贯穿整个宫廷，并被用于浇灌花园和树林。这条水渠的水源自玉河，它从玉泉山附近的西湖中喷涌而出。[7]在皇帝的宫苑里，这条河是如此的宽阔和深邃，甚至可以承载装满货的大型船只，为皇城中的居民带来极大的便利。其河水也流淌在我们之前所提到的、经艺术设计过的奇石和假山之间。没有什么比这些奇石和假山更能显示中国人的创造力了，它们的构造奇妙之极，以至于艺术似乎超越了自然。这些悬崖峭壁皆是由一种石头制成的，有时会采用大理石，而且在这些假山中很少饰有花草树木，所有看到这些景象的人无不惊讶和钦佩。那些富有金钱权势的人，尤其是功勋贵族，在他们的庭院和宫殿里大多也有这样的石头，他们在石头上花费了大量钱财。有人俏切地告诉我，在北京附近，有一些假山群，里面设有宫室、仓库、厅堂、鱼池[8]，还有各类树木，这些事物都经过巧妙的艺术加工和装饰，放眼世界都不曾见过这样的石头。[9]这些假山峭壁通常设计有室和厅，以抵御夏季的炎热，[10]同时也让人的精神得到放松和愉悦。他们经常在这些石窟中举行盛大的娱乐活动，学者们也寻求在这些地方学习，而不是其他地方。[11]

如果我要讲述所有其他的人工装饰，如花园、荒地、水池，以及宫廷内的其他装饰细节，那将远远超出我所计划的范围，即便这可能让一些人更加相信。我目前所述的将足以描述这座最为宏伟壮丽的宫殿的奇观。

在短暂的逗留时间内，我竭力观察其中最显著和最值得注意的地方，特别是关于它的位置。

注释

1. 由彼得·德·高耶和雅各布·德·凯泽领导的使团于1656年在北京受到接见。荷兰人从未成功与中国全境建立定期的直接贸易。1624年，他们被允许居住在台湾，但他们非常有限的贸易特权在1666年被撤销，1668年，荷兰人放弃了他们在台湾的最后一个据点。John E. Wills, Jr., *Embassies and Illusions: Dutch and Portuguese Envoys to K'ang-hsi, 1666–1687* (Cambridge, Massachusetts: Council on East Asian Studies, Harvard University, 1984), 38–82.

2. Johannes Nieuhof, *Het gezantschap der Neërlandtsche Oost-Indische Compagnie,ann den grooten Tartarischen Cham ...* (Amsterdam: Jacob van Meurs, 1665). 该卷被翻译成欧洲主要语言：1665年在莱顿出版了法语译本，1666年在阿姆斯特丹出版了德语译本，

1668年又出版了拉丁语译本。查尔斯二世时期的"国王的宇宙学家和地理学印刷家"约翰·奥格比（1600—1676年）于1669年和1673年在伦敦出版了两个英文版本。

3. 关于尼霍夫游记中的插图的研究，参见Friederike Ulrichs, *Johan Nieuhofs Blick auf China (1655–1657): Die Kupferstiche in seinem Chinabuchund ihre Wirkung auf den Verleger Jacob van Meurs* (Wiesbaden: Harrassowitz, 2003); Leonard Blusséand R. Falkenburg, *Johan Nieuhofs beelden van een Chinareis1655–1657* (Middelburg: Stichting VOC Publicaties, 1987); 以及 Jing Sun, "The Illusion of Verisimilitude: Johan Nieuhof's Images of China" (Ph.D. diss., Leiden University, 2013).

4. Donald F. Lach and Edwin J. Van Kley, *Asia in the Making of Europe*, vol. 3, *A Century of Advance*, book 1, *Trade, Missions, Literature* (Chicago: University of Chicago Press, 1993), 483.

5. 关于卫匡国的文字，见本选集中曾德昭节选的注释3。

6. 一位陪同荷兰大使的中国官员。

7. 该山在荷兰原版中被命名为Jociven。Nieuhof, *Het gezantschap der Neërlandtsche Oost-Indische Compagnie*, 178.

8. 由约翰·奥格比翻译并于1673年在伦敦出版的英文版第二版，将"台阶"添加到构成假山的元素列表中。Johannes Nieuhof, *An Embassy from the East-India Company of the United Provinces, to the Grand Tartar Cham, Emperor of China* (London: Printed by the author, 1673), 122.

9. 荷兰语原版对假山的美丽和独特性进行了更为有力的评论，并将其与欧洲的艺术作品相比较："一切都做得那么漂亮，那么有美感，最巧妙的欧洲艺术家的类似作品都不如这些中国艺术作品。"Nieuhof, *Het gezantschap der Neërlandtsche Oost-Indische Compagnie*, 178.

10. 荷兰语原版在这里添加了"和太阳的灼热"。Nieuhof, *Het gezantschap der Neërlandtsche Oost-Indische Compagnie*, 178.

11. 在这一点上，荷兰原版对中国园林的复杂性，特别是对假山的结构进行了另一种评论："在其中一些岩石中，整个迷宫也被制作出来，因为有很多转弯，你甚至很难在三个小时内走完它们。"Nieuhof, *Het gezantschap der Neërlandtsche Oost-Indische Compagnie*, 178. 在尼霍夫作品的第一个英文版本（1669年）和第二个版本（1673年）中，约翰·奥格比都忽略了这段评论。它确实出现在法文版（Leiden: Jacob van Meurs, 1665年, 217）和拉丁文版（Amsterdam: Jacob van Meurs, 1668年, 159）中，而在德文版（1666年）中被忽略了。

第 5 章　张诚（一）

（Jean-François Gerbillon，1654—1707 年）

　　张诚是首批被授予"皇家数学家"正式称号的，并于1687年被路易十四派往中国，建立法国的中国使团的六名法国耶稣会传教士之一。[1]在大臣让 - 巴普蒂斯特·科尔贝（Jean-Baptiste Colbert）竭力提高法国的国际声望的推动下，法国耶稣会使团于1688年在北京成立，其任务是传播天主教信仰，并促进法国和中国之间的外交和商业关系的发展。"皇家数学家"也作为新成立的巴黎皇家科学院的通信成员，该学院为耶稣会传教士们提供了一份他们应该调查的主题清单，以增进法国对中国的了解。这份清单目录包含广泛的主题，其中包括"园林、道路、喷泉、花圃的形式"。[2]

　　1688年，张诚开始作为康熙皇帝的数学和欧几里得几何的导师，他在清廷度过余生，最后在北京去世。[3]他曾八次前往鞑靼，通常他都跟随康熙前往，在他的一系列日记中记录了这些经历，按照皇家科学院的要求，日志中包含了对发生事件的详细描述，以及对地理、地形、科学和文化的观察。[4]以下两部分节选摘自张诚的第二次鞑靼之旅的记录。[5]

　　第一部分文字简述了皇帝在北京皇城内南海湖畔的宫苑的情况；第二部分文字描述了长春园，即康熙于1687年开始在北京郊区建造的宫殿和花园群。[6]张诚描写了皇城内皇帝住所的简朴自然，他倾向于强调康熙是一个明智开明的君主，因为康熙即使在他的花园里，也不沉溺于奢华和铺张，而是偏好节俭。在张诚对长春园的描述中，他提出了他对中国园林艺术"民族天赋"的总结，根据这位传教士的说法，花园由各种构成元素并置组成：绿地、亭台楼阁、奇形怪状的巨石、水池，以及连接它们的小径。张诚对园林的总体布局表示赞赏；然而，他所接受的西方古典主义教育，不可避免地影响了他对某些特征的态度，例如形状奇特的假山，他认为这些假山和中国人对假山的喜爱一样古怪和令人费解。张诚并没有意识到岩石所蕴含的联想性和美学价值，这些岩石经过风吹水凿才形成，它们在园林里被作为自然的再现和时间流逝的象征。[7]

张诚的旅行日记写于1688—1698年，于1735年由法国耶稣会传教士杜赫德（Jean-Baptiste Du Halde）出版，他将这些日记收入其四卷本百科全书式的作品《中华帝国全志》（*Description...de la Chine*）中。[8] 杜赫德从未离开过欧洲，他根据在华耶稣会传教士发送来的报告、文本和信件汇编了他的作品。《中华帝国全志》是一本非常成功的出版物。这本书对18世纪的欧洲人来说非常重要，他们利用书中展现的中国的良好形象来批评法国专制的政治制度和当代的法国社会。[9]

* * *

摘自张诚，"1689年第二次在鞑靼的旅行"（Seconde voyage...en Tartarie...en l'année 1689），摘自杜赫德，《中华帝国全志》，卷四，1735年，比安卡·玛丽亚·里纳尔迪译

（1690年3月）27日皇上（康熙）在前往皇宫附近湖上所建的宫苑瀛台[10]的途中，顺道在养心殿[11]停留了一下。他翻看了安多神父（Father Thomas）[12]的每日祷文，这是他在一个角落里意外发现的。皇上下令于午后把我们带到瀛台，让我们讲解一下，尽管这一整天都在下着大雨，但我们还是遵旨前去了。

我们讲解完以后，他试了试新制的一个小刻度圆尺，随后他命令一个颇有才干且受他宠信的御前太监带我们去游览这个宫苑中最为整洁和宜人的亭台楼阁。他们告诉我们这是非常特殊的恩典，因为按照惯例，这些内部场所是不会让其他任何人进入的，这些地方只服务于皇帝本人。

这座宫苑确实精致，但并不富丽奢华。有几处令人欢欣的幽静地方，几片整齐划一的竹林，几处池沼泉水，所有元素都很小，且只用石头覆盖，没有任何华美的东西：这种布局的部分原因是中国人对我们所谓的构筑物和建筑学没有任何概念，另一部分原因是皇帝崇尚节俭，不愿为他的私欲而耗费国家的财物。

关于这一点，我不得不指出，不管是自然的还是伪装的，皇帝对他的私人开支和对外的赏赐都极为节制，尽管毫无疑问他是当今世界上最富有的帝王；但必须肯定的是，他在公共开支方面，以及为国家利益而兴办事业方面，从不吝啬钱财，也不抱怨开销过大。而且在一些适当的时机，比如他在访问某些省份或是食物匮乏的年景，他会慷慨地减少百姓的赋税。

这天，在我们离开皇帝之前，他告诉我们，第二天他要去北京西郊距城两里格*半的长春园。他命令我们每两天去见他一次，继续讲解几何学的元素。他还告诉我们，当天他本打算在湖里钓鱼，并把钓到的鱼赏赐给我们，但因雨天而未果。

（1690年3月）28日一早皇帝去了他的宫苑。

（1690年3月）29日我们按照皇上的命令前往名为"长春园"的宫苑，其意为"春天永驻的花园"。[13]

我们直入房屋的最深处，在我们抵达后不久，皇上给我们送来了他桌子上的几道御膳，皆盛于黄色的精致瓷器中，这种瓷器仅供御用。片刻后，他让我们来他歇息的寝宫，尽管这个房间并不富丽堂皇，但那是所有宫室里最令人舒适愉悦的地方。它位于南北两个大水池之间，两座池塘周围几乎都是用挖水池时清出来的泥土堆成的小山，所有的山上都种着杏树、桃树和其他这类树木，当绿树成荫之时，其景致尤为宜人。

当我们的讲解结束后，皇上派人带领我们游览整个宫苑。其北面有一个小长廊，紧邻水塘，视野极佳，景色宜人。他们还带我们去看了皇上冬天和夏天用于休息的内庭，这被认为是一种独特的恩宠，那些最接近皇上的人也未曾进去过。那里的一切陈设都很朴素，但按照中国风格布置得非常整洁。他们（中国人）的宫殿和园林的美丽之处在于布置得宜，以及对自然的模仿，比如运用异乎寻常的

---

* 译注：1 里格约为 3 英里（约 4.8 千米），后文不再一一标注。

石头堆砌假山，其形态正如人们在野外荒漠中所见的一般。但他们最钟爱的还是众多的亭台楼阁，以及掩映在植物丛中的各色花圃，这些植物丛构成了园中的曲折小径。这正是这个民族的天赋所在。[14]

　　他们中的富人会为这种爱好不惜代价，相较于购买一块碧玉或者几座大理石雕像，他们更愿意花重金购买一些形状怪异或难得一见的古老石头，例如，有多个孔洞的石头，或者从一侧穿透到另一侧的石头。如果他们在建筑中完全不使用大理石，那不是因为他们没有大理石，北京附近的山上就有很多极为漂亮的白色大理石，他们只用它来装饰他们的坟墓。[15]

注释

1. 除了张诚之外，"皇家数学家"还包括耶稣会洪若（1643—1710年）、刘应（1656—1737年）、白晋（1656—1730年）和李明（1655—1728年）。与他们同行的还有塔夏尔神父（1648—1712年），他一直停留在暹罗。

2. Virgile Pinot, *Documents inédits relatifs à la connaissance de la Chine en France de 1685 à 1740* (Geneva: Slatkine Reprints, 1971), 7–8. 这份清单汇编于1684年，其中包含了大量的调查对象，从数学、医药、社会组织、防御工事类型、植物学世界到园林艺术。

3. 17世纪90年代，耶稣会传教士徐日升、安多、白晋和张诚成为康熙在西方科学方面的导师。最近的讨论参见Catherine Jami, *The Emperor's New Mathematics: Western Learning and Imperial Authority During the Kangxi Reign (1662–1722)* (New York: Oxford University Press, 2012), 139–59.

4. Mme Yves de Thomaz de Bossiere, *Jean-François Gerbillon, S.J. (1654–1707): Un des cinq mathématiciens envoyés en Chine par Louis XIV* (Leuven: Ferdinand Verbiest Fondation, 1994), 30.

5. Jean-François Gerbillon, "Seconde voyage fait par ordre de l'Empereur de la Chine en Tartarie par les Peres Gerbillon et Pereira en l'année 1689," in Du Halde, *Description ... de la Chine*, vol. 4, 163–251. 其中"第二次鞑靼之旅"的日记记载了张诚参加谈判的外交任务，这一谈判促成了《尼布楚条约》的签订，该条约确定了中国和俄罗斯的边界。

6. 长春园是康熙皇帝在明朝园林旧址的基础上建造的。也许是康熙1684年首次南巡江南名胜和私家园林启发了长春园的设计，后来这座园林成为他的主要郊区行宫。它偶尔也会作为觐见和行政工作的地点。1719年至1722年，彼得大帝派往中国并由莱昂·瓦西里耶维奇·伊兹梅洛夫伯爵率领的俄罗斯使团于1720年底和1721年初在这里受到接待。康熙于1722年在长春园中去世。

7. 关于石头在中国美学中的作用及西方对这些石头的看法，参见Porter, *The Chinese Taste*, 95–114.

8. Du Halde, *Description ... de la Chine*, vol. 4, 87–421. 张诚在鞑靼的旅行日志被收录在杜赫德作品的第二个英文版本中，题为《论中国和中国鞑靼》，并于1738年出版。张诚日记的英译删减本后出现在John Green, *A New General Collection of Voyages and Travels ...*, vol. 4 (London: for T. Astley, 1747), 664–751.

9. David E. Mungello, "Confucianism in the Enlightenment: Antagonism and Collaboration Between the Jesuits and the Philosophes," in *China and Europe: Images and Influences in Sixteenth to Eighteenth Centuries*, ed. Thomas H. C. Lee (Hong Kong: Chinese University Press, 1991), 106–7.

10. 瀛台是南海中的一个小岛，南海是三个人工湖中最小的一个，它们三者彼此相连但又被狭长的陆地隔开，进而构成了北京紫禁城西侧一处巨大的皇家园林的中轴，其被命名为西苑。明朝时，通过扩大忽必烈汗所开凿的湖泊而形成的三个湖泊系统被称为三海，由北海、中海和南海组成。康熙皇帝经常住在瀛台。瀛台与园林之间有一条带状陆地相连，这个树木茂盛的小岛上有不同的亭子，皆由覆顶的廊道连接。Liyao Cheng, *Imperial Gardens* (Vienna: Springer, 1998), 137; Valder, *Gardens in China*, 130–31.

11. 养心殿是清朝皇帝在紫禁城的首选宫殿，康熙皇帝和雍正皇帝，以及后来的乾隆皇帝都选择在这里居住。康熙还曾将乾清宫作为他的居所，乾清宫是紫禁城内廷中轴线上三座大殿中最大的一座。Frances Wood, "Imperial Architecture of the Qing: Palaces and Retreats," in *China, the Three Emperors, 1662–1795*, ed. Evelyn S. Rawsky and Jessica Rawson (London: Royal Academy of Arts, 2005), 57–58. 张诚在1690年1月16日的日记中描述了养心殿。Jean-François Gerbillon, "Seconde voyage ... en Tartarie," 217.

12. 安多·托马斯（Antoine Thomas, 1644—1709年），比利时耶稣会传教士，1682年抵达中国。

13. 张诚提到了康熙的长春园。有趣的是，张诚和耶稣会传教士王致诚，以及后来的传教士马国贤一样，将康熙的花园长春园的名字翻译为 "Garden of Perpetual Spring" 或 "Garden of Everlasting Spring"。这个翻译让人想起了另一个叫长春园的皇家园林，它的名字用不同的字符书写，通常翻译为"Garden of Eternal Spring"。作为圆明园的一部分，它是由康熙的孙子乾隆皇帝在1747年建造的。正如斯蒂芬·H. 惠特曼所言，为了用欧洲语言表达康熙给他的花园起的名字的象征意义——不受限制的春天，耶稣会传教士们选择了一个恰好是乾隆皇帝长春园的直译的名字。参见斯蒂芬·H. 惠特曼于2013年1月8日的私人通信。对康熙将他的花园命名为长春园的解释，参见Kangxi's *Record of Changchun yuan* in Hui Zou, *A Jesuit Garden in Beijing and Early Modern Chinese Culture* (West Lafayette, Ind.: Purdue University Press, 2001), 169. 我很感谢斯蒂芬·H. 惠特曼让我注意到这段话。意大利旅行家乔瓦尼·弗朗西斯科·杰梅利·卡雷里在17世纪90年代中期到中国旅行，他在*Giro del Mondo*（1699—1700年）中对康熙花园名字的含义作了解释："它被称为Shian-Sciun-Yuen（长春园）；Yuen，表示花园；Sciun，常常；Shian，春天；也就是说，园林中有持续的春天。它由精美的小房子组成，彼此分开……按照中国的方式设有花园和喷泉。"Giovanni Francesco Gemelli Careri, "A Voyage Round the World," in Awnsham and John Churchill, *A Collection of Voyages and Travels ...*, vol. 4 (London: J. Walthoe, T. Whotton, S. Birt, D. Browne, T. Osborn, J. Shuckburgh, H. Lintot, 1732), 306.

14. 张诚旅行日记的1738年英译本改变了原文，在描述中加入了文艺复兴时期的罗马式建筑，这是英国读者熟悉的象征自然的花园特征："他们的房子和花园之美在于非常得体，而且模仿自然，例如洞穴、贝壳制品和峭壁上的岩石碎片，就像在最荒凉的沙漠中所见的那样。"Jean-François Gerbillon, "The Second Journey of the PP. Gerbillon and Pereyra into Tartary, in 1689," in Du Haide, *A Description of the Empire of China and Chinese-Tartary...* , vol. 2 (London: printed for Cave, 1738), 326.

15. 约翰·贝尔在其关于1719—1722年伊兹梅洛夫率领的俄罗斯使团前往康熙宫廷的记述中，也对中国园林中缺乏雕像的情况作了类似的评论。关于康熙的长春园，贝尔写道："他们有许多精美大理石的采石场，颜色各异；但在皇帝的花园里，看不到一尊雕像。"John Bell, *Travels from St. Petersburg in Russia to Diverse Parts of Asia*, vol. 2 (Glasgow: Robert and Andrew Foulis, 1763), 103.

第 6 章　李明

（Louis Le Comte，1655—1728 年）

李明是1688年到达北京清廷的"皇家数学家"之一。他没有被康熙皇帝选中在宫廷中任职，但被准许在中国各地进行传教活动。[1]他于1691年回到法国，并在几年后出版了他对中国的记述，即《中国近事报道》（*Nouveaux mémoires sur l'état présent de la Chine*，1696年）。[2]李明的记述采用了书信录的形式，收集了十四封他写给法国知名人士的信件。他的信件提供了一幅关于中国文化和社会的生动图景，包括对中国的政府、历史、地理、文化、语言、宗教、建筑和植物的评论，以及天主教在中国传教的信息。[3]

下面的摘录来自李明写给布永公爵夫人（Duchess of Bouillon）的信，在信中，除了对园林的讨论之外，李明还谈到了建筑和家具、绘画和瓷器，以及庆典活动等方面。[4]在对中国园林的看法上，李明表现出与张诚截然不同的态度。在这封信中，他公开批评中国园林的美学，认为与西方园林相比，中国园林简单粗陋、维护不力。李明在他的其他著作中重申了法国园林在美学上优于中国园林的判断；[5]但在这封信中，他甚至对中国园林的不规则布局提出了切实的改进意见，例如他建议通过规律地布置观赏植物和果树来设计道路。耶稣会传教士的批判性判断是由其文化背景决定的。李明认为中国园林缺乏法国正统园林的几何布局痕迹，他把中国园林的美学品质贬损到最低，他写道，中国园林只是为了"模仿自然"。[6]然而讽刺的是，仅仅几十年后，"模仿自然"就成为欧洲园林改造运动中最受欢迎的口号。

* * *

摘自李明，"第六封信，致布永公爵夫人，关于中国人的经济和
辉煌"（Letter VI. To the Duchess of Bouillon. Of the Economy and
Magnificence of the Chineses），收录于《中国近事报道》，1697年

根据我上述所说的一切，夫人您可以看出，这些人只关注他们所要的必需品
和实际利益，而不过分追求华丽的装饰，这种华丽装饰在其他方面并不少见，但
他们的房屋内部设计非常节制，甚至平庸。同样，在园林方面他们似乎更加漫不
经心，他们在这方面的观念与我们大相径庭；除了把用于祖先墓穴预设的地方空
出来，留为荒地不加耕种以外，他们认为其他使用土地的活动，例如开辟巷道，
栽培花卉，修剪没有经济效益的树丛，都是有悖常理的。[7] 公共利益要求所有地
方都要种上作物，而对他们来说，远胜于公共利益的个人利益更不允许他们贪图
享乐而不获取实际利益。

诚然，他们不屑照看乡野的花草；他们对此没有任何好奇心；尽管也可能会
遇到许多与欧洲相似的花木，但他们将这些植物培育得如此之差，以至于让人难
以辨认出它们。倒是有些地方可以看到一些树木，如果他们知道如何布置它们的
话，这些树木就能为他们的园林提供极为精彩的装饰。这些树没有果实，几乎
全年都开着艳丽的淡红色花，其树叶不大，形状同榆树叶子类似，树干不规整，
树枝弯曲，树皮光滑。如果将其分列于林间小道两侧，就像人们很容易做到的那
样，并在其间混栽一些橘子树，那将是世界上最令人愉快的事情；但中国人散步
的兴致并不高，这种小路大抵是不适合他们的。[8]

在可用于园林栽种的其他树木中，有一种他们称为梧桐树的树，[9] 其类似于
无花果树。叶子长宽约八九英寸*，固定在一英尺长的茎上；它长得极为繁茂，
一簇簇叶片层层相叠，密不透光。尽管这种树非常高大，但它的果实异常小，其

---

*　译注：1 英寸为 25.4 毫米，后文不再一一标注。

生长情况如下：7月底，或近8月时，其树枝端部上会长出一簇小叶子，这些叶子与其他的不同，它们颜色更白、质地更软、叶面也更宽，代替花朵，在每片叶子的边缘会长出三四个小颗粒，或是像绿豆一样大的果核，里面有一种白色物质，味道非常美妙，如同尚未成熟的榛子。由于这种树果实结得多，其结果的方式也别具一格，我相信，夫人，您可能迫切地想看看它的样子，我已经安排人把它画出来了。[10]

中国人很少花精力整顿他们的园林，也不善于在庭院中布置真正的装饰品，但他们还是能从中取乐，甚至为它们花费财物。他们在园林里开凿洞穴，建造起精致的假山。他们把整块石头一块块运来，把它们一块接一块地堆叠起来，没有任何图纸，只是模仿大自然的样子。除了这些，如果他们还能得到足够的水，可以方便地浇灌白菜和青菜，他们便别无所求了。皇帝有欧洲人发明的喷泉，但普通百姓则只满足于他们的池塘和水井。

注释

1. 法国耶稣会传教士抵达北京后，受到康熙皇帝的接见，康熙皇帝将白晋和张诚留在了宫廷。

2. 李明的作品取得了巨大的成功，并以各种版本出版，多次重印，还被翻译成几种主要的西方语言。1697年在巴黎出版了法文版的第二版和第三版；同年出版了英文版（本选集收录的节选来源）。1698年，法文版出版了新的第三版，同时还有荷兰语的第一版。1699—1700年，德文版在法兰克福出版。关于近期版本，参见Louis Le Comte, *Un jésuite à Pékin: Nouveaux mémoires sur l'état présent de la Chine, 1687–1692*, texte établi, annotéet présentépar Frédérique Touboul-Boyeure (Paris: Phébus, 1990).

3. Lach and Van Kley, *Asia in the Making of Europe*, vol. 3, book 1, 427–28 and vol. 3, book 4, 1679–80. 关于李明和他的出版物在欧洲的接受情况，参见Mungello, *Curious Land*, 329–40.

4. Louis Le Comte, "Letter VI. To the Duchess of Bouillon. Of the Economy and Magnificence of the Chineses," in *Memoires and Observations ... Made in a Late Journey Through the Empire of China* (London: Benj. Tooke and Sam Buckley, 1697), 150–78.

5. 在给克雷西伯爵的信中，李明写道："如果我们用不同的装饰品装饰花园，那么我们的花园势必比他们的更华丽，必将避免他们在菜园子里超越我们。"Louis Le Comte, "Lettre a Monsieur Le Comte de Crécy. Du climat, des terres, des canaux, des rivieres et des fruits de la Chine," in *Nouveaux mémoires*, vol. 1, 221. 更加简洁和直接的英文译文是"如果说我们的花坛比他们的优异，那么他们的厨房花园比我们的更佳。"Louis Le Comte, "Letter IV. To the Count de Crécy. Of the Clime, Soil, Canals, Rivers and Fruits of China," in *Memoires and Observations*, 103.

6. Robert Kinnaird Batchelor, Jr., "The European Aristocratic Imaginary and the Eastern Paradise: Europe, Islam and China, 1100–1780" (Ph.D. diss., University of California, 1999), 759–64. Louis Le Comte, "Letter III. To his Highness the Cardinal of Furstemberg. Of the Cities, Houses, and Chief Building of China," in *Memoires and Observations*, 60–61.李明不能接受采用不规则性作为布局的标准，并毫不掩饰他对此的恼怒。正如罗伯特·巴彻勒所指出的，"'不规则性'在路易十四以几何秩序布局的凡尔赛宫中没有地位，在李明的美学中也没有地位。"Batchelor, "The European Aristocratic Imaginary," 758.

7. 这里的法语原文略有不同："他们会认为只用花坛、小路和无用的树丛来占据土地是不明智的。"Louis Le Comte, "Lettre VI. À Madame la duchesse de Bouillon. De la propreté et de la magnificence des Chinois," in *Nouveaux mémoires*, 334.

8. 李明认为中国人不喜欢散步主要是因为他们的花园中缺乏长林荫道，威廉·钱伯斯重复了这一评论，他写道："由于中国人不喜欢散步，我们很少遇到像我们欧洲种植园那样的大道或宽敞的步行道。"William Chambers, "On the Art of Laying Out Gardens Among the Chinese," in *Design of Chinese Buildings, Furniture, Dresses, Machines and Utensils ... to which is annexed a Description of their Temples, Houses, Gardens* (London: Published for the author, 1757), 15.

9. 李明指的是中国大叶伞树。这种树在中国被称为梧桐，被作为一种观赏植物种植。Francine Fèvre and Georges Métailié, *Dictionnaire Ricci des plantes de Chine* (Paris: Cerf, 2005), 470.

10. "中国树木：梧桐树"的铜版画在李明的1697年英文版的162～163页。

第 7 章　张诚（二）
（Jean-François Gerbillon，1654—1707 年）

下面些文字摘自1714年一封信件的英译本，并于1713年首次发表于《耶稣会传教士中国书简集》（*Lettres édifiantes et curieuses*）[1]。这封信是1705年张诚在北京写好后寄过来的，在信中，法国耶稣会传教士张诚表达了他对中国园林设计的理解，他解释道，中国的皇帝将富饶的乡野风景片段作为他们的世外桃源。这位耶稣会传教士对那片宁静的土地进行了简短的描述，其中包括池塘、草场、树丛、果园和绿地。张诚强调了中国园林的自然特性，表明一个伟大的皇家园林的设计可能蕴含了乡野风光的特质。可见，他预示了18世纪欧洲对田园牧歌式的景观审美的发展，这种发展将影响欧洲园林艺术向自然设计的演变。张诚的信件也预见了西方旅行者的其他贡献，尤其是法国耶稣会传教士，他们把中国园林描述为乡野的和不规则的，将乡村景观作为理解中国园林设计的关键。

＊ ＊ ＊

摘自1705年来自北京张诚的一封信，描述了中国皇帝的一座乡间住所，收录了《耶稣会传教士中国书简集》，1714年

北京东西侧有两条河，它们既不深也不宽，但当它们泛滥之际，会引发无穷的祸患。它们起源于鞑靼山麓，并在京城以南约十五里格的天津卫[2]合流，之后便沿着曲折河道汇入东部的大海。

这两条河之间的所有村落都很平坦，庄稼生长良好，树木茂盛，大大小小的野兽出没其间，怡情悦性，因此皇帝将它保留下来作为自己的消遣之地。但洪水已经完全摧毁了它，尽管筑的堤坝可用于限制河流，但除了先前城池村寨，桂殿

图2　塞缪尔·史密斯（Samuel Smith）（在威廉·亚历山大之后），《北京故宫花园的景色》，收录于乔治·伦纳德·斯当东，《英使谒见乾隆纪实》第三卷，第29页，1796年4月12日（伦敦：由 George Nicol 出版，1797年），耶鲁大学，拜内克古籍善本图书馆

兰宫的断壁残垣外，几乎什么也看不见了。

　　皇帝（康熙）命令耶稣会传教士实地测绘，绘制两河之间的所有村落的精确地图，这样他就可以看着地图了解情况，进而考虑寻找恢复已毁之物的方法，在何处建立新坝，以及在何处挖凿壕沟用于排水。皇帝将这项绘图工作委派给安多、白晋、雷孝思（Jean-Baptiste Régis，1663?—1738年）和巴多明（Dominique Parrenin，1665—1741年）神父。皇帝为他们提供了完成这项工作的必要材料，并指派了两位官员督办，其中一位为宫中官员，另一位是数学家会长，同时令他们寻找优秀的测量员、精干的绘图员和熟知该地区情况的人。这一切都在有条不紊地进行着，这也许是欧洲有史以来最大的地图，只用了七十天就绘制完成了。我们从容不迫地完成了这幅地图，并以新奇的铜版雕刻来丰富其装饰，做到事无巨细。

　　这是第一次不依据大众的寻常观念，而是依据最精确的几何规则，绘制出的帝都地图（包括其周边围墙）。这张地图甚至还标注了古代帝王的行宫。它包含的范围非常大，足足有十个里格，但其与欧洲皇家宫殿又截然不同。这里没有大理石雕像，没有喷泉，也没有石墙。四条清澈见底的小河流淌其间，河两岸栽有树木。其间设有三座非常精致秀丽的楼宇，还有许多池塘，用于饲养鹿、野山羊、骡子和其他种类动物的牧场，牲畜棚，菜园，草地，果园和一些耕地。总而言之，田园生活的一切在这里应有尽有。从前，皇帝在那里可以卸下繁重的政务，暂时忘却那种令人有束缚感的庄严气氛，享受私人生活带来的欢欣。

注释

1. "Extract of a Letter from F. Gerbillon, at Peking 1705, Giving an Account of a Country House of the Emperor of China; Inundation of a vast Country; Conversions of Infidels and Honesty of Converts," in *The Travels of Several Learned Missioners of the Society of Jesus into Divers Parts of the Archipelago, India, China, and America* (London: Printed for R. Gosling, 1714), 226–30. 这封信的法文版本最初发表为 "Lettre du Père Gerbillon. A Peking en l'année 1705, " in *Lettres édifiantes et curieuses, écrites des missions étrangères, par quelques Missionnaires de la Compagnie de Jésus*, vol. 10 (Paris: Barbou, 1713), 412–28. 该文本在后来的几个版本中被重印：*Lettres édifiantes et curieuses*: "Lettre du Père Gerbillon à Peking en l'année 1705. Maison de plaisance de l'Empereur de la Chine à quelques lieues de Pekin," in *Lettres édifiantes et curieuses, écrites des missions étrangères, par quelques Missionnaires de la Compagnie* de Jésus, vol. 10 (Paris: Le Clerc, 1732), 412–19; "Lettre du Père Gerbillon. A Pekin, en l'année 1705," in *Lettres édifiantes et curieuses, écrites des missions étrangères*, vol. 18 (Paris: Merigot, 1781), 67–77; "Lettre du Père Gerbillon, Supérieur-Général des missions de la Chine. A Pekin, en l'année 1705," in *Lettres édifiantes et curieuses, écrites des missions étrangères: Mémoires de la Chine, vol. 12* (Lyon: Vernarel et Cabin, 1819), 38–44; "Lettre du Père Gerbillon. A Pekin, année 1705," in *Lettres édifiantes et curieuses, concernant l'Asie, l'Afrique et l'Amerique: Chine*, vol. 3 (Paris: Panthéon Littéraire, 1843), 157–60. 《耶稣会传教士中国书简集》是一套成功的丛书，它收集并介绍了耶稣会传教士在中国书写的信件，其中包括他们对传教状况和中国文化各个方面的观察。该书在1702年至1776年出版，共36卷，有多个版本。

2. 在法文原版中，它被拼写为*Tien-Tsin-ouei*.

第8章 马国贤
（Matteo Ripa，1682—1746 年）

马国贤是天主教宣传圣会的那不勒斯传教士，他于1710年来到中国，并于1711年至1723年在北京朝廷担任画家和雕刻师。[1]他对欧洲了解中国园林的贡献主要体现在一系列铜版画作品上，这些作品描绘了位于现在承德的康熙御用避暑山庄的三十六景[2]。此外，马国贤也描述过他参观过的皇家园林。

在清廷停留期间，马国贤写了一本详细严谨的日记，直到1724年他回到意大利后才开始整理这本日记。[3]这些自传式的资料和他在那不勒斯建立的中国学院[4]的相关报告，都扩展了他作为传教士和艺术家在中国的经历。以下两部分节选都出自他的回忆录，这部回忆录直到1832年才以三卷本的形式出版，题名为《中国圣会和中国学院创办记事》（*Storia della fondazione della Congregazione e del Collegio de' Cinesi*）。[5]

在第一部分节选中，马国贤描述了康熙建于北京近郊的长春园，并将其作为中国园林设计的典范。[6]该文开篇就综合了中西方园林传统之间的审美差异：西方园林通过艺术与自然保持距离，用规则形式和线性透视来组织园林空间，而中国园林则用艺术来再现自然。马国贤将长春园描绘成一个宁静祥和的微观世界，里面有树木繁茂的山丘，溪水在山谷中潺潺流淌，湖面上欢乐的船队穿过，其最具有标志性的事物为建有亭台楼阁的小岛。他认识到中国园林的精髓在于一种生动而宁静的多样性，并选择了一个流行的形象，一种他所熟悉的微观世界——那不勒斯耶稣诞生堂（Neapolitan crèche），来向读者传达他对园林的看法。这里有众多的场景和人物，建筑与自然相结合，因此耶稣诞生堂在马国贤眼中成为中国园林的象征性代表。

在第二部分节选中，马国贤对避暑山庄进行了生动的描述，根据其地形情况，重点介绍了这个大型园林的空间构成。[7]马国贤将其描述为一个由树木繁茂的山丘、峡谷、平原、密林、湖泊和河流组成的自然景观，其间还散布着亭台楼阁和寺庙。这些都是马国贤受康熙委托创作版画的建筑题材，每一幅画都与单体建筑相关，这些建筑通常位于高处，可以俯瞰水面，并以密林山峦为背景，嵌入其中。这位传教士将这些版画的复制品带回了欧洲，它们代表了欧洲最早的真正意义上的中国园林图像。

这两部分节选都与马国贤在其对御花园描述中所展现出来的证据相关联。在关于中国的大量著作中，著作的作者往往没有在中国的经历，而马国贤打算向读者证明其叙述的可靠性。

* * *

摘自马国贤，《中国圣会和中国学院创办记事》，卷1，1832年，比安卡·玛丽亚·里纳尔迪译

皇帝的行宫"长春园"，意思是"永恒的春天"，是康熙皇帝为了娱乐消遣而建造的。正如我所说，这座园子距离皇宫大约有三英里远，坐落在一个平原上，由高墙宫邸所围绕，这些宫殿中住有皇太子和其他王绅贵族。它的大门总是有士兵把守，除了太监，他们不允许任何人进入，除非是获得皇帝特别准许的人。长春园同我所见的其他皇家宫室一样，其审美品味与欧洲的趣味完全相反。欧洲人在园林中试图用艺术来排除自然，铲平山丘，抽干湖水，清理树木，整顿道路，费尽心思建设喷泉，栽种成排的鲜花等。相反，中国人用艺术来模仿自然，他们将园中地形改造为由山丘组成的迷宫，园中道路有的宽阔笔直，有的迂回曲折，其间还穿插着多条幽径，这些小径时宽时窄，时平时陡，时直时弯，时而越过山峦（其中一些是由粗糙石头组成的极为自然的假山），时而穿过山谷。接着，他们用艺术化的理水手法创造河流溪涧，并在上面架起各种桥梁，通过这些桥梁，人们可以徘徊于两岸，还可以到湖中心的一些小岛上。在这些小岛的顶峰可以看到用于消遣的亭子，这些亭子需要通过桥梁或渡船才能到达。那些水域

中有很多人工养殖的鱼，它们被饲养得很好，而且它们不会游失，因为墙中的排水口上有特意放置的铁网。他们还放置了一些贝壳螺钿，并乐于在假山间或以不同石头巧妙地堆叠起的、接近自然的岩石上欣赏它们。在这些小山丘之外，有的地方没有一棵树，有的地方则全是密林和野草。那里还有树林，树林中有许多鹿、野兔，以及一些与鹿非常相似的动物，它们能产生麝香。此外还有一些平原。为了使一切都能模仿自然，他们在其中一些地方种植了谷物和蔬菜。其间还有几处果园，园中种植了一些花卉和中草药。再往前走一点儿，就可以看到各种令人愉快的亭台楼阁。如果要用寥寥几句来概述这个建筑群，那就是，它同那不勒斯地区为自然地表现耶稣诞生而建造的诞生堂场景有许多相似的审美品味。

康熙皇帝为了避开北京的酷暑，每年都会通过陆路和水路到中国南方巡游。但由于这种娱乐消遣过于铺张，他的臣民会因此承受很重的负担，所以他决定那段时间前往鞑靼，特别是到离北京约一百五十英里的热河地区，他在那里建造了一座宫苑。他会从五月底或六月开始待在这里，一直到九月底或十月初才离开，有三万名士兵会与其同行，大量的商人和其他中国人也会如同赶集一样来到这里，这常常使这一地区看起来像意大利人口最多的城市。皇帝每年都会携带一名御医和一位耶稣会的数学家到这个地方。

有一天，我兴致勃勃地在热河地区登上了一座山，它的高度使其在一众山峰中独占鳌头，从那里环顾四周，可以看见一片激荡的山海，山峰宛若连绵起伏的波涛。[8]这壮丽的景象确实令人惊叹、举世无双。在这座山的山顶上，我再一次从山顶俯瞰的景色中窥见了大自然的鬼斧神工，正如我之前所提到的，在从广州到北京的旅途中我也见到过类似的情景，但这座山要高得多，而且形状也不同，它如同神话中所描述的海格力斯之棍。

热河行宫距离北京约一百五十英里，坐落在一块四面环山的平原上。雨水从山坡上汇成一条河，尽管在平时可以步行渡过，但当雨季和冰雪消融的时候，河水就会泛滥，让人望而生畏。一座高大的山丘从平原缓缓隆起，山坡上建有房屋，供皇帝的侍从使用，也供其他从中国各省聚集到这里的人使用，以便他们开

图 3　热河景观，中国皇帝行宫所在地 / 马国贤的三十六幅铜版画，第 2 页（中国承德：佚名，1713 年），© 华盛顿敦巴顿橡树园研究图书馆和收藏馆，善本收藏

展商业贸易。这座山一直延伸到平原，围绕行宫的围墙就是从这里开始建造的。从这个平原延伸出的另一个斜坡向山下的峡谷倾斜，从那里升起一个高地，上面有一些秀美的山丘，在那里，有丰饶的泉水喷涌而出，经人工艺术的加工，泉水同河流一样沿着山丘盘旋而下，最后汇成一个壮观的湖，湖中有大量美丽的鱼。除了得天独厚的场地以外，大自然中最令人满意的便是天然植被，它们使这块土地更加生机勃勃。在一马平川的鞑靼山区，鲜有看到树木，然而在热河地区，平原、丘陵及山体本身都覆有厚厚的植被，其中许多都结有果实，如坚果、梨和苹

图 4　热河景观，中国皇帝行宫所在地／马国贤的三十六幅铜版画，第 18 页（中国承德：佚名，1713 年），©华盛顿敦巴顿橡树园研究图书馆和收藏馆，善本收藏

果。这些东西虽然是野生的，但极为可口，甚至可以端上皇帝的桌案。尽管康熙皇帝用山和丘陵划定了其边界，但这片平原依旧非常辽阔，我不止一次绕着它骑马慢行，绕行一圈需要花费一个多小时。在这里的不同地方，矗立着各种居所，它们彼此之间相隔一段距离，或大或小，依用途而定。此外，里面还有一个"庙"，即供奉圣像的寺院，在其中日夜都有许多道士，即我所说的鬼神祭司，他们都是太监，穿着黄袍。在热河居住期间，皇帝会去庙中祭祀和祷告。此外，我还在那里看到了各种宫室和用于游玩的凉亭。这些亭子建造得极为雅致，并得

到了良好的维护，它们的结构各不相同，四面以绸缎帘子遮挡，这样就可以阻挡从外面向内看的视线。它们周围设有各种椅子，中间放着桌儿或铺好的床榻。

注释

1. 马国贤被选中带着教皇的诏令前往中国。

2. 避暑山庄建于北京东北部约250千米的山区，靠近承德市，其于1703年康熙皇帝在位时开始建造，其建设几乎持续了整个世纪。然而，第一阶段的建设肯定在1713年已经完成，当时康熙皇帝委托马国贤为其皇室宫苑中最具特色的场景制作了三十六幅铜版画。从1741年起，乾隆进一步拓展了皇室建筑群。其中为建造园林而选择的地点是一处山峦起伏的谷地，上面覆盖着常青树。在山谷南部开辟了一处平坦的区域，皇家宫苑就建造在那里。在宫殿之外，园林被设计成三个主要区域，以不同的地形为特色：湖泊、低地和山脉。皇宫以北是一个巨大的人工湖，湖中点缀着许多岛屿，再往北是一片辽阔的森林平原，从湖区延伸到园林西北部的山脚下。亭子和寺庙散布在湖边和环绕园林的山上。关于承德避暑山庄的研究，参见Philippe Forêt, *Mapping Chengde: The Qing Landscape Enterprise* (Honolulu: University of Hawaii Press, 2000); Patricia Berger, *Empire of Emptiness: Buddhist Art and Political Authority in Qing China* (Honolulu: University of Hawaii Press, 2003); Cary Y. Liu, "Archive of Power: The Qing Dynasty Imperial Garden-Palace at Rehe," *Meishushi yanjiu jikan* 28 (2010): 43–66. 关于康熙时期避暑山庄的讨论，参见Stephen H. Whiteman, "Creating the Kangxi Landscape: Bishu shanzhuang and the Mediation of Qing Imperial Identity" (Ph.D. diss., Stanford University, 2011); 另参见Stephen H. Whiteman, "From Upper Camp to Mountain Estate: Recovering Historical Narratives in Qing Imperial Landscapes," *Studies in the History of Gardens and Designed Landscapes* 33, no. 4 (2013): 249–79.

3. 这本马国贤的日记（或者称为"报道"）直到近期才出版，Matteo Ripa, *Giornale (1705–1724)*, introduzione, testo critico e note di Michele Fatica, 2 vols. (Naples: Istituto Universitario Orientale, 1991–96). 第一卷编于1705年和1711年左右，第二卷编于1711—1716年。马国贤的手稿是那不勒斯国家图书馆收藏的一部分，其编号为ms. I.G.75。

4. 中国学院（Collegio dei Cinesi）旨在为那些想要在中国传播天主教的年轻的中国皈依者提供宗教培训和牧师任命。它在1732年得到了官方承认。

5. Matteo Ripa, *Storia della fondazione della Congregazione e del Collegio de' Cinesi...* . 3 vols. (Naples: Manfredi, 1832).

6. 这部分节选的第一部分英译本出现在*Memoirs of Father Ripa, During Thirteen Years' Residence at the Court of Peking*, selected and trans. by Fortunato Prandi (London: Murray, 1844), 62–63.

7. 这部分节选第一部分的英译本是由福图纳托·普兰迪翻译的，并发表在*Memoirs of Father Ripa*, 72–73.

8. 乔治·伦纳德·斯当东后来也作了类似的比较。他在描述承德周围的山地景观时写道，该地区周围的山丘"既不陡峭也不高大。至少在地表附近，它们是由黏土和砾石组成的。它们并没有展现出像强大的山洪穿过山脉时所产生的凸起和凹陷，也没有形成任何规则的山脉，但是，整体观之，它就像一片混乱的汪洋，其中破碎的波浪方向各异，就像被瞬时接踵而来的逆风所抛出。

第 9 章　王致诚

（Jean-Denis Attiret，1702—1768 年）

王致诚于1738年抵达中国并加入了法国耶稣会传教团，自1739年后，他便以画家的身份在清廷度过了余生。他是第一个意识到在中国园林设计中起决定作用的空间机制的西方旅行者。在1743年写于北京并于1749年出版的一封信中[1]，王致诚满怀激情地描述了乾隆皇帝统治下的皇家园林圆明园。[2] 这段描述是以视觉叙事的方式构成的，引导读者发现各式各样的元素和精心构思的场景和风光，每一处景色都被赋予了特定的形式和审美特征。在信的开头，王致诚宣称他难以描述圆明园，"因为这里没有任何东西与我们的建筑风格和建造方式是相同的"。他巧妙地邀请读者避免回想西方经典中的熟悉形象，以解释清朝皇家园林的不同且依旧陌生的复杂性。王致诚所描述的中国园林的特点是由山丘、峡谷、湖泊、蜿蜒的溪流和建筑元素组成的，其间还散布着大量的树木，并由蜿蜒曲径贯通。中国园林由一种"美丽的无序"所支配，王致诚选择这个词来表达园林的不规则设计，这种无序性是通过一系列规划过的空间和设置来获得的，并且这些空间和设置是沿着路径慢慢被揭示开来的。[3] 王致诚将园林空间衔接的明显混乱理解为一种构图手段，以增加园林的视觉魅力。在缺乏由特定消失点构建的透视场景的情况下，正如在巴洛克式园林中常见的那样，王致诚明白，在中国园林中视觉转化为一连串由审美吸引和发现感诱发的情感瞬间。[4]

王致诚的记述是18世纪传到欧洲的对中国皇家园林最详细的描述，因此其为西方人了解中国园林提供了一个重要的来源。他对圆明园的不规则设计、连续的多样性和它所引起的惊奇感的叙述，以及它作为一系列事件的组成的叙述，为18世纪末欧洲大陆如画式园林向更生动的形式和惊喜感特质的发展构建了一个有强有力的参考。[5] 王致诚将圆明园比喻为一个万花筒，其中的意外情况让人联想到戏剧场景，这为丰富西方园林提供了一个有趣的参考。他对帝国园林中再现的中国城市的描述，预示了18世纪80年代由凯瑟琳一世委托在沙皇村建造的中国村庄。在那里，宫廷成员都穿上了中式服装，假装生活在一个中国城市里。王致诚所描述的圆明园皇室宫苑内的"乡野简朴感"和"农耕场景"，预示着女王庄园（Hameau）的出现，即1782年为玛丽·安托瓦内特（Marie Antoinette）在凡尔赛宫园林内建造的一座雅致村庄，而且更普遍的是，它促成了华丽农村建筑风格（ferme ornée）的乡村美学。[6]

　　王致诚写的这封信为中国园林在欧洲的发展作出了巨大的贡献，在当时被广泛引用和翻译。下面这段文字是约瑟夫·斯宾塞（别名为哈里·博蒙特爵士）的首个经过缩减的英译本，他出版了《北京皇家园林概览》（*A Particular Account of the Emperor of China's Garden near Pekin*，1752年）。[7]斯宾塞是当时牛津大学的现代史教授，他在翻译中并没有完全遵循原始词汇的意思。他对原文的某些部分进行了删改，省略了法国耶稣会传教士在中国传教情况的相关段落，他可能认为这些段落对英国读者来说没有什么意义，以及与他出版的主要目的（即对皇家园林的描述）相距甚远。他还省略了王致诚的一些评论，也许是因为他认为这些评论语气过于强硬，其中渗透着某种情绪化的态度，这可能会使英国公众怀疑这一叙述的客观性。

* * *

　　摘自王致诚，《北京皇家园林概览》，哈里·博蒙特爵士（约瑟夫·斯宾塞）译，1752年

　　尊敬的阁下，

　　我很荣幸收到您1742年10月13日和11月2日的两封信。通过您所寄来的信件，我获悉了一些关于欧洲事务的有趣描述，并把它们传达给了我们其他的传教士。他们和我一同向您表示衷心的感谢。我也特别感谢您寄来的装满秸秆工艺品和花卉的箱子，它们已经安全抵达了。但我恳请您以后不要再这样破费了，因为

图5 第15册"中国花园：中国皇家园林"（Des jardins chinois. Jardins de l'Empereur de la Chine），收录于乔治-路易·拉鲁日《园林风尚设计荟萃：英中式园林》（巴黎：由作者本人提供，1786年），© 华盛顿敦巴顿橡树园研究图书馆和收藏馆，善本收藏

中国人在这些方面的工艺远远超过欧洲人，尤其是他们手工制作的花卉。[8]

　　我们奉命来此，或者说是得到了皇帝的恩准而来。[9]一位官员被指派来与我们接洽。他们努力让我们相信，他会承担我们的开支，但后者只是说说而已，因为实际费用几乎全部由我们自己掏腰包。一半的行程都是水路，一路上我们都在船上吃住。他们说根据他们所接受的良好教养的规则，我们不能上岸，甚至沿途也不能从船窗向外看，我们无法探求这个国家的风土面貌，这让我们感到十分古怪。我们的后半段旅程形同被囚禁于笼中，而他们则乐于将其称为"坐轿子"。我们白天整日被困于其中，到了晚上，我们又被带进了客栈（这些客栈着实非常简陋）。就这样，我们抵达了北京。一路上我们的好奇心没有得到丝毫满足，对这个国家的了解依旧甚少，甚至还不如关在自己房中恣意睡觉。的确如他们所说，我们途经的是这个国家的一些破败地区。虽然行程近两千英里，但路上几乎没有什么值得注意的东西，甚至没有任何纪念碑或建筑物。除了一些供奉神像的寺庙，以及那些用木头建造的单层的寺庙外，主要的价值和美丽似乎只体现在糟糕的绘画和平庸的粉饰中。事实上，任何一个见识过法国和意大利的建筑的人，对于他在世界其他地方的所见所闻，都会感到兴致索然。

然而我必须指出，北京的皇宫御苑不在此列。因为在这些地方，无论是设计还是施工后的效果，都是宏伟壮美的。它们让我叹为观止，因为在我此前去过的世界任何地方，我从未曾见过任何可与之相比拟的东西。

如若通过我对这些东西的描述，可以让您对它们有所体悟，我都将备感荣幸。但我知道这几乎是不可能的，因为这里的一切，没有任何东西与我们的建筑风格和建造方式相同。感受它们的唯一的办法就是身临其境。若我有时间，我决心尽可能准确地将其一一描绘，并把这些画稿寄到欧洲去。

这座宫苑至少和第戎（Dijon）一样大，[10] 我之所以提及它，是因为您对它非常熟悉，如此您便能理解我所言。这座宫苑由众多形态各异的构筑物组合而成，尽管它们彼此分离，但在布局上又呈现出高度的对称和美丽。这些建筑被巨大的庭院、茂密的林园和花圃分隔开来。所有建筑的主立面上都镀着耀眼的鎏金，或涂有清漆，或饰以彩绘。建筑内部则摆放和装饰着最为精美绝伦和价值连城的东西，这种陈设多是从中国、印度，甚至欧洲采购的。

至于宫苑，它们确实极富魅力。它坐落在一块巨大的土地上，上面堆叠的山体高度从二十英尺至六十英尺不等。山体间沟壑纵横，数量繁多。这些山谷底部皆有清澈的溪流，溪水汇聚到一起便形成较大的水塘和湖泊。他们乘坐着精美的行舟，穿梭在这些溪流、湖泊和河流中。我曾见过一艘特别的船舫，其长七十八英尺，宽二十四英尺，上面建有一座极为宏伟大气的屋宇。在山谷中的每一处都有临水而建的屋舍，皆布置得体，其有各色的庭院、开敞或封闭的游廊、花圃、花园和瀑布。到此观赏到的一切景色，真令人大饱眼福。

从这一山谷去往另一山谷的道路，不似欧洲林荫小道那样平直，而是以曲折蜿蜒的小径出入，玲珑的亭子和迷人的山洞装饰在小径两侧。每一处山谷都截然不同，无论是在地基排布方式上，还是建筑形制和布局上。

所有的山坡和丘陵上都栽有树木，其中以开花的树木居多，多为当地的常见树种。[11] 运河或溪涧的沿岸驳坎，并不像欧洲那样使用光滑的石材来饰面，也不采用直线型的布局。为了使驳岸看起来粗糙而质朴，他们用大小参差的岩石来堆叠，时而突出，时而后退。这些石头的摆放充满了艺术的气息，你会认为这仿佛是大自然的杰作。一些地方水面宽广辽阔，而另一些地方水面则局促狭窄。此处水流蜿蜒曲折，彼处水流蔓延扩展，仿佛真的被山体和岩石推挤开来。河岸上散布着鲜花，甚至在假山缝隙中也有花草破土而出，仿佛它们就是在那里自然生长的一样。花草的品种多样，任何一个季节都有时令的花卉。[12]

在这些溪流之上，总有一些用碎石铺成的小路，它们穿行于山谷之间。这些小路也都是不规则的，它们有的沿水岸蜿蜒，有的又远远绕过岸边。

进入每个山谷之际，都会有建筑出现在眼前。其正面设有柱廊，柱间有窗。凡是木作皆经过镀金、彩绘和清漆的处理。屋顶覆着五颜六色的瓦片：红、黄、蓝、绿、紫，通过一定比例的混合排布，形成了丰富多样的层次区间和外观图案，令人赏心悦目。几乎所有建筑都是单层的，建筑的地面高出地基两到八英尺。如若要登堂入室，并没有规整的石阶，而是通过一种粗犷的踏脚石，其形式层叠而上，浑然天成。[13]

宫室的内部完美地呼应了外部的富丽堂皇。除了布置得体之外，家具和陈设也都极为高贵典雅。在庭院和廊道里，可以看见装满鲜花的黄铜瓶、瓷瓶和大理石瓶。在部分宫室前陈列的，并不是裸体雕像，而是一些神兽的雕塑，[14] 在大理石台基上，还置有用于焚香的鼎。

正如我前文所述，每个山谷都设有宫苑。就苑墙所圈之地而言，其面积确实很小，但也足够大，用于接待欧洲显贵及其侍从还是绰绰有余。其中有几座屋宇是用雪松建造的，这些木材是斥巨资从距此一千五百英里的地方运送过来的。您能想象出在这所有的山谷中，有多少这样的宫殿？足足超过两百处，太监等其他用房还未计算在内。太监们负责打理每座宫殿，所以他们的房子总是邻近这些宫殿，一般来说，距离不超过五至六英尺。这些太监的屋舍通常非常朴素，为此，它们会用影壁或假山将其隐藏起来。

激流的溪涧上设有桥梁，间距适当，便于各处通行。桥梁多以最为常见的砖石砌筑，也有使用木头建造的。桥面足够高，以便船只从下方穿过。它们使用精雕细琢的汉白玉栏杆，并在上面饰以浮雕，但造型图样皆不相同。

不要以为这些桥和我们国家一样都是笔直的，正相反，它们往往都蜿蜒回绕，极尽曲折。其中一些桥梁径直铺设，其长度不会超过三十或四十英尺，但由于其反复曲折，整个长度可延伸到一百或两百英尺。您可以看到其中一些桥梁设有供人歇息的凉亭（既有位于中部的，也有位于末端的）。这些凉亭的柱数不一，有四柱、八柱，甚至十六柱。他们通过选址，使人可以在桥梁上欣赏到最迷人的风景。有些桥的末端设有凯旋拱门，或以木制，或以白色大理石制，形式极为俊秀，但与我在欧洲见过的任何事物都非常不同。[15]

我先前已同您讲过，那些溪流鸣涧会汇聚成一些更为广阔的水塘和湖泊。其中一个湖泊，周长近五英里，他们称之为"福海"。这是整个宫苑中最为美丽的地方。岸边有几座宫殿，被假山和溪流分隔开来。

但其中最吸引人的是海中心的一座岛屿及其假山，其以一种自然和质朴的方式，在水面以上约六英尺处升起。在这块礁岛上有一座小巧的宫殿，但其中有一百来间不同的宫室。其四面开门，具有不可言喻的美丽和趣味，人们望见它，敬佩之感便油然而生。在此，可以遍览福海周边的所有宫殿。群山止步于此，众河源起于此，抑或汇集于此。所有的位于水头或水尾的桥，点缀于桥梁之上的凉亭和拱门，以及用来遮挡视线和分隔景色的树林，在此都一览无余。

这片迷人的水岸线变幻无穷，没有任何两处景色是相同的。在这边，您可以看见光滑石头的暗礁、游廊、道路及小径，从环绕湖边的宫殿一直延伸过来。在另一边，还有其他的叠石作品，它们层层交错，独具匠心。此处，自然台地的尽头皆有蜿蜒的阶梯，可向上通往建于高处的宫殿，宫殿层层递进，构成了一个圆形剧场。在那里，开满鲜花的树林使人眼花缭乱，再往前走一点，就会看到一些只可生于荒山野岭的野生古木，根系盘虬卧龙的参天大树，以及来自异国他乡的奇珍异材，这些树木有些枝头开满了鲜花，有些则结着各色果实。

湖畔旁还有大量的笼舍和亭台，半处于陆上，半处于湖中，这是为水禽所准备的。在湖岸的远处，还可以经常看到为各种陆地动物准备的屋笼，甚至配有用于驯养的猎场。但在所有动物中，被中国人所珍爱的是一种鱼，其鱼身大部分的颜色像黄金一样耀眼，其中一些是银色的，还有红色、绿色、蓝色、紫色或混合色调的。[16]

在宫苑的各处都有蓄养这种鱼的水塘，但此湖中的鱼是最多的。鱼塘占据了一个广阔的水域，其周围都是由铜丝编制的围栏，网眼细密，以防止鱼儿进入主要水域。

为了让您领略这个地方的绝美之处，我希望您能在湖上布满游船之际前来赏玩。湖面时而波光粼粼，时而平静如镜。人们在水面上泛舟、垂钓、对阵[17]、赛船，以及开展其他娱乐活动。但最为重要的是，在一些美好的夜晚，烟花盛会在此处举办。到那时，他们所有的宫殿、船只和树木都会被其照耀得熠熠生辉。不得不说，中国人的烟花制作能力远远胜于我们，在法国或意大利，我未曾见到可与之媲美的东西。

帝后所居之地是一个由建筑、庭院和园林组成的大型集合体，其如同一座城市。在尺度上，它同我们的多尔市（Dole）一般大。[18] 其他宫殿各处只用于散步游览，有时会也用于进餐或设宴。

皇帝的宸居位于近宫苑的正门，前朝后寝，再之后便是庭院和园林。整个内宫的布局形成了一个岛屿，周围环绕着广而深的护城河。在不同的房间里，你可以目睹所有可以想象到的最美丽的物件（我指的是那些符合中国趣味的各种东西），包括家具、陈设、绘画，各种名贵木材，中国和日本的漆器，古老的瓷瓶，丝绸及金银绸缎。他们在那里荟萃了一切珍品，能工巧艺可以为自然物产锦上添花。

从皇帝的宫殿出发，有一条近乎直线的道路通向一座小城。这座小城位于宫苑的中部，环城筑有围墙，每一面都近一英里长，四面皆设门，以对应罗盘上的四个方位，每面城墙都配有城楼、墙垣、护栏和城垛。城中有街道、广场、寺庙、当铺、市集、商店、衙署、府邸和船埠。总而言之，这可谓整个北京人情事物的缩影。[19]

您想必会问，这个城市有何用途？是皇帝在遇到叛乱或革命中可以退居的安全之地吗？它确实可以很好地达到这个目的，甚至很可能这个想法在最初设计者的脑海中占有一席之地。但它的主要作用还是在皇帝想要体验百姓生活时，可以在这座微缩的城市中看到伟大城市的繁忙和喧嚣，并以此为他带来乐趣。

中国的皇帝为彰显庄严而备受约束，在他出宫的时候甚至都不能向他的百姓展示他的仪容。他也不曾见到过他途经的城镇。在他巡访之时，沿途所有的店铺屋舍都要关闭门窗。街上各处会铺以宽布，以防百姓窥见。在出巡前的几个小时，须发布告示，清理街道，禁止行人通行；如有阻碍御驾者，禁军会对其进行严惩。不论他何时出巡，都有两匹马在路两侧先为其开道。这既是为了他的安全，也是为了阻止其他人进入。由于中国的皇帝自知必须生活在这种奇怪的孤独之中，所以他们竭力通过一些其他的方式，来弥补他们所有公共娱乐活动的缺失（他们庄严高贵的地位不允许他们参与其中），这些活动会根据他们不同的趣味和爱好进行制定。

因此，在近两个朝代中，这座城市（是当今皇帝的父皇下令建造的）一年中总有几次被指用为太监宫娥们表演的场所，他们扮演角色，从事各种活动，如商业、集会、艺术、贸易，甚至制造一些市井中常有的恶作剧，人们在其中奔走忙碌，熙熙攘攘。在指定的时间中，每个太监都会穿上指派给他的服装，其角色有掌柜，有匠人，有官吏，有兵卒，有推车行于路的人，亦有挑担的伙夫。简而言之，每个人物都各司其职。船只进港；商铺开张；货物陈列代售。有一些区域贩卖丝绸，另一些区域买卖布匹；这一条街销售瓷器，另一条街则贩卖漆器。你可以得到你想要的任何东西。各种家具陈设，女人的衣料首饰，供博学好奇之士阅读的各种书籍，皆有人贩卖。各种类型的酒肆茶馆，良莠不齐；街上还有许多人叫卖着不同的水果，以及各种爽口的酒水。当你经过他们的商店时，商贩们会抓住你的袖子，迫使你购买一些他们的货物。这是一个充满自由和恩情的地方。

当皇帝着便服参与其间时，你很难将他和他最卑微的臣民区分开来。每个人都在叫卖自己的商品，有些人在争吵，有些人在打斗：这里有一个集市的所有混乱景象。衙役前来押解闹事者，将其带到判官面前，在公堂上伸张正义，虽然罪名只是形式的上虚构，但罪犯真的会被判处杖责，并且立马得到执行。其流程是如此高效，以至于皇帝的这种消遣，有时会让可怜的扮演者遭受巨大的痛苦。

在这样的表演中，神秘的盗窃手法往往没有被遗忘。这一重任被分配给一批最聪明灵活的太监，他们的表现往往十分出色。若他们中任何一个人的罪行败露，他们就会为此而蒙羞，并根据罪行的严重性和盗窃的性质，对其谴责（至少他们会遭受形式上的谴责），或被当众羞辱，判其以杖责，或是被刺青发配。如果他们偷得巧妙，他们就能笑到最后，得到掌声喝彩，而苦主却得不到补偿。然而，在集市结束时，所偷之物还是要物归原主的。

这个集市只为帝后妃嫔而设。鲜有王公贵族可以得到圣恩看到这一切，即便他们得到准许，也要等到女眷们都回宫之后。在这里展示和出售的货物，主要归属于北京商贾。他们把这些货物交与太监的手中，真实地进行交易。因此，在集市中的讨价还价不再是假装演戏了。特别是皇帝本人总是购买很多东西。可以肯定的是，他们在皇帝身上赚足了钱财。一些宫女会讨价还价，太监们也会如此。这一切交易，如果没有什么真实的东西与之混合，便会丧失诚挚感和生命力，而这种气氛使如今的市井喧嚣变得更加鲜活，同时也增强了其所带来的娱乐性质。

在这种商业场景下，有时会出现一个与众不同的场景，即农业场景。在场景中圈定了为其特供的土地。在那里，你可以看到田野、草地、农舍和散落的茅舍屋，还有牛、犁和所有用于农耕的必需品。他们在那里播种小麦、水稻、黍和其他各种谷物。他们迎来丰收，从土地中获取成果。总而言之，他们在这里模仿一切乡土民情，并在每一件事上，都尽可能地表现出乡野的朴素，以符合乡村质朴的民俗习惯。

无疑您肯定听闻过中国著名的节日——元宵节。在每年的正月十五人们都要为此庆祝。在中国，一个人即便再贫穷，在那天他也要点燃他的灯笼。这些灯笼形制多样，尺寸、价格皆有所异。在这一天，整个国家灯火通明。但最为盛大的灯会是在皇帝的宫殿里，尤其是在我一直向你们描述的这些宫苑之中。其中的每一间宫室、殿堂或廊道的天花藻井上都挂有若干灯笼。河流湖泊上漂浮着船型的灯笼，顺水随波逐流。假山和桥梁之上、林木之间都挂有花灯。这些灯笼制作精巧，形态各异，有鱼、鸟、走兽，瓶、果、花等形状，还有不同大小和种类的船只造型。灯笼用丝绸、牛角、玻璃、螺钿和其他许多材料制作而成，其中有些是手绘的，有些是刺绣的，价格不一。我见过其中一些灯笼，其形式之繁复即便花费千金也难以做出来。若想要把它们所有的形制、材料和饰品都一一道来，那将是一件没有尽头的事情。中国人在这一方面，以及在建筑营造中展示出的多样性，都让我由衷钦佩他们创造的丰富成果，同时也让我不得不承认，与之相较，我们的国家是相当匮乏和贫瘠的。

他们的眼睛已经极为习惯自己的建筑，以至于对我们的建筑漠不关心。我可以告诉您，当他们谈及这个问题，或者当他们看到我们最为著名的建筑版画时，他们是如何言论的。我们宫殿的高大厚实令他们感到惊讶。他们将我们的街道视为许多洞穿崇山峻岭的通道；将我们的房子看作熊兽洞穴的冲天巨石。对他们来说，最令他们难以忍受的是我们的层层抬高的楼层：他们难以想象，我们怎么能忍受冒着摔断脖子的风险，爬上如此多台阶的四五层楼。（康熙皇帝在翻阅欧洲房屋的一些平面图时，说道）"毋庸置疑，这个欧洲一定是一个非常狭小而贫瘠的国家，因为其居民找不到足够的土地来建设他们的城镇，所以不得不通过高层建筑在空中生活。"而我们断然不这么想，我们认为我们有自己这样营造的理由。

然而，我必须向您承认，无须假意判断二者究竟孰优孰劣，中国建筑的营造方式着实令我喜欢。自从我在中国居住以来，我的审美品味都变得有点像中国人了。而且顺便说一句，位于杜伊勒里宫（Tuilleries）对面的波旁公爵夫人府邸（Duchess of Bourbon's House）是不是极为漂亮？它只有一层，而且在很多方面都采用了中国的形制。[20] 每个国家都有自己的审美品味和习俗。我们的建筑之美是无可争议的，没有什么比这更宏伟庄严了。我也承认，我们的房屋布置极为得体。我们在房屋的各个部分都遵循统一和对称的规则。它们中没有任何东西不适配，或是可以被取代的：各部分都两两呼应，而且在整体上又和谐统一。然而在中国也有对称性，精美的秩序和布局，特别是在北京的皇宫中，如我在这封信的开头所提到的。王公世族的宫殿、庭院和上流人士的府邸屋宇，一般都有这种相同的审美品味。

但在庭院中，他们宁愿选择[21]一种无序的美丽，并尽可能地远离所有艺术规则。[22]他们完全遵循这一原则："他们所要表现的是乡村的自然野趣，一种退隐江湖的安逸，而不是桎梏于一切艺术规则的宫殿形式。"[23]与此一致的是，尽管各座宫殿彼此相距甚远，但我还未发现在苑墙之中有任何两座小宫殿是相同的。您或许会认为，它们是在众多其他国家的不同理念基础上形成的，或者是它们营造得过于随意，建造的各部分之间彼此互不关联。当您读到此处时，你很可能会认为这样的作品非常荒谬，不堪入目，但如果您实际看到它们，您会发现情况并非如此，并会被这一切不规则的艺术深深折服。一切事物都合宜得体，经营得当，其美感循序渐进，环环相扣。若要享受它们，应当把其间每个细节都细品一番。您会发现它可以够您消遣许久，并满足您所有的好奇心。[24]

此外，宫殿本身（在与整个园林的体量相比之下，我称呼这些宫殿为小建筑）也远非微不足道的东西。去年，我曾看到他们在苑墙内为一位亲王建造了宫殿，其开销近二十万英镑，[25]这还未计算屋内的家具陈设，因为这些是皇帝赏赐给他的。

我必须再补充一句，关于这些宫苑的多样性。[26]多样性不仅体现在它们的位置、视线、布局、大小、高低和所有其他常规方面，而且体现在构成它们的细部之中。由此可见，世界上没有一个民族能像中国人那样，在门窗上可以表现出如此多的形状和样式。他们的门窗有圆形、椭圆形、方形及各种多边形的图案；有些是扇形；有些是花、瓶、鸟、兽和鱼的形状；总之，无论是规则的还是不规则的，各式各样，应有尽有。

我相信，也只有在这里，人们才能看到我描述的这种廊道。它们被用于连接同一宫殿中各部分的建筑，因为这些建筑彼此之间有一定的距离。这些廊道有时只在朝向房屋的一侧设柱，而在另一侧的墙面设置不同形状开口的漏窗，有时会在廊道两边设柱。从任何宫殿都可以通过廊道去往开放的凉亭，以便呼吸新鲜空气。但这些门廊或柱廊的奇特之处在于其很少能直行，而多是百转千回：这些廊道有时在树林边，有时在岩石后，有时又沿着河岸或湖畔。没有什么能比这更激动人心的了，它们所创造的田园氛围，着实令人陶醉和着迷。

想必您能从我的陈述中得知，这座宫苑耗费了无数钱财。而事实上，除了像中国皇帝这样的一国之主，没有哪个君主能够承担如此庞大的花销，并且能在如此短的时间内完成如此多的伟大工程，因为整座园林仅花了二十年的时间便完成了。这座园林开始建造于现任皇帝的父亲，而他的儿子，当今圣上，如今只是在园林各处为它增添了便利设施和装饰陈设而已。[27]

但这并不令人惊讶或难以置信，因为除了建筑物大多仅有一层高以外，他们还雇用了大量的工人，所以每件事都被推进得非常快。在他们把材料拿到施工现场之前，半数以上的困难就已经解决了。他们即刻开始有序地布置这些物料。数月之后，工程便完工了。它们看起来如同神话中的琼楼玉宇，传说其可以通过仙术在顷刻间拔地而起，它们建于幽谷之间和群峰之巅。

整座宫苑被称为"圆明园"，即"园中之园"，也意味着"万园之园"。这并不是皇帝拥有的唯一一处园林，他还有其他的三座园林，其类型与之相同，但没有一处同圆明园这般规模浩大，美轮美奂。其中一处宫苑居住着现今的皇太后和她全部的臣属。这座园林是由当今皇帝的祖父康熙建造的，[28]其被称为"长春园"。[29]一般王公贵族的园林体量不大，而皇帝的宫苑往往规模宏大。

也许您会质疑我："为什么要花费时间作如此冗长的描述？为何不把这个宏伟园林的平面图绘制出来，然后寄给您？"如果要做到这一点，即便我心无旁骛，我至少也需要投入三年的时间，然而我当下不得一刻空闲，就连给您写信的时间，也是我从歇息的空隙中挤压出来的。此外，如果要完成这项绘图工作，我还必须要有充分的自由，可以随时进出园林的任何区域，而且可以根据我的意愿停留任意时长，而在这里，这都是很不切实际的。于我而言，令我庆幸的是我略懂一些绘画知识，不然，我就会同其他几位欧洲传教士一样，尽管在这里居住了近二三十年，但始终无法涉足皇家园林这片令人愉快的土地。

所有的欢愉都是为皇帝而创造的。皇子和其他朝廷要臣多止步于觐见厅。所有来华欧洲人士中，只有钟表匠和画师来过这里，这是因为他们的工作性质使他们在任何地方都必须被接纳。分配给我们的画室是我上述提及的一座小宫殿。皇帝几乎每天都会来视察我们的工作，所以我们不曾懈怠。通常，我们不敢越过这个宫殿边界一步，除非他们不能把我们要绘制的对象携带于此。在这种情况下，他们会让大批太监护卫着我们到作画的地方。我们必须敛声屏气地快步前进，其间我们挤成一团，举前曳踵，如同要去做什么坏事一样。我就是以这种方式体验和见识了这座美丽的园林，甚至还进入了所有的宫室。皇帝通常每年有十个月住在此地。我们离北京约十英里。[30] 整日我们都徜徉在园林之中。皇帝为我们准备了一张桌子用于绘画。晚上，我们则回到自己置办的住所，其邻近园林入口。当皇帝回到北京的时候，我们随其左右。白天我们在他的宫殿里绘画，晚上则回到法国教堂。[31]

我想，对你我而言，行文至此是时候停笔了，这封信比我最初打算写的要长。我愿这封信能给您带来些许快乐。我非常乐意能尽我所能，向您表示我的敬意。我将在祷告中永远记住您，并恳请您能时常惦念我。

鄙人

向阁下致以最崇高的敬意，

您最顺从、最谦卑的仆人，

王致诚

注释

1. Jean-Denis Attiret, "Lettre du frère Attiret de la Compagnie de Jésus, peintre au service de l'empereur de Chine, à M. d'Assaut. A Pékin le Ier novembre 1743," in *Lettres édifiantes et curieuses, écrites des missions étrangères, par quelques Missionnaires de la Compagnie de Jésus*, vol. 27 (Paris: Guerin, 1749), 1–57.

2. 康熙皇帝于1709年开始建造圆明园，以作为他的第四个儿子——未来的雍正皇帝的避暑行宫。雍正一登基就于1725年开始扩建该建筑群，并使之成为他的主要居所。在乾隆皇帝统治时期，圆明园被进一步扩大，成为一个占地三百多公顷的园林。乾隆在原来的基础上又增加了两个园林：东面的长春园设计于1745年和1751年之间，南边的绮春园增设于1772年，在1870年其改名为万春园。圆明园是三个园子中规模最大的一个，也是整个建筑群的名字。这三个花园彼此独立，但通过错综复杂的水道和蜿蜒的小路相连接。1747年，乾隆委托宫廷中的耶稣会传教士设计了园林的衍生部分，一处规则的西式花园，被称为"西洋楼"，即欧洲宫殿。有关圆明园的大量文献参见下述文本，例如Che Bing Chiu, *Yuan ming yuan: Le jardin de la clarté parfaite* (Besançon: Les Éditions de l'Imprimeur, 2000); Young-tsu Wong, *A Paradise Lost: The Imperial Garden Yuanming Yuan* (Honolulu: University of Hawaii Press, 2001).

3. 王致诚用来定义中国园林设计的"美丽无序"的概念，后来被法国旅行家皮埃尔·波夫尔（Pierre Poivre, 1719—1786年）借用。在他1768年出版的题为《哲学家的旅行》的游记中描述了中国的园林，波夫尔写道："构成其主要美感的是其令人愉快的环境，经过巧妙的改进，在构成整体的各个部分的布局中，到处都有对自然的美丽无序的愉悦模仿，艺术从那里借来了她所有的魅力。"Pierre Poivre, *Travels of a Philosopher: or, Observations on the Manners and Arts of Various Nations in Africa and Asia* (Glasgow: Urie, 1770), 153.

4. Rinaldi, *The Chinese Garden: Garden Types*, 44–45.

5. 关于王致诚的信对欧洲园林发展的影响，参见George Loehr, "L'artiste Jean-Denis Attiret et l'influence exercée par sa description des jardins impériaux," in *La mission française de Pékin aus XVIIe et XVIIIe siècles: Actes du Colloque international de Sinologie, Chantilly 20–22 sept.* 1974 (Paris: Les Belles Lettres, 1976), 77–80. 关于近期对王致诚圆明园描述的讨论，参见Thomas, "Yuanming Yuan/Versailles," 125–28.

6. 关于装饰农场及其发展在法国对中国的看法中的作用，参见Wiebenson, *The Picturesque Garden in France*, 98–104.

7. Jean-Denis Attiret, *A Particular Account of the Emperor of China's Garden near Pekin*,

trans. Sir Harry Beaumont (Joseph Spence) (London: Dodsley, 1752). 同年，斯宾塞对王致诚信件的部分翻译在一些重要的期刊上发表，例如文化期刊*London Magazine* 21 (1752)，文学期刊*Monthly Review* 7 (1752), *Scots Magazine* 14 (1752); Loehr, "L'artiste Jean-Denis Attiret," 69. 王致诚信件的第二版英译本由英国圣公会主教托马斯·珀西完成，他是塑造中国在英国的形象的重要人物；在约瑟夫·斯宾塞翻译的十年后，珀西（Thomas Percy）的《中国相关杂文》第二卷（1762年）出版，标题是《中国皇帝在北京附近的园林和宫苑的描述》。珀西完整地翻译了王致诚的信。他对王致诚信件的英文版本的翻译在语言上也许没有约瑟夫·斯宾塞的那么精练，但更忠实于原文。在他的王致诚信件英文本的"广告"中，珀西写道："这个译本的很大一部分是在编辑得知1752年以哈里·博蒙特爵士的名义出版的上一版本之前完成的。无论那个版本比这个版本有什么优势，都有必要提一下，它省略了原文的最后二十页及其他一些段落，虽然这些段落只与传教士的事务有关，但我们认为这样太奇怪了，不能完全将其删去，因为读者会很想知道耶稣会传教士目前在中国的地位如何。"Jean-Denis Attiret, "A Description of the Emperor of China's Gardens and Pleasure-Houses Near Peking," trans. Thomas Percy, in *Miscellaneous Pieces Relating to the Chinese*, ed. Thomas Percy, vol. 2 (London: Dodsley, 1762), 147. 关于珀西在英国人对中国认识方面的贡献，参见Kitson, *Forging Romantic China*, 26–44.

8. 约瑟夫·斯宾塞在他译本中的注释道："这些主要是用羽毛制作的，它们的颜色和形状极似真花，让人经常情不自禁地去闻它们。罗马著名的范尼玛诺夫人（我们去罗马旅游的人总是不断地把她的这类花艺作品带回家），最初是在耶稣会传教士从中国送来的一些作品中学习艺术，这些作品当时是作为礼物送给现任教皇的。"他继续解释说，他在这一点上的翻译与原始信件不同，"这里省略了一两页，因为这些内容只与他们的私人事务有关。"Attiret, *A Particular Account of the Emperor of China's Garden*, 2.

9. 王致诚指清朝的乾隆皇帝。

10. 约瑟夫·斯宾塞在他译本中的注释："这是一座漂亮的法国城市，也是勃艮第省的首都，其规模在方圆三到四英里之间。"Attiret, *A Particular Account of the Emperor of China's Garden*, 6.

11. 皇家建筑群中青翠和富饶的景观，由种类繁多的花草树木所构成，这让王致诚作了一种略带修辞的比较。在他的信中，这位耶稣会传教士评价这个园林为："它确实是一座陆地上的天堂。"参见Attiret, "Lettre," 10. 这段评论是法语原文中描述的一部分，它被约瑟夫·斯宾塞省略了，他一定是觉得这句话过于强调，考虑到它提供了一个与天主教文化有关的形象，而这一形象难以与盎格鲁·撒克逊文化相协调，因此译本对公众来说，吸引力不大。该评论被纳入珀西的翻译中，参见Attiret, "Description of the Emperor of China's Gardens," 157.

12. 王致诚强调了中国园林构成的一个重要方面：它应当在一年四季之中创建植物群落的多样性。季节变化的证据，暗示了时间流逝的维度，实际上是园林植物学特征所追求的效果之一。

13. 在这封信中，王致诚对刚刚描述的场景发表了个人评论："没有什么比这更像那些仙山琼阁了，人们认为它们建立在荒漠中的岩石上，其道路粗糙陡峭且蜿蜒曲折。"参见Attiret, "Lettre," 12. 斯宾塞决定不翻译这一比喻，也许是认为它过于夸张了。珀西则在更直白和完整的翻译中加入了这一评论："它们与仙女的那些神话般的宫殿非常相似，这些宫殿被认为坐落在沙漠中，或一些峭壁岩石上，其坡度崎岖，蜿蜒而上。"参见 Attiret, "Description of the Emperor of China's Gardens," 159.

14. 在法语原文中，王致诚更简单地提到"铜或象征性的铜制动物形象"，珀西则将其直译为"铜或铜制的象征性动物形象"。参见Attiret, "Description of the Emperor of China's Gardens," 160. 值得注意的是，这里斯宾塞用形容词"象形文的"（hieroglyphical）来翻译法语术语"符号性的"（symboliques）。在翻译王致诚的信件时，斯宾塞使用了当时（在1799年发现罗塞塔石碑之前）对埃及象形文字作为象征性图片而非拼音文字的解释。因此，斯宾塞将王致诚提到的"象征性动物"（animaux symboliques）与象形文字的符号之间进行了深入的联系。

15. 在王致诚的信中，对皇家建筑群的描述往往体现出中欧之间相比较的特征，这一点通过他们在建筑、装饰艺术和园林艺术的不同构思方式来呈现。

16. 王致诚指不同种类的金鱼。

17. 约瑟夫·斯宾塞在他译本中的注释："在我们这个世界的某些地方，比如法国的里昂，我曾见过在水上进行的这种比武。勇士们尽可能地站在两艘船的船头上，左手拿着盾牌，右手拿着钝矛。每艘船上都有相等数量的划手，他们用极大的力量划动船只。两个战士用矛互相冲撞，经常会有一人被另一人的冲击击退，他要么掉进自己的船里，要么（经常发生的情况）掉进水中。后一种情况是这种奇怪娱乐活动的主要内容之一。"Attiret, *A Particular Account of the Emperor of China's Garden*, 20–21.

18. 约瑟夫·斯宾塞在他译本中的注释："这是弗朗什·孔泰地区的第二大城市。"Attiret, *A Particular Account of the Emperor of China's Garden*, 22. 王致诚提到的多尔市是他的出生地。这位耶稣会传教士将圆明园宫苑与整个多尔市进行了比较，不仅比较了规模和广度，而且比较了组成皇家园林的各种建筑结构的空间组织复杂性，在这里，建筑体量与开放庭院虚实相对，并按照等级顺序在其间穿插了不同的花园，王致诚在接下来的几行中解释了这一点。

19. 在接下来的几行中，王致诚描述了皇帝在圆明园内建造的微型城市所展现出的令人惊讶的游戏空间。王致诚把它描述成一种专门为宫廷建造的游乐园。皇家园林中再现的中国城市为皇帝提供了一个机会，让他可以在一个真正的小城市中满足他对城市特征的好奇心，感受到城市日常生活的生动性甚至混乱。这对于那些在王致诚之后描述中国花园的欧洲旅行者来说，一定是一种印象深刻的描述。威廉·钱伯斯从未见过北京附近的皇家园林，他将王致诚信件的这部分纳入了他的《东方造园论》（1772年）；同样，乔治·伦纳德·斯当东随同乔治·马戛尔尼勋爵所率领的第一个英国使团前往乾隆时期的中国时，他在航行报告中写道，他从王致诚的信中得知这个微型城市的存在——此处"按照传教士的记载，忠实地再现了都城日常生活的场景"。参见 William Chambers, *A Dissertation on Oriental Gardening* (London: Griffin, 1772), 31–33; Staunton, *An Authentic Account of an Embassy*, 245–46.

20. 尽管在信的开头，王致诚确切地表明相较于法国或意大利的建筑，中国建筑可能显得相对朴素，但他对中国建筑的评价总体上是积极的。王致诚坚持他的真正欣赏，或许其中也有在欧洲推广中国建筑品味的意图，结果是将一座典型的中国建筑与巴黎的一座建筑——波旁宫进行了富有想象力的比较。波旁宫是1722年至1728年为路易丝·弗朗索瓦·德·波旁（1673—1743年）所建，她是路易十四和蒙特斯潘侯爵夫人弗朗索瓦·阿泰纳伊斯的女儿，波旁宫位于塞纳河的左岸，可以俯瞰河流和东面的杜伊勒利宫。王致诚提出波旁宫和中国建筑之间的平行关系源自巴黎建筑的原始规划。其简明的轴线和对称的平面，以及通过两个由墙壁或建筑围成的庭院而进入的单层建筑，对王致诚来说，都令人联想到中国的皇家建筑及其空间布局。

21. 约瑟夫·斯宾塞在他译本中的注释："这封信的作者似乎只是从他所工作的园林中得出了自己的看法，因为在中国皇家园林中，情况并非如此普遍。我最近看到了他关于另一座园林的一些版画（从中国带来的，很快将在这里发表），那里的地形、水系和植被的布局确实是相当不规则的，但房屋、桥梁和篱笆都是规则的。这些版画将使我们对中国造园术有一个最真实的了解。"Attiret, *A Particular Account of the Emperor of China's Garden*, 38. 斯宾塞指的是传教士马国贤于1713年为康熙皇帝绘制的关于避暑山庄的宫殿园林的系列景象。

22. 在法语原文中，王致诚写道："在宫苑园林中，人们几乎无处不见美丽的混乱，即一种反对称性。"参见Attiret, "Lettre," 34.

23. 在法语原文中，王致诚写道："人们想要呈现的是一幅自然的田园风光，一片荒凉的孤独，而不是按照对称和比例的所有规则建造的宫殿。"Attiret, "Lettre," 34–35. 珀西对这段话的翻译比斯宾塞更为直译，他写道："他们说这是一幅乡村景观，一种自然之貌，我们想要呈现的是一种孤独，而不是按照对称和比例的所有规则建造的宫殿。"Attiret, "Description of the Emperor of China's Gardens," 180.

24. 中国园林的造园理念旨在将景色徐徐展开，它吸引着游客在不断发现新事物的诱惑中穿越它，这种观点也在1767年法国耶稣会传教士蒋友仁写给帕特龙·德奥特罗切先生的信中得到了表达，该信收录在本文集之中。

25. 约瑟夫·斯宾塞在他译本中的注释："原文说，六十万（Ouane），并在注释中补充说，一万（Ouane）值一万两，而每两值七里弗（古时的法国货币单位及其银币）半，因此，六十万等于四百五十万里弗。这相当于196,875英镑。"Attiret, *A Particular Account of the Emperor of China's Garden*, 40.

26. 在原文中，王致诚没有简单地写"多样性"，而是写"令人赞赏的多样性"。英译本再次显示了斯彭斯所做的删除工作，它把王致诚文本中的热情赞赏都删除了，斯宾塞显然认为这是多余的。Attiret, "Lettre," 36.

27. 参见注释2。

28. 约瑟夫·斯宾塞在他译本中的注释："康熙于1660年开始执政，他的儿子雍正于1722年继位，他的孙子乾隆于1735年继位。"Attiret, *A Particular Account of the Emperor of China's Garden*, 45. 在关于清朝三位皇帝的传记中，斯宾塞的注释是相当精确的：康熙从1661年到1722年统治中国；雍正，康熙的第四个儿子，1722年到1735年在位；乾隆，雍正的第四个儿子，1735年到1796年在位。

29. 王致诚所指的是长春园，它建于北京西北郊，自1684年起供康熙皇帝使用。雍正皇帝和他的儿子乾隆皇帝都将其改造为其母亲的宫苑。像张诚和马国贤一样，王致诚将康熙皇帝园林的名字 "长春园"翻译为"春天永驻的花园"。在1773年写给法国天主教耶稣会的蒋友仁的一封信中，他对北京郊区的皇家花园作了进一步的细节描述："皇帝的宫苑名为'圆明园'，意为完美清澈的花园。皇太后的别墅，就在皇帝的宫苑附近，名为"长春园"，意为春天永驻的花园。另一座宫苑距离"长春园"不远，名为"万寿山"，意为长寿山。还有一个距离较远的宫苑，名为"静明园"，意为安静明亮的花园。在皇帝的宫苑中央有一座山，名为"玉泉山"，意为带有珍贵泉水的山脉。"Michel Benoist, "Troisième Lettre du P. Benoit. A Pékin, le 4. Nov. 1773," in *Lettres édifiantes et curieuses, écrites des missions étrangères, par quelques Missionnaires de la Compagnie de Jésus*, vol. 33 (Paris: Berton, 1776), 180–82. 除了圆明园和长春园，蒋友仁也记录了两个其他的花园：清漪园，这是乾隆皇帝于1750年以人工景象昆明湖和万寿山的和谐并列为基础扩建而成的；静明园，这是康熙皇帝于1680年开始建造的，位于玉泉山南坡，由乾隆皇帝于1750年进一步扩建而成。Zou, *A Jesuit Garden in Beijing*, 11; Valder, *Gardens in China*, 116–17, 172–73.

30. 在原文中，王致诚提出了北京和法国之间的另一个比较，即首都和宫廷住所之间的距离类比。王致诚写道，圆明园"离北京的距离远不如凡尔赛宫与巴黎的距离遥远"。Attiret, "Lettre," 36. 斯宾塞的确作出了正确的综合评估，因为巴黎和凡尔赛宫之间的直线距离约为十英里。

31. 约瑟夫·斯宾塞在他译本中的注释写道："这里有14或15页原文仅涉及作者的私人事务或传教事务，与皇帝的花园无关，因此被译者省略了。"Attiret, *A Particular Account of the Emperor of China's Garden*, 49.

第 10 章　威廉·钱伯斯

（William Chambers，1723—1796 年）

　　英国建筑师威廉·钱伯斯的著作对18世纪欧洲人认识中国园林，以及对在西方园林中引入中国元素都有极大的影响力。除了耶稣会传教士王致诚的信之外，钱伯斯的著作也被认为是发展英中式园林的重要灵感来源。

　　在1743—1744年和1748—1749年随瑞典东印度公司前往广州的两次旅行中，钱伯斯收集了有关中国建筑和园林的信息，这些信息为他回国几年后出版的两部关于中国建筑和园林的成功作品提供了素材，这两部作品就是《中国建筑、家具、服装和器物的设计》（1757年）和《东方造园论》（1772年，1773年）。《中国建筑、家具、服装和器物的设计》以英文和法文同时出版，书中收录了二十一幅版画，表现了建筑细节、室内景观、家具和装饰品、船只、实用物品以及按阶级和职业分类的人物服饰，所有这些都是根据中国画和钱伯斯本人在广州画的草图而绘制的。[1]这些插图被引用在介绍关于中国公共建筑和私人建筑的短文《机器和服饰》（Machines and dresses），以及一篇关于中国园林的短文《中国园林布局的艺术》中，后面这篇文章在英国和法国都受到了热烈的欢迎。[2]其他西方旅行者关于中国园林的记述，通常是将对园林的描述插入更广泛的文化和历史背景中，与他们不同的是，钱伯斯记述的"中国园林"是脱离语境的，是无背景的。这种抽象形式对他文章的理论建设有所增益，这使他的文章只关注园林的构成。钱伯斯的文章，在这里被全文转载，旨在揭示中国园林的设计原则，从而促进英国园林景观的风格演变。[3]

　　虽然钱伯斯本人对中国园林的直接了解并不多，仅限于他在广州参观过的一些小型私人园林，但他对中国园林的空间构成给出了相当准确的解读。他认为园林的空间衔接，正如王致诚所提出的，是一种由一连串精心营造的场景所创造的视觉结构，其中每一个场景都能够唤起游客的不同情绪。钱伯斯解释了"他们（中国人）采用的令人惊奇的手段"。他强调了多样性的美学，基于对比和对立空间属性交替的辩证法，如窄和宽，封闭和开放，来改变游客对花园空间的感知，同时引发人们的好奇心。除了强调使观察者产生情绪反应的重要性之外，钱伯斯还介绍了停留在欣赏园林空间中的作用。他指出，中国园林设计背后的空间策略的一个基本特征是，以座椅或亭子为标志来定位最佳观赏点，使人们获得良好的视野。

钱伯斯对中国园林的了解源自耶稣会传教士早先的记述文本。他们的记述为这位英国建筑师提供了因为访问中国时间短暂而无法捕捉的细节。但具体引用了哪位耶稣会传教士的作品，钱伯斯在文章中没有明确指出。[4]钱伯斯提到了一个难以捉摸但"著名的中国画家"李嘉（Lepqua）作为他知识的权威来源。通过援引一位中国人的证词来保证他所提供的信息的可靠性，钱伯斯旨在提出他的文章是对中国园林的准确和公正的描述。[5]同时，他在文章的开篇就提到了一位画家，以及随后又反复提到绘画，这表明钱伯斯将场景理念作为中国园林典型特征的观点，很有可能是从中国山水画中推导出来的，而不是从真正的园林中获得的。

钱伯斯在他的叙述中还借鉴了西方园林传统。他在中国园林中划分的三类场景，即美丽的（the beautiful）、迷人的（the enchanted）和恐怖的（the horrid），代表了他文章的主要论点。这种分类在西方园林美学史上也有先例。它们与约瑟夫·艾迪生早在1712年在其《论想象的乐趣》一文中提出的三个类别是相似的——美丽的（the beautiful）、非凡的（the uncommon）和伟大的（the great）。[6]它们也呼应了埃德蒙·伯克（Edmund Burke）于1757年发表的《关于我们崇高与美观念之根源的哲学探讨》一书中所提出的美与崇高的对立。[7]钱伯斯在其短文中提出的场景分类，在《东方造园论》中得到了进一步发展，其全文收录在本书附录中。

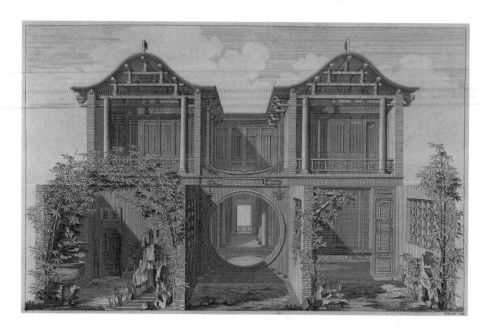

图 6　爱德华·鲁克（Edward Rooker）（在威廉·钱伯斯之后），摘自威廉·钱伯斯，《中国建筑、家具、服装和器物的设计》，第 9 页（伦敦: 由作者出版，1757 年），耶鲁大学英国艺术中心，保罗·梅隆收藏

* * *

摘自威廉·钱伯斯，《中国园林布局的艺术》，载于《中国建筑、家具、服装和器物的设计》，1757年

我在中国所见的园林规模都非常小。尽管如此，通过这些园林，以及从著名的中国画家李嘉（我与他就园艺问题进行了多次交谈）那里收集到的信息，我认为我已经充分了解了他们的造园理念。

中国造园家以自然为范本，其目标是模仿自然所有美丽的不规则性。他们首先考虑的是地基的形状，无论它是平坦的还是倾斜的，是丘陵的还是山地的，是广阔的还是狭小的，是干燥的还是泥泞的，是富有溪流鸣泉的还是容易缺乏水源的。对于所有这些情况，他们都严谨对待，因地制宜，扬长避短，并以最少的花费完成营造。

由于中国人不喜欢散步，所以我们很少在他们的园林中见到像欧洲农园那样的林荫道或宽敞的步行道：[8] 整个地面被布置成各种场景，你可以通过在密林中开辟的曲径前往不同的景点，每个景点都有座椅、建筑或其他物体。

他们园林的完美之处在于这些场景的数量、美感和多样性。中国的造园家，如同欧洲的画家一样，他们从自然中收集最赏心悦目的物品，并竭力把它们结合起来，通过这种方法，不仅使它们各显其佳，而且又使它们形成一个雅致而引人注目的整体。

他们的设计师将三种不同的场景区分开来，并给它们冠以令人喜悦的、恐怖的和迷人的名称。他们的迷人场景在很大程度上对应我们所说的浪漫主义，在这些场景中，他们使用了若干手段来激发人们的惊喜感。有时，他们让一条急流或激流从地下穿过，其湍急的水流声让初来乍到的人不知所措；有时，他们通过排布假山、建筑和其他组成要素的位置，使风穿过不同的间隙和空洞，以产生奇异不凡的声音。他们在这些场景中引入各种异乎寻常的花草树木，进而形成人工的复杂回声，并在这里放养了诸多巨禽和兽类。

在他们的恐怖场景中，他们引进了悬空的巨石、黑暗的洞穴，以及从四面八方奔流而下的瀑布；树木形状畸形扭曲，似乎被暴风雨撕成了碎片；有些树木被抛掷下来，拦截了行经的湍流，看起来像是被水的暴怒击溃了；有的树木看起来像被闪电击碎了一般；建筑有的成了废墟，有的被大火烧掉了一半，仅剩一些散落在山间的凄惨茅屋，这些都表明此地有居民及他们的悲惨处境。这些场景一般都同喜悦的场景衔接。中国的设计师们深知对比这一手法对心灵的冲击，他们不遗余力地使用突然的转折，以及在形式、颜色和明暗上的强烈对比。因此，他们把你从有限的视野引向广阔的视野；从恐怖的对象引向愉悦的场景；从湖泊和河流引向平原、丘陵和密林；面对昏暗惨淡的色彩，他们反而使用明亮跳跃的颜色；面对复杂的形式，他们对其简化；通过合理的安排，塑造不同的光影关系，使整个构图在局部上即刻泾渭分明，而在整体上又光彩夺目。

如果场地宽广，其中又引入了多种类型的场景，他们一般会为每个场景适配一个观赏点。但如果受场地局限，其间无法进行空间变化，他们就会竭力弥补这一缺陷，将物体布置在不同的位置，使其产生不同的表现力。有时，通过艺术性的布局，这些物体彼此之间会呈现出截然不同的样子。

在他们的大型园林里，他们为清晨、正午和傍晚设计了不同的场景；在合适的视点上，他们会营造一些建筑，这些建筑被用于一天中各个特定时间的娱乐活动；在他们的小型园林里（正如我们所观察到的，那里的每处布局都含有多种表现形式），他们以同样的方式在多个视点上布置了建筑，这些建筑的用途体现了从早到晚享受不同场景的完美时间点。

由于中国气候炎热，他们在园林中设置了大量的水体。在小型园林中，如果情况允许，他们经常将几乎整个地面置于水下，只留下一些岛屿和假山；而在大型园林中，他们引入广阔的湖泊、溪流和水渠。湖泊河流的驳坎总是斑驳崎岖的，这是对自然的模仿。驳坎上有时覆以裸露的砾石，有时栽有树木密林延伸至水边。有些地方平坦，缀有鲜花和灌木；有些地方陡峭，溪涧瀑布在巨石和假山洞穴之间穿梭，发出激烈的鸣响和碰撞。有时你会见到牛群覆盖的草地，或是延伸到湖中的稻田，它们之间留有船道；有时也有树林，在其间不同地方穿插有河流溪涧，它们深得足以容纳船只，河岸边种植着树木，在一些地方，它们伸展的枝条形成了藤架，船只得以穿行于树下。它们通常指向一些妙趣横生的事物，如一座位于山顶开垦平地上的宏伟建筑，一个位于湖中的小巧凉亭，一道瀑布，一个被划分成多个屋室的洞穴，一座假山，许多诸如此类的创造物。

他们的河流少有笔直的，而是蜿蜒曲折的，并分为若干个不规则的节点；它们时而狭窄、嘈杂、湍急，时而深远、宽广、平静。他们的河流和湖泊中常有芦苇，以及其他水生植物和花卉，他们尤其钟爱莲花。[9]他们经常设立水车和其他水力机械，这些器械运作使场景更加生动。他们还有大量形态各异、大小不一的游船。在他们的湖泊中，穿插着一些岛屿，其中一些较为贫瘠，其周围有岩石和浅滩，而其余的则拥有由艺术和自然所能提供的最完美的一切。这些岛屿同样由假山构成，在假山营造方面，中国人超过了所有其他国家。堆叠假山是一门独特的职业，在广州，也可能在中国的大多数其他城市，都有许多长期从事这一行业的工匠。他们所使用的石头来自中国南方的水岸。这些石头呈青色，它们在水浪的作用下被打磨成不规则的形状。中国人选这种石头选得非常好，我曾见过，如果恰好有漂亮的形状和鲜艳的色泽，一块比人的拳头稍大的石头便值好几两银子。但是，这些精挑细选的石头被用于装饰他们府邸景观；在园林里，则用青色的水泥连接，进而形成相当大的岩石。我见过其中一些精致的作品，从中可以发现创作者独具匠心的雅致品味。若石头的体量较大，他们会在其中开凿洞穴和石窟，并设有开口，通过这些开口可以望见远处的风景。他们在石头的各处覆以树木、灌木、荆棘和苔藓，并在其顶部放置小庙或其他建筑，岩石上开凿了崎岖不平的台阶，人们可以拾级而上。

只要有充足的水源和适宜的土地，中国人就能在他们的园林里营造出瀑布。他们在这些作品中避开了所有的规则，通过观察自然在山峦之间的运作方式来创作。水从洞穴中迸发而出，风在石缝中呼啸而过。在一些地方会爆发出一道巨大而湍急的瀑布，而在另一些地方，就只能看见许多较小的溪涧。有时，瀑布的景色被掩映于树木之间，因为其沿着山体顺势而下，在枝叶之间只留下了水流的空隙。他们经常在岩石上架起粗糙的木桥，用来跨越瀑布最陡峭的部分，并经常用树木和石堆拦截水流的通行，使其看上去似乎是被激流冲垮的。

在他们的农园中，他们混合搭配树木的种类和颜色，将那些大而平展的树枝与那些伞形的树枝混合在一起，将深绿色树木与浅色树木混合在一起，并在其中穿插一些开花树木，其园中部分树木在一年中的大部分时间都很茂盛。垂柳是他们非常喜欢的树木之一，其多种植于河流湖畔，这样的种植方式使它的枝条可以垂在水面之上。他们还会放置一些枯木，这些树木时而直立，时而伏卧在地，它们的形态及树皮和苔藓的颜色都极为漂亮。

他们采用各种手段来使人获得惊喜。有时，他们引导你穿过昏暗漆黑的洞穴和隧道，在这些隧道的尽头，你会突然看到令人豁然开朗的风景，这些景色汇集了富饶的大自然所贡献的一切绝美之物。有时，你会被吸引穿过林间小道和幽径，这些道路会逐渐收缩，变得崎岖不平，直到最后完全被废弃物、荆棘和石头所拦截，变得不可通行，这时，出乎意料的是，丰富而广阔的美景便映入眼帘，由于此时人们对其并不抱有期待，所以其景色更加令人惊喜。

他们的另一个技巧是用树木或其他中间物来遮掩构图的某些部分。当观众被一些意想不到的场景，或一些与他所寻之物大相径庭的现象所惊艳时，其好奇心会理所当然地会被激起，使他想走近一探究竟。他们总是把湖泊的水源隐藏起来，给人们留下想象的空间。他们在其他构成中也遵守同样的规则，无论在哪里都能将其付诸实践。

虽然中国人并不精通光学，但经验告诉他们，物体离观察者越远，其尺寸越小，颜色也越暗淡。这些发现产生了一种新的技巧，他们不时会在实践中使用这种技巧，即引入建筑、船只和其他物体来形成透视的前景，并且前景大小随着视距的增加而缩小。为了使这种错觉更加显著，他们会使在构图远处的物体灰度更高，相较于位于前景的树木，他们在中远景部分种植的树木颜色更暗淡，植株也更矮小。通过这些手法，他们使在现实中渺小而有限的事物在外观上显得伟大而可观。

中国人通常都会规避直线，但他们并不完全拒绝直线。当他们看到有趣的物体暴露在视野中时，他们有时会为此开辟道路。他们的道路通常是笔直的，除非地面不平整或有其他障碍物，为另辟他法提供了缘由。在地面完全平坦的地方，他们认为开辟一条蜿蜒的道路是荒谬的，因为他们认为，曲径要么是由艺术所创造的，要么是由旅行者踩踏磨损而成的，除了以上两种情况，假设人们在可以走直路的时候却选择一条曲折的道路，都是不自然的。

中国的造园家对我们称之为"树丛"的东西并不陌生，但他们比我们更谨慎地使用它们。他们从不在一整块地上种满树丛，他们认为种植花木如同画家作画一样，要以绘画的方式根据树木形态对其进行分类，主次有序地种植。

这就是我在中国停留期间所习得的内容，部分来自我自己的观察，但最主要的还是来自李嘉的教授。从上述内容可以推断出，中式园林布局艺术是极为复杂的，不是狭隘的知识分子可以实现的。因为尽管这些规律简单明了，但将其付诸实施需要天赋、判断力和经验，需要强大的想象力和对人类心灵的全面了解。这种方法没有固定的规则，但可以有很多变化，因此每一个园林的营造在布局上都各有不同。

注释

1. William Chambers, *Design of Chinese Buildings, Furniture, Dresses, Machines and Utensils ... to which is Annexed a Description of their Temples, Houses, Gardens* (London: Published for the author, 1757); William Chambers, *Desseins des edifices, meubles, habits, machines, et ustenciles des Chinois: Gravés sur les originaux dessinés àla Chine ... Auxquels est ajoutée une description de leurs temples, de leurs maisons, de leurs jardins, &c* (London: Haberkorn, 1757).

2. 很快在其出版之后，"Of the Art of Laying Out Gardens Among the Chinese" 被18世纪广泛传阅的期刊所转载，例如*Gentleman's Magazine*，并于次年刊登在*Annual Register*上。参见*Gentleman's Magazine* 27 (May 1757): 216–19; *Annual Register* 1 (1758): 319–23. 主教托马斯·珀西编辑了几本与中国文化有关的文集，他将钱伯斯的文章和王致诚信件的译本一同收录进了他的著作《中国诗文杂著》（*Miscellaneous Pieces Relating to the Chinese*，1762年）。William Chambers, "Of the Art of Laying Out Gardens Among the Chinese," in *Miscellaneous Pieces Relating to the Chinese*, ed. Thomas Percy, vol. 2 (London: Dodsley, 1762), 125–144. 1776年，乔治·路易·拉鲁日在其书目的第五册出版了钱伯斯文章的法文本*Détails de nouveaux jardins àla mode* (1775–89): William Chambers, "Traitédes édifices, meubles, habits, machines et ustensiles des Chinois ... Compris une description de leurs temples, maisons, jardins, etc." (Paris: Chez le Sieur Le Rouge, 1776). 钱伯斯关于中国园林的文章在欧洲的接受情况，参见 Eileen Harris, "Design of Chinese Buildings and the Dissertation on Oriental Gardening," in *Sir William Chambers, Knight of the Polar Star*, ed. John Harris (University Park: Pennsylvania State University Press, 1970), 152.

3. 在*Design of Chinese Buildings, Furniture, Dresses, Machines and Utensils*（1757年）的序言中，钱伯斯写道："中国人在园林布置艺术方面非常出色。他们在这方面的品味良好，也是我们在英国一直以来追求的目标，尽管并不总是成功的，我已经努力在我的描述中明确这一点，并希望它可以对我们的园丁有些许帮助。"Chambers, *Design*, iii－iv.

4. 关于钱伯斯的著作对耶稣会传教士的报告的依赖性，特别是杜赫德神父和王致诚的报告，参见 Harris, "Design," 146, 150–51, 157.

5. 关于李嘉和钱伯斯的文章，参见Janine Barrier, Monique Mosser, and Che Bing Chiu, eds., *Aux jardins de Cathay: L'imaginaire anglo-chinois en Occident. William Chambers* (Besançon: Editions de l'imprimeur, 2004), 59–60.

6. Richard Quaintance, "Toward Distinguishing Among Theme Park Publics: William Chambers's Landscape Theory vs. His Kew Practice," in *Theme Park Landscapes: Antecedents and Variations*, ed. Terence Young and Robert Riley (Washington, D.C., Dumbarton Oaks Research Library and Collection, 2002), 27; Porter, *The Chinese Taste*, 48–49. 多拉·维本森暗示诺伊尔·安托万·普鲁什的《自然奇观》（*Le spectacle de la nature*，1732年）也许能作为钱伯斯描述场景类别的另一个可能来源; Wiebenson, *The Picturesque Garden in France*, 40n7, 另参见39–43.

7. 伯克的《关于我们崇高与美观念之根源的哲学探讨》是钱伯斯后来的《东方造园论》的重要参考资料。关于钱伯斯和伯克，参见Eileen Harris, "Burke and Chambers on the Sublime and the Beautiful," *Essays in the History of Architecture Presented to Rudolf Wittkower*, ed. Douglas Fraser, Howard Hibbard, and Milton J. Lewine (London: Phaidon, 1967), 207–13. 另参见Wiebenson, *The Picturesque Garden in France*, 40–41, 53–54.

8. 钱伯斯可能是从耶稣会传教士李明给布永公爵夫人的信中得出的结论，李明在信中以假定的中国人的所谓懒惰来解释巷道的缺乏，并写道："中国人散步的兴致并不高，这种小路大抵是不适合他们的。" Le Comte, *Memoires and Observations*, 162. 这种结论来自李明，体现了耶稣会著述在钱伯斯对中国园林的了解和园林设计理论的形成中所起的作用。

9. 钱伯斯所指的水生植物是莲花（*Nelumbo nucifera* Gaertn），其中文名称为莲。莲花在中国被称为荷花，但当它们被用于医药时，则被命名为莲花。Fèvre and Métailié, *Dictionnaire Ricci*, 272–73.

第 11 章　钱德明

（Jean Joseph Marie Amiot，1718—1793 年）

在1752年从北京写的一封信中，法国耶稣会传教士钱德明描述了乾隆皇帝的母亲崇庆皇太后的六十大寿庆典，这封信后于1758年发表在《耶稣会传教士中国书简集》中。[1]乾隆皇帝为庆祝母后寿辰，实施了一项宏伟的工程，即对一座大型园林进行了全面改造，这座园林后来成为皇家园林，即如今的颐和园，而耶稣会传教士们于1751年抵达北京，因此当时他们还未有机会得以一见。钱德明在信中着重介绍了皇太后于1752年1月从北京郊区的皇家园林前往帝都的途中，沿途所建的临时建筑。这封书信是一份重要的文献，它记录了在城市空地和其周边建立临时建筑的用途和意义，这些在特定场合所设的临时建筑力图彰显宫廷在礼制上的威严。欧洲城市也会为重要的活动搭建临时建筑，例如名人的来访或是贵族婚礼的举办。但是在西方，人们更倾向于用建筑结构来体现仪式的庄严性，而在中国，正如钱德明所见，在庆典场馆周围巧妙地上演着一种祥和的自然气氛。沿着为皇太后精心装饰的道路，有一些用于迎接随行人员到来的空地和建筑，它们被布置在引人入胜的山谷和湖泊之间，受自然活力的感染，在皇太后这位威严的长者面前生动地展示了她的馈赠。

下面的摘录来自英国圣公会主教托马斯·珀西对钱德明信件的英译本，他在《中国诗文杂著》（1762年）第二卷中发表了这封信。[2]

钱德明在清廷侍奉了近四十年，他的音乐特长和语言能力受到了乾隆皇帝的高度评价，因为他既会说流利的鞑靼语（清朝皇室的语言），又会说汉语。他是一位作品丰富的作家，在关于中国文化的各个方面都著有大量的文章，涉及音乐、军事艺术、历史和语言。[3]他还与欧洲人保持着广泛的定期通信，其中包括著名的汉学家亨利·莱昂纳德·让·巴蒂斯特·贝尔坦（Henri-Léonard-Jean-

Baptiste Bertin）。在中国长期逗留期间，钱德明给贝尔坦寄去了大量的典籍、物件、印刷品和插画，丰富了贝尔坦的私人收藏。[4]

* * *

摘自钱德明，《记在北京举行的皇太后六十寿辰的庆典仪式》，（A Description of the Solemnities Observed at Pe-king on the Emperor's Mother Entering on the Sixtieth Year of Her Age），摘自耶稣会传教士钱德明的法文本，托马斯·珀西译，1762年

在中国，隆重庆祝皇帝母亲六十寿辰是一个古老的习俗。在这一日到来的前几个月，所有在帝都的衙署、地方长官及朝廷重臣都接到命令，为上述仪式做好准备，这是他们所管理的这些地方举行的最为盛大的仪式。所有北京及其邻省的画师、雕刻师、建筑师和匠人会持续工作三个多月，用他们各自的手艺共同创作最精美的作品。还有许多其他类型的能工巧匠也会参与其中。他们的任务是建造一些东西来吸引宫廷中精致挑剔的眼睛，毕竟他们早已习惯于观赏来自各地的艺术品中的绝佳珍品。这种装饰点缀开始于皇帝的一处宫苑，即圆明园，而终于在北京鞑靼城市中心的皇宫，两地相距大约四里格。

在这两座宫殿间有两条路可以通行。皇帝下令沿着河边的道路展开游行队伍……并在河的两岸建起了各种形式的建筑。此处的屋宇或是正方形的，或是三角形的，或是多边形的，[5]其间都设有各种房间。其中有一个圆形大厅及其他一些类似的建筑。当一人沿其前进时，其他的人和事物便出现了，它们的构造（千变万化）吸引着人们的视线，无论你在哪里驻足，都可以看到令人愉快的和迷人的景观。在一些地方，由于河道拓宽偏离了正轨，便会于此建造由固定在水中的柱子所支撑的木屋，依照中国建筑师的计划，这些木屋高于水面大约两英尺，或者三到四英尺，甚至更高。这些建筑的绝大部分构成了岛屿，桥梁就是为通往这些地方而建立的。这些岛屿有些孑然独立，有些彼此相邻，它们之间通过有顶盖的廊道进行连接，其建造方式与我上述的房屋桥梁的建造方式基本相同。所有这

些建筑物都是镀金的，并以该国最华丽的风格加以装饰。它们各尽其用，有些地方为乐队所用，有些地方为戏剧所用，大多数地方都有茶歇处和华丽的宝座，在皇帝和他母亲想要停下来休息片刻时，这些地方可用来迎接他们。

城里还有一处景色，比我刚才所描述的更加美丽。从宫廷的西门入口，至宫殿的大门，除了华丽的建筑、边廊、[6]凉亭、柱廊、长廊、露天广场，还有战利品和中国建筑的其他杰作，一切都相当壮丽辉煌。这些东西上面点缀着彩花、花环和许多其他类似的装饰品，这些饰品皆由五颜六色的上好丝绸制成，令人如痴如醉。鎏金、仿钻和其他同类的石头闪烁于四周。大量高度打磨的金属镜面大大增加了其视觉效果。[7]它们的结构和布局，通过在四周增补物件，并在极小的空间中将它们重新组合起来，形成了一切使人眼花缭乱的东西。

这些辉煌的建筑时而被效仿自然的假山和山谷所打断，人们把这些假山谷地视为欢乐的原野，以及真正令人愉悦的独处之地。他们设置了小溪和喷泉，栽种了乔木和灌木，并采用了鹿的纹样，他们赋予这些鹿的姿态是如此自然，以至于人们会说它们是鲜活的。在一些山峰的山顶或山腰处，可以看到寺院或设有庙宇和神像的尼姑庵，他们开辟了通向那里的小路。在另一些地方他们建造了果园和花园。园子中的绝大部分地方都可以看到葡萄藤的卷须和花簇，其成熟度各异。在其余地方他们种植了各种树木，以展示一年四季的水果花卉。尽管他们只是人造的，但同自然的植株放在一起时也难辨真假。

这还不是全部。在游行队伍经过的地方，分布着富含各种鱼类水禽的湖泊池沼。在一些地方，他们让孩子们伪装成猴子等动物，扮演不同的角色。因为孩子们穿的是所要扮演的动物的皮毛，所以伪装十分逼真。一些孩子被打扮成飞禽的样子，在柱子或高跷上进行表演，这些柱子和杆子上都盖着丝绸，成年人藏在下面，让上面的孩子们活动起来。在另一些地方，他们设置了硕大的果实，也有孩童藏匿于其中。这些果实不时地张开，向观众展示内部的样子。我无法告诉您，这一切是否有任何象征意义，或者这只是一个异想天开和奢侈的幻想的产物。乐人、戏子、杂技演员和其他人员，每隔一段时间便会出现在河边，每个人都根据自己的能力、技巧和所处位置，竭力做一些可以取悦皇帝和太后的事情。

注释

1. Jean Joseph Marie Amiot, "Lettre du Pere Amyot, Missionnaire de la Compagnie de Jesus, au Pere Allart de la même Compagnie. Pékin le 20 Octobre 1752," in *Lettres édifiantes et curieuses*, vol. 28 (Paris: Guerin et De la Tour, 1758), 171–215.

2. "A Description of the Solemnities observed at Pe-king on the Emperor's Mother Entering on the Sixtieth Year of Her Age, from the French of P. Amyot, Jesuit," trans. Thomas Percy, in *Miscellaneous Pieces Relating to the Chinese*, ed. Thomas Percy, vol. 2 (London: Dodsley, 1762), 209–48.

3. 钱德明的许多著作都被收录于《中国杂纂》这一系列中，该系列由耶稣会传教士编辑并于1776—1791年在巴黎出版，共十五卷，钱德明是这一系列的主要撰稿人之一。该系列的第十六卷，也是最后一卷，于1814年出版。钱德明撰写了一本关于孔子的传记，收录于《中国杂纂》第十二卷中，还写了满语的语法，*Grammaire tartare-mantchou* (Paris, 1787)，以及一本满语和法语的词典，*Dictionnaire tartare-mantchou-français* (Paris, 1789)。

4. Louis Pfister, *Notices biographiques et bibliographiques sur les Jésuites de l'anciennemission de Chine 1552–1773*, vol. 2 (Shanghai: Imprimerie de la Mission Catholique, 1934), 837–60; Michel Hermans, "Joseph-Marie Amiot, Une figure de larencontre de 'l'autre' au tems des Lumières," in *Les Danses rituelles chinoises d'après Joseph-Maria Amiot*, ed. Yves Lenoir and Nicolas Standaert (Namur, Presses Universitaire de Namur, 2005), 11–62. 关于钱德明和贝尔坦之间的通信，参见Emmanuel Davin, "Un éminent sinologue toulonnais du XVIIIe siècle, le R. P. Amiot, S. J. (1718–1793)," *Bulletin de l'Association Guillaume Budé* 1, no. 3 (1961): 380–95.

5. 珀西在他译本中的注释："即多种角度的。"Percy, "Description of the Solemnities," 227.

6. 珀西在他译本中的注释："廊柱是一圈圆形的柱子。任何一系列的柱子都是柱廊。"Percy, "Description of the Solemnities," 229.

7. 珀西在他译本中的注释："中国的镜子不是玻璃的，而是抛光的金属。参见杜赫德神父。"Percy, "Description of the Solemnities," 229. 珀西在这里指的是杜赫德神父于1735年在巴黎出版的《中华帝国全志》。

第 12 章　约翰·贝尔
（John Bell，1691—1763 年）

苏格兰医生约翰·贝尔随同俄罗斯大使参加了彼得大帝于1719—1722年向康熙皇帝派出的外交使团，这一使团由莱昂·瓦西里耶维奇·伊兹梅洛夫伯爵（Count Leon Vasilievich Izmailov）所率领。在1720年末和1721年初，俄罗斯代表曾多次在城市和郊区的皇家宫苑中受到接待，他们参加了宫宴、皇家围猎、中国新年庆典，以及其间举办的烟花表演、戏剧和乐曲演出，贝尔在其题为《从俄国圣彼得堡到亚洲各处游记》（*Travels from St. Petersburg in Russia to Diverse Parts of Asia*，1763年）的记述中详细介绍了这些活动。[1]

以下节选摘自贝尔的旅行记述，其描述了贝尔所参观的三个园林：北京"宰相府"的私家园林、皇城内的绿地，以及帝都附近的大型皇家猎苑。这三块绿地在规模、用途及布局上都大不相同，但在对其的描述中，贝尔把重点放在了它们的共同之处上。他强调"模仿自然"的设计原则激发整个布局，以及各种元素极致的人工营造再现了自然景观的形式。

贝尔还指出，私人府邸及其园林是主人收集和展示奇珍异宝的首选之地，这些物品被展现给大使们观赏，它们除了显示主人的社会和政治地位之外，还体现了主人的学识和对科学的好奇心，这些场所与欧洲的"好奇阁"（Wunderkammern）类似。在北京的宰相府里收藏了大量的自然珍宝和人工巧作，包括一些精美的中国和日本瓷器。其花园以茶树为特色，茶树原产于中国东南地区，因此在北京极为罕见，贝尔写道，这种树木只有在"好奇之人的园中可以寻到"。

俄罗斯代表团在长春园受到了多次迎接和款待，但贝尔除了表明"园内有大量符合中国审美的林间小路、凉亭和鱼塘"外，没有对皇家园林进行更多的描述。[2]

* * *

摘自约翰·贝尔，《从俄国圣彼得堡到亚洲各处游记》，1763年

早上十点左右，宰辅大人派人为大使和随行的先生们送来了轿子，也为仆人们配置了马匹，尽管他的府邸离我们的住所极近。轿子被抬过两个庭院，并在入口处的一个大厅里落下，宰辅大人在那里等候接见大使。进入大厅后，我们坐在整洁的藤编座椅上，藤椅的框架涂有漆，并用贝母螺钿镶嵌而成。府邸本身非常简单，朝南开放，屋顶的南侧由一排巧妙倾斜的木柱所支撑。屋宇并没有设天花板，但所有椽子似乎都被精细地打磨过，极为干净。地板上铺着黑白相间的棋盘格纹样的大理石，中间立着一个大型的瓮状铜制火盆，里面装满了木炭。入口处置有两个装满纯净水的大水缸，缸里有几十条小鱼在嬉戏，争相吞食扔进水里的面包碎屑。这些鱼和鲹鱼差不多大小，但形状不同，并有红、白、黄三色斑点，非常漂亮，因此被称为金银鱼……

当时我们被带领参观了他府上的各个房间，但不包括女眷的闺房，那些地方只有他本人和照顾她们的宫娥侍从可以进出。我们见识到了许多珍贵的收藏品，其中既有天然的，也有人工的，尤其是产于中国和日本的大量古瓷器或陶器。在当时，这些珍品只有在富有好奇心的人的收藏柜里才能见到。它们主要包括许多大小不一的罐子器皿。他饶有兴致地讲述它们制造于何时何地，而且据我所知，这些瓷器许多都有两千年以上的历史。他补充道，无论是在中国还是在日本，早前那种完美的制瓷工艺都已经失传了，在他看来问题的根本在于材料的配制。这些奇珍异宝被堆放在架子上，高至屋顶，其秩序井然，均匀对称，美轮美奂。

从房间里出来，我们便进入一个由高墙环绕的小花园。花园中部有一个蓄满水的低地，其周边围有几棵弯曲的老树和一些灌木，其中我看到了那棵出产名茶的茶树。北京的气候对于这种灌木来说过于寒冷，因此只能在好奇之人的园林里方能找到几棵这样的灌木。我现在不打算详细说明这棵有良好效用并看起来像荆棘丛的植物，因为在我离开这个地方之前，我有机会对它作更全面的说明。一条

环绕花园的道路连通了中部的小径，道路上皆铺有细小的碎石。在中间通道的两端各有一块假山石，溪水流淌于其下方，并穿过假山的孔洞，这些孔洞是如此的自然，看起来就像是被溪流所击穿的。假山石约有七英尺高，掩映于一些盘曲的老树之间。这个园林及许多其他的中国物件，展现了人们模仿自然的审美品味。

1721年1月12日，皇帝从长春园回到皇城里的宫殿。这座宫殿占地面积很大，四周都是高高的砖墙。有几条街道专供仆人和内官使用。其间有许多高堂广厦，覆有黄色的清漆瓦片，这些瓦片在阳光下看上去如同黄金。皇宫北向是一条形状不规则的大运河，皇室成员多在这里垂钓消遣。这条运河是由人工开凿的，挖出的泥土筑起了高高的堤岸，从那里可以望见城市的全貌、邻近的乡村，以及更遥远的地方。假山的山脊上种满了树木，其类似于这个国家经常出现的野生的和不规则的自然景象。[3] 运河和山体的长度相等，大约有一英里。这项工程一定消耗了巨大的人力物力，但是不得不承认的是，它对此地的美丽作出了巨大的贡献。

1721年2月21日，这是被指定陪同皇帝狩猎的日子，早上一点钟，马匹便被带至我们的住处，以供大使和随行人员使用。我们即刻上马，往城市的西南方向骑了约六英里，天刚亮，我们便到了一座名为"柴扎"（Chayza）的园子入口。在那里，一位官员接待了我们，并带我们穿过森林，来到离入口约一英里处的一座避暑行宫，皇帝前一天晚上便在那里就寝。这是一座小巧而整洁的建筑，设有两排长廊，四面向森林开放。有一条大道从入口大门直通建筑，路上栽种着几排树木。在距离房子不远处，我们下了马，迎接我们的是司仪，他把我们领进一条长廊。我们进门时，善良且年迈的皇帝早在我们到达之前就已经起来了，他派一个太监向大使行礼，并为我们准备了茶和其他食物。在宫室的南侧有一条清澈见底的运河，以及几个大型鱼塘，它们为这个迷人的地方增添了不少美丽……继续向森林深处走了两三英里后，我们来到了一片高大的树林，在那里我们发现了好几种鹿……我们至此已经骑了六个小时的马，可能已经走了大约十五英里的路，但依旧没有看到森林的尽头。我们从这片树林向南拐，直到来到一片长满高大芦苇的沼泽地，我们惊动了大量的野猪……

　　我们一直往前走，一直走到四点钟左右，这时我们来到一座高大的假山前，这座假山呈正方形，耸立在平原中央，山顶上建有十到十二个帐篷以供皇室成员使用。这座山中有几条蜿蜒的小径可以通向山顶，路的两侧都种植着成列的树木，以达到对自然的模仿。南边有一个蓄水的洼地，上面漂着一条船。我想，形成这个山头的泥土大抵就是从那里挖掘出来的。在离山有一段距离的地方，有为名公巨卿和达官显贵搭建的帐篷。在离它们大约两百码的地方，有一些干净的覆盖着茅草的小屋，我们便居于其中。皇帝在他的居住之地可以看到所有的帐篷，并且可以望见远处的森林。整个场景显得美轮美奂。

　　第二天早上，狩猎活动继续进行，与前一天相比，变化不大。下午三点左右，我们来到森林中间的另一座避暑山庄，第二天晚上皇帝就歇息在那里，而我们则落脚在附近的一座整洁的小庙里。我进一步观察，发现这座森林的确是一个令人愉悦的地方。在这里可以进行各类游戏，而且其幅员辽阔，这一点从我们这两天对狩猎的描述中并不难看出。它整个被包围在高大的砖墙之中。这个园林离首都如此之近，其价值显示了这位强大君主的辉煌。

注释

1. John Bell, *Travels from St. Petersburg in Russia to Diverse Parts of Asia*, 2 vols. (Glasgow: Robert and Andrew Foulis, 1763). 关于贝尔在他的旅行日记中得出的对中国的看法，参见Spence, *The Chan's Great Continent*, 44–51. 关于贝尔对康熙朝廷接待俄国代表团的描述，参见Carroll Brown Malone, *History of the Peking Summer Palaces Under the Ch'ing Dynasty* (Urbana: University of Illinois, 1934), 37–42.
2. Bell, *Travels*, vol. 2, 35.
3. 贝尔描述了一个类似的场景，他在评论俄国代表使团所在的皇家园林长春园时道："29日，从朝廷送来了步辇，用来运载大使和随行的先生们。我们晚上到了那里，居住在宫殿附近的一所宅院里。在我们住处附近有一座漂亮的花园，一条泊有游船的运河。运河中间矗立着一座模仿自然的人工假山，上面栽有一些光秃秃的树。我们沿着一条蜿蜒的小路登上山顶，在那里可以把周围的景色尽收眼底。"Bell, *Travels*, vol. 2, 59.

第13章 蒋友仁

（Michel Benoist，1715—1774年）

　　法国耶稣会传教士蒋友仁于1745年来华，在此之后他为乾隆皇帝服务了三十余年。他是在清廷工作的耶稣会传教士之一。1747年，乾隆委派他在圆明园的属园内设计和建造了名为"西洋楼"的西式园林景观。[1] 以下节选摘自他在1767年写于北京的一封信，在这封信的最后几行提及了那次特殊的园林冒险，在信中，蒋友仁根据他对皇家园林圆明园的理解，提出了中国园林营造的主要特点。[2]

　　蒋友仁强调了中国人在利用和消隐"艺术改善自然"这一方面的能力，他们在其园林中重现了自然的多样性，并使之更容易被观众所接受。他介绍了园林的空间组织在为游人创造好奇感和惊喜感方面的作用。可能是由于他当时监管了西洋楼喷泉和水法工程的设计和营造，相较于这一时期的其他叙述，蒋友仁更强调水体所扮演的核心角色，这些水体以湖泊、溪流和瀑布等多种形式，在整体构图和各种场景的衔接上发挥着重要的作用。[3] 事实上，圆明园就是由湖泊和曲溪的交错连接而成的，这些河流溪涧划分了园林的空间，使其看起来宛如岛屿群。

　　蒋友仁注意到了中国皇家园林与法国花园之间的差异，除了在构图和美学方面的明显差异外，他还掲出了二者在可通行性上的不同。在中国皇家园林依旧严格地专供于皇帝使用时，法国花园自17世纪以来已普及向市民开放。因此，蒋友仁自豪地指出，法国花园可以被视为"几乎是公共的"。

＊ ＊ ＊

*　　摘自蒋友仁，"蒋友仁神父写给帕特龙·德奥特罗切先生的信"*
（1767年11月16日于北京）（Lettre du Père Benoist à Monsieur

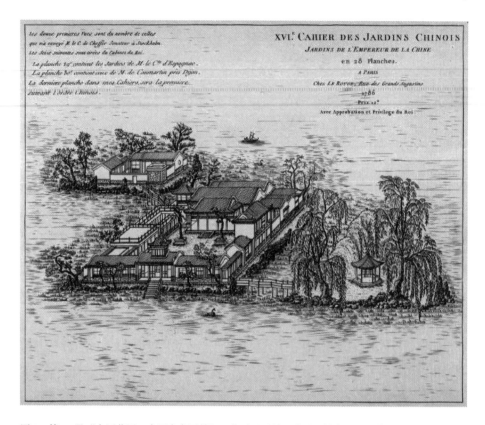

图7　第 16 册"中国花园：中国皇家园林"，收录于乔治 - 路易·拉鲁日《园林风尚设计荟萃：英中式园林》（巴黎：由作者本人提供，1786 年），© 华盛顿敦巴顿橡树园研究图书馆和收藏馆，善本收藏

Papillon d'Auteroche. A Péking, le 16 novembre 1767），收录于《耶稣会传教士中国书简集》第23卷，1781年，比安卡·玛丽亚·里纳尔迪译

　　1745年，奉皇帝之召，我以数学家的身份来到了北京。两年之后，我奉其命令去指挥了一些水利工程。皇帝在距帝都两里格的地方有一座用于消遣的宫苑，他一年中的大部分时间都会在那里度过，而且他一直在尽其所能装饰它。⁴ 为了让你了解它，如果在我们的书简集中没有一点对其的描述的话，那么我将为你提及这些迷幻而神奇的花园，一些作者以杰出的想象力对这些花园进行了如此令人

心驰神往的描述，而这些描述皆在皇帝的园林中成为现实。[5]中国人在布置他们的花园时，多用艺术来改善自然。一个获得赞誉的艺术家的成功之处在于，在他模仿自然时他的人工巧艺不曾有丝毫显现。与欧洲不同，这里有开放可见的小巷，可以眺望远处无垠的壮丽景象的露台，其所含事物之丰富，并不允许人们把想象力集中在一个特定的地方。在中国的花园里，景色永远不会令人厌倦，因为它几乎总是被框定在一个与观众的视线范围相称的空间里。你所见的是一种整体，它的美让你震惊和陶醉，几百步之后，一些新的物体又会呈现在你面前，进而引起新的赞叹。

所有这些花园都被各种穿梭于假山间的蜿蜒水渠划分开，它们时而越过岩石，垂泻成瀑布，时而在山谷中积聚，汇流成水池，依据不同的大小，以湖或海的名字为其命名。在这些水渠和水池的不规则岸边皆装饰了驳坎，但其与我们的做法截然不同。我们的驳坎多用艺术切割的石头制成，其中的天然成分早已被剔除，而这些驳坎似乎由未经加工的岩石制成，其被牢牢地固定在河岸上。如果工人要花费大量的时间来加工它们，那也只是为了增加了它们的不规则性，并使它们看起来更加富有乡野气息。

在河道两岸的不同地方，这些石头会被排列成一道极为舒适的台阶，人们可以逐级而下，登上他们想要搭乘的船只。在山上，这些石头有时会被打磨成各种你所能看到的岩石；有时尽管它们所处之地很坚固，但看起来好像会随时坠落并压垮任何接近它们的人；还有一些时候，它们会形成石窟洞穴，蜿蜒于山脚之处，并通向那令人欢愉的宫室。水岸边和山体上的岩石都设置了一些空地。这些空地有的栽有高大树木，有的长满开花的灌木丛。在另一些地方，空地处则长有各式各样的植株和花木，它们会随着季节更替而不断变化。

这座宫殿被作为皇帝和所有王室成员的居所，规模宏大，其室内陈设更是汇聚了来自世界各个地区的奇珍异宝。除了这座宫殿之外，园林中还有许多其他的宫室，有的散落在广阔的水体周围，有的坐落在湖泊中心的岛屿间，有些则矗立于山峦之上或是位于令人愉悦的山谷之中。其间有可以存放小麦、水稻和其他各类谷物的地方。为了耕种这些土地，有些村庄的居民甚至不曾离开过他们的围场。在那里，人们看到一种由商铺组成的街道，在一年的不同时间之中，这些店铺会如同集市一般，汇集来自中国、日本，甚至欧洲各国的绝佳珍品。[6]

但是我注意到，阁下，我所言已然超出我所限。我以后还可以同您谈谈那些不专为皇帝和他的宫廷所设的迷人场所。因为这里不像法国，那里的宫殿和花园是开放的，甚至几乎是公共的。此地除了那些皇帝成员之外，没有人能够进入，连亲王、大臣和官吏也不例外。偶尔，皇帝会邀请亲王、藩王等来观看戏剧或是其他奇观，但他们也只会被带领到园林的部分地区。

正是在这些园林里，皇帝想修建一座欧洲宫殿，想用水利工程来装点其内外，尽管我一再表示我无能为力，他还是把这些工程交付于我。[7]

注释

1. 西洋楼于1860年10月被英法联军摧毁，它四周环以围墙，位于长春园北部的一块狭长的T形土地上，其西面是规模更大的圆明园。它在1747年至1759年分两期建成。参与该项目的耶稣会传教士团队由下列人员组成，郎世宁（1688—1766年）负责总体规划和建筑；王致诚和艾启蒙（1708—1780年）负责设计建筑细节和绘画装饰；汤执中（1706—1757年）负责景观设计；杨自新（1703—1766年）负责铁艺工程；蒋友仁与韩国英一起负责水力学和喷泉设计。西洋楼呈现出一种在欧洲和中国的园林艺术之间的创造性融合。耶稣会传教士设计了一系列典型的西方园林元素，包括一个以中央凉亭为主的矩形石阵迷宫、带水柱的喷泉和露天剧场——这些元素在中国园林的典型空间架构中，被呈现为单个场景的集合，并由墙壁隔断成独立的空间。然而，与此同时，建筑结构、道路和装饰元素遵循西方巴洛克传统的对称性和严格的几何原则，以产生精心计算的透视效果。1768年，增加了一座新的建筑，来展示一些由弗朗索瓦·布歇的设计编织的博韦挂毯，这些挂毯是由传教士们献给乾隆皇帝的。西洋楼成为一个奇妙的珍宝室，乾隆皇帝在那里收藏了各种来自欧洲传教士或使节的礼物。西洋楼，作为一个欧洲花园的理想再现，构成了圆明园的景点之一，其整个构图以各异的场景为特点，其中大量场景的灵感来自中国著名的园林或景观。有关西洋楼和耶稣会传教士工作的大量文献，参见Michèle Pirazzoli-t'Serstevens, "Les Palais Européens, histoire et légendes," in *Le Yuanmingyuan: Jeux d'eau et palais européens*

du XVIII siècle à la cour de Chine, ed. Michèle Pirazzoli-t'Serstevens (Paris: Éditions Recherche sur les Civilizations, 1987), 6–10; Vincent Droguet, "Les Palais Européens de l'empereur Qianlong et leurs sources italiennes," *Histoire de l'Art* 25–26 (May 1994): 15–28; Victoria M. Siu, "China and Europe Intertwined: A New View of the European Sector of the Chang Chun Yuan," *Studies in the History of Gardens and Designed Landscapes* 19 (1999): 376–93; Strassberg, "War and Peace," 104–20; 以及近期的Zou, *A Jesuit Garden in Beijing*, 尤其是103 38. 关于西洋楼景观的讨论，参见Gilles Genest, "Les Palais Européens du Yuanmingyuan: Essai sur la végétation des jardins," *Arts Asiatiques* 49 (1994): 82–90.

2.   Michel Benoist, "Lettre du Père Benoist à Monsieur Papillon d'Auteroche. A Péking, le 16 novembre 1767," in *Lettres édifiantes et curieuses écrites des missions étrangères: Mémoires de la Chine*, vol. 23 (Paris: J. G. Merigot, 1781), 534–47. 这封信是由蒋友仁撰写的，首次发表于《耶稣会传教士中国书简集》系列的第二版（1780—1783年），这套书由伊夫·马图林·玛丽·特雷奥德·德·克尔伯夫编辑，并在巴黎印刷了26卷。蒋友仁的信在后来由德·克尔伯夫编辑的三个版本的《耶稣会传教士中国书简集》中被再次印刷：Michel Benoist, "Lettre du Père Benoit, Missionnaire, à Monsieur Papillon d'Auteroche. A Péking, le 16 novembre 1767," in *Lettres édifiantes et curieuses écrites des missions étrangères: Mémoires de la Chine*, vol. 23 (Toulouse: Sens et Gaude, 1811), 427–37; Michel Benoist, "Lettre du père Benoist, missionnaire, à M. Papillon d'Auteroche. A Péking, le 16 novembre 1767," in *Lettres édifiantes et curieuses écrites des missions étrangères: Mémoires de la Chine*, vol. 13 (Lyon: Vernarel et Cabin, 1819), 176–84; Michel Benoist, "Lettre du Père Benoist a M. Papillon d'Auteroche. Sur les jardins, les palais, les occupations de l'empereur. Pékin le 16 novembre 1767," in *Lettres édifiantes et curieuses concernant l'Asie, l'Afrique et l'Amérique, avec quelques relations nouvelles des missions, et des notes géographiques et historiques*, vol. 4 (Paris: Panthéon littéraire, 1843), 120–23.

3.   在蒋友仁的信件发表几年后，另一位西方旅行者批评了中国园林中水的大量使用。商人山茂召（1754—1794年）于1786年被任命为美国驻广州领事，并成为早期到达中国主要贸易港口的美国人之一。在他的游记中，他描述了广州富商陈祖官的花园，并观察道："陈祖官的花园很大。为了使它们具有乡野风光，他花费了许多工艺和精力，在某些情况下，自然被模仿得并不逊色。森林、假山岩石、山脉和瀑布被巧妙地营造出来，并在多样化的场景中产生了令人愉悦的效果。然而，中国人在对水的偏好上表现出变质的味道。每个花园都必须设有大量的水，如果水源不是自然流动的，就会设有大型的静水池塘，并在池塘中心搭建凉亭，以弥补不足。陈祖官说他的府邸和园林的花费超过了百万银两。" Josiah Quincy, *The Journals of Major Samuel Shaw, the First American Consul at Canton* (Boston: W. Crosby and H. P. Nichols, 1847), 179.

4. 蒋友仁在这里提到了圆明园的皇家建筑群。

5. 蒋友仁提到了王致诚在1743年撰写的关于圆明园的叙述，后者于1749年被作为《耶稣会传教士中国书简集》第27卷的一部分出版。

6. 蒋友仁提到了被皇帝在圆明园中再现的具有明显商业和城市性质的娱乐休闲场所，这在耶稣会传教士王致诚的信中被详细描述。

7. 蒋友仁提到了他受命设计西洋楼的任务。法国耶稣会传教士晁俊秀在一封1786年从北京写给出版人路易·弗朗索瓦·德拉图尔的信中详细描述了西洋楼，后者将其中的部分段落纳入了他关于中国建筑和园林设计的论文之中。这段描述伴随着一套20幅表现西洋楼的铜版画，这套铜版画是乾隆皇帝在1783年委托宫廷画师伊兰泰所制作的，耶稣会传教士于1786年将其寄给德拉图尔。德拉图尔将晁俊秀的描绘作为他有关西洋楼的二十景一章的来源，并将西洋楼的建筑语言定义为"意大利-哥特式-中式"。在一封1786年10月写给德拉图尔的信中，晁俊秀简要描述了长春园的皇家园林，称这个园林由一座山所主导，山上有数座亭台楼阁，并俯瞰着一个大湖。 参见Louis-François Delatour, *Essais sur l'architecture des Chinois, sur leurs jardins, leurs principes de médecine, et leurs mœurs et usages* (Paris: Clousier, 1803), 170–86, 167–68.

第14章 晁俊秀

（François Bourgeois，1723—1792 年）

晁俊秀是为乾隆皇帝服务的法国耶稣会传教士之一。一封写于1768年的信记载了他从广州到北京的旅程，在信中他描述了沿途的风景、城镇及他所参观过的园林。尽管他对南京城市住宅中的园林一笔带过，将其描述为朴素而自然的场所，但他对扬州城内一座皇家行宫园林的描述暗示了一种高度动态的构图，这种构图是通过多个部分和元素的并置构建而成的。它错综复杂的设计必然产生一种极为恢宏壮丽的效果。事实上，在构成园林空间的美学和功能的多样化中，这位耶稣会传教士认识到这是一种表现皇帝威望的手段。这封信仅在1782年出版过，并被收录在《中国杂纂》（*Mémoires concernant l'histoire, les sciences, les arts, les mœurs, les usages, & c. des Chinois: Par les Missionnaires de Pékin*）中。[1]

下述所提及的第二节选摘自晁俊秀于1786年从北京写来的一封信，在信中他进一步介绍了扬州皇室建筑群的细节，描述了其所具有的"田园气息"、多样性及视觉吸引力。这封信被路易-弗朗索瓦·德拉图尔（Louis-François Delatour）发表于《记中国建筑、花园、医药、道德和习俗》（*Essais sur l'architecture des Chinois, sur leurs jardins, leurs principes de médecine, et leurs mœurs et usages*，1803年）。[2] 德拉图尔根据耶稣会传教士的叙述，编撰了他的文章中与中国园林有关的部分，文章包括了对晁俊秀、张诚、王致诚、蒋友仁的信件，以及韩国英和钱德明著作的长篇引用。他还收录了威廉·钱伯斯的著作和范罢览游记中的部分段落。

* * *

摘自晁俊秀，"一位传教士写给威尔士神父的信——信中记述了他从广州到北京的旅程"（1768年9月15日于北京）（Lettre d'un missionnaire a M. l'Abbé G. [Gallois] contenant une relation de son voyage de Canton à Péking. Péking, le 15 Septembre 1768），收录于《中国杂纂》第8卷，1782年，比安卡·玛丽亚·里纳尔迪译

我们于6月2日抵达南京。我想去看看那个被认为是世界上规模最庞大的城市。我们所经过的郊区范围相当广阔，但人烟稀少，房屋彼此之间相距甚远，其围墙内多设有芦苇、水塘和竹林……

末了，我们来到了中国景色最佳的地方，其位于长江（Kian）和黄河（Huang-ho）两条大河之间，由南向北共计五十英里。此处少有山脉，目光所及之处，地形皆平坦如镜。这些土地每年都有好几次收成，而且都是在同一时间。其拥有一种欧洲不曾有过的景色，因为在欧洲总有一部分土地是在休耕的。同时这一地区的人口奇多。也正是在中国的这一地区，人们可以看到帝国最美丽的城市。正如中国人所说，上有天堂，下有苏杭。我认为我们所途经的扬州，是我所见的诸多城市中极为宏大和美丽的一个。在那里，两淮盐运使司为皇帝建造了一座宫苑，这让我们倍感惊喜，因为我们从未曾看到过如此精美的东西。

它是圆明园的复刻品，圆明园是皇帝常居的行宫，其位于距北京两里格的郊区，王致诚，一位敢于拒绝文官册封的优秀画家，在《耶稣会传教士中国书简集》第27卷中对其进行了精彩的描述。[3]

扬州的这座宫苑所占据的空间面积比雷恩市（Rennes）还要大。其间有手工堆叠的假山岩石；山谷洼地；水渠，其形状时宽时窄，时而用切割整齐的石头沿岸排列，时而用粗糙的岩石无序地散布其间；样式各异的亭台楼阁；屋室；庭院；或开放或封闭的长廊；花园；花圃；瀑布；精心营造的桥梁；凉亭；树林；牌坊。每个部分都相当美观且富有良好的品味，但更引人注目的是其多样性，它最终让你不得不感叹：这是一件相当伟大的作品。

* * *

摘自"晁俊秀描述扬州皇家宫苑的一封信"（1786年11月）
（Description d'une Maison de plaisance de l'Empereur, à Yang-tchéou, par M. Bourgois, selon sa lettre de novembre 1786），收录于路易-弗朗索瓦·德拉图尔，《记中国建筑、花园、医药、道德和习俗》（1803年），比安卡·玛丽亚·里纳尔迪译

阁下，我告诉您，扬州是中国极好极大的城市。在那里我看到了多层的楼阁屋宇，让我很惊讶，其与我们欧洲的普通房屋较为相似。他们说此地居民过百万。据我所知，这些邻近地区的人口相当惊人。在都城周遭，京杭大运河的沿线，我在超过一里格长的广袤土地上看见了连绵的村庄，这些村庄里人声鼎沸，熙熙攘攘。这片村落是敞开的，其间遍布被田地包围的房屋和散落的农庄，从远处望去，人们理所当然地认为自己所见的村落是相连成片的。维持一个家庭所需并不需要很多土地，因为土地每年至少可收获两次，而且从不休耕。

皇帝的宫苑就在扬州附近，也有一部分在扬州以外。它是于康熙时期建造的，不是由这位当时的皇子（指乾隆皇帝）出资的，而是由盐商集资建造的，他们要以此来感谢皇恩……

这座宫苑宛如一条公共游步道，若大量的闲散人士要悠闲地漫步于这些花园之中，可能需要步行三刻钟才能游览完它的全部路线。我道不清它的宽度，但我在它末端的山顶用肉眼估计，它的周长可以和南锡市（Nancy）相媲美。人们通过船只和小舟来往于两地。一到船舫的入口，你就会看到它众多的美丽之处：这些船舫经过清漆、镀金、彩绘，使用起来非常方便，而且人们能以低廉的价格租用它们好几个小时。随着你的前进，在船上你可以在这里观赏到几乎只有在圆明园才能见到的景色，即便扬州的宫苑在某一方面有所缺失，也可以被其他优势所弥补。在读完王致诚兄的来信，并在观赏过圆明园几次之后，如果让我不得不在这两座美丽的皇室园林之间进行抉择，那么我会选择扬州的园林。

圆明园地处洼地，所以人们只能看到园林范围内的事物。然而，人们所见的

一切都是接连不断的，因为眼前总是有山丘、曲径等事物。在扬州园林中，你航行于秀美的水面之上，可以随心所欲地自右向左行驶，顷刻间你便会发现许多令人愉快的且迷人的东西：此处有一片高大的树林；彼处有一丛矮小的树林；更远处便是河岸，上面建造着精雕细刻的亭台水榭，在这些小巧的建筑前有许多人在边喝茶边打量行人，他们为航行的人带来了别样的景致。

人们从远处所见的高大桥梁各不相同，使景色变得更加多元，又增添了风采：你会从其中一座由单一圆拱构成的桥梁下经过。一切事物都充满装饰，但又如此自然，你不会说它涉及了人工的痕迹。若要了解更多具体细节，就有必要像王致诚兄那样写一封长信，但由于我已经二十年没有见过扬州的这座园林了，我不太能记起所有的事物，只能回忆最重要的细节。诚然，圆明园的宫苑比扬州的宫苑更为广阔、美丽和丰富，但后者具有某种田园气息，使人更为赏心悦目。我曾多次下船，悠闲适从地探索它们。它没有美丽迷人的台阶，取而代之的是人们从一块小巧的岩石上登上另一块，不用攀登楼梯便可以抵达高处的建筑，这种方式令我深深地着迷。

但扬州园林最主要的美景是对步道尽头的处理。你乘船来到一座俊秀的山峰脚下，这是该地区唯一的一座山，山上遍布高度不一的各种中国建筑，山顶是一个巨大的平台，上面设有几座华美的建筑，特别是有一座皇帝的宫殿，其与一座非常宏伟的寺庙相连。

从这个平台上向远处眺望，你可以看见世上最美丽的景色。你可以看见相距只有半里外的扬州，看到浩大的长江和京杭大运河，其两岸排列着各类建筑。放眼望去，城市、村庄和田野尽收眼底，那些遍布各地的广袤田野长满了各种各样的庄稼，土地从未休耕过。

注释

1. "Lettre d'un missionnaire a M. l'Abbé G. [Gallois] contenant une relation de son voyage de Canton à Pé-king. Péking, le 15 Septembre 1768," in *Mémoires ... des Chinois*, vol. 8 (Paris: Nyon, 1782), 291–300.

2. "Description d'une Maison de plaisance de l'Empereur, à Yang-tchéou, par M. Bourgois, selon sa lettre de novembre 1786," in Delatour, *Essais sur l'architecture des Chinois*, 216–19.

3. 这位耶稣会传教士提到了王致诚拒绝乾隆皇帝所赏赐的官位。他还提到王致诚在信中描述了位于北京西北部海淀区的皇家园林圆明园。

第15章 卡尔·古斯塔夫·埃克伯格
（Carl Gustav Ekeberg，1716—1784年）

许多人追随卡尔·林奈（Carl Linnaeus）探索世界各地，观察与记录当地植物群，并收集它们的标本和种子，而在这一众追随者中，卡尔·古斯塔夫·埃克伯格首次成功地将一棵茶树的活株带回了瑞典。埃克伯格是一位博物学家，他既是林奈的朋友，也是瑞典东印度公司的负责人，后来他还成为瑞典皇家科学院的成员，他在1742—1778年曾多次旅行至中国东南区域。[1]他将旅行中记录的一些观察结果汇总在一本名为《中国旅居短记》（*Kort berättelse om den chinesiska landt-hushåldningen*）的小册子中。这本册子于1757年出版，作为瑞典博物学家和林奈·佩尔·奥斯贝克（Linnaeus Pehr Osbeck，1723—1805年）和奥洛夫·托伦（1718—1753年）的弟子1750—1752年中国之行的附录，主要研究了中国的植物。[2]下面的节选来自埃克伯格报告的首个英文本，其题为《中国畜牧业简论》（A Short Account of the Chinese Husbandry），出版于1771年。[3]

埃克伯格的论述分为几个简短的主题章节，每个章节都描述了中国的农业和园艺，并侧重于各种不同的主题，包括"稻田""季风和天气""粪便""畜禽""渔业""菜园"。下面所介绍的是埃克伯格论述中的一章，其题名为《曲折的园林》（Gardens for Diversion），在这一章节中埃克伯格阐述了对中国园林核心设计原则的理解。埃克伯格坚持认为，中国园林的布局在构成上具有非凡的多样性，其中"任何部分皆不与另一部分相雷同"，并强调了曲径在揭示这种多样性和影响花园空间感知方面的作用。他还强调了园林中所存在的鲜活动物。埃克伯格在解释植物是如何被用于园林布景（无论作为整体还是单个范例）的过程中，揭示了植物对园林场景特征构成的作用。

图 8　托马斯·丹尼尔（Thomas Daniell）和威廉·丹尼尔（William Daniell），《中国花园中的风景》（*View in a Chinese Garden*），收录于托马斯·丹尼尔和威廉·丹尼尔所著的《如画之旅：途经中国至印度》（*A Picturesque Voyage to India, by the Way of China*）（伦敦：由朗文、赫斯特、里斯和奥姆出版，1810 年），第 81 页，手工上色铜版画，耶鲁大学英国艺术中心，保罗·梅隆收藏

* * *

摘自卡尔·古斯塔夫·埃克伯格，《中国畜牧业简论》，收录于佩尔·奥斯贝克的《记中国和东印度群岛的航行》（*A Voyage to China and the East Indies*），由约翰·莱因霍尔德·福斯特（John Reinhold Foster）译自德语本，第二卷，1771年

曲折的园林

中国人在习俗、服饰和各个方面的品味与其他民族有着很大的不同，在花圃和追求曲折的园林上也是如此。他们对花饰、树篱、带顶篷的小道和对称性皆毫不在意，比起用花木填充的美丽图案来装饰，他们更偏好在裸露的空地上用颜色和大小各异的石子铺成龙或花的纹案。他们的步道同样也不是敞开的，通常他们

以墙将其围合，并在墙的两侧种植藤本植物和其他攀缘植物。他们用杆子将这些植物牵引至两墙之间，通过这种方式形成一个覆有顶篷的步道。这些步道上的长椅两边不设墙，另外，由于石头具有特殊的孔洞结构，他们在其中放置了栽有不同花卉的盆栽。步道有多处曲折，它们有时经过铺有石子的平坦小道，通向一个置有盆栽的开放凉亭；有时它们形成拱形步道，用纤细的竹子反复缠绕，形成一个不规则的形状，在竹子间栽有一种浓密的常绿灌木，它们之间相互缠连，使之看起来像一堵绿墙。除此之外，还有许多不同的景象：有布满灌木的山丘，其下方流淌着溪涧，沿岸周围皆树影婆娑；有三四层高的建筑，其两侧皆通透开放；有塔楼、天然的石窟、桥梁、池塘及种豆的田地；有茂密的野生灌木或小树丛，以及其他丰富多彩的事物，这一切都提供了美好的景致。有时，他们会在一些参天古木的树荫下设低矮的石凳，从那里他们可以观察到整个园区的绝大部分。

即便他们的园林已经很大了，但他们仍然通过使用前后转弯、蜿蜒曲折的小路，使其显得更加宽广。由他们的品味可以判断，他们园林中的任何部分似乎皆不与另一部分相雷同。在一些花园中，他们挖了一些水渠，沿着水渠旁的步道就可以抵达上述所有地方。在这些水渠附近，他们设有许多夏季避暑的房屋，其结构各不相同，但往往有一侧靠近水塘，这样他们便可以透过巨大的窗户在池塘中垂钓。他们在园林的水池里蓄养了金银鱼。除此之外，还有其他飞禽走兽、花卉、走兽雕饰，以及许多其他更令人赏心悦目的物品。

注释

1. 关于埃克伯格，参见Torkel Stålmarck, *Ostindiefararen Carl Gustav Ekeberg, 1716–1784* (Göteborg: Kungl. Vetenskaps-och vitterhets-samhället, 2012); Thommy Svensson and Elisabeth Lind, "Early Indonesian Studies in Sweden: The Linnaean Tradition and the Emergence of Ethnography Before 1900," *Archipel* 33 (1987): 63–64.

2. Pehr Osbeck, Olof Torén, *Dagbok öfwer en ostindisk resa åren 1750, 1751, 1752 ...* (Stockholm: Lor. Ludv. Grefing, 1757). 这本游记被翻译成德语并于1765年出版: Pehr

Osbeck, Olof Torén, C. G. Ekeberg, *Reise nach Ostindien und China ...*, trans. von J. G. Georgi (Rostock: Koppe, 1765).

3. *A Voyage to China and the East Indies, by Peter Osbeck: Together with A Voyage to Suratte, by Olof Toreen and an Account of the Chinese Husbandry, by Captain Charles Gustavus Eckeberg*, translated from the German by John Reinhold Foster, 2 vols. (London: B. White, 1771). 同年，埃克伯格记述的第一个法文版本出版: *Précis historique de l'économie rurale des Chinois, présenté à l'Académie Royale des Sciences des Suède, en 1754: Par M. Charles Gustave Eckeberg Capitain, publié par M. Linnaeus*, translated from Swedish by Dominique de Blackford (Milan: Reycends, 1771).

第16章　韩国英（一）
（Pierre-Martial Cibot，1727—1780年）

作为经典书集《中国杂纂》的一部分，耶稣会传教士于1777年出版了司马光（1019—1086年）诗文的法文本，这位宋代儒学家和政治家在诗中赞美了他坐落于洛阳城中的独乐园。[1]这个译本较原文更为复杂，其可能是法国耶稣会传教士韩国英的作品。在耶稣会传教士出版这本书之前，这首诗文在法国定已极负盛名，因为画家兼作家克劳德-亨利·瓦特莱特（Claude-Henri Watelet）在他的《花园随笔》（*Essai sur les jardins*，1774年）中收录了这篇文章，以此来说明中国花园的形式，《花园随笔》是一部篇幅短小但影响深远的作品，其提倡在法国园林营造中采用更为自然的风格。[2]

司马光的诗描述了一个以自然景象为灵感的不规则的花园，其复杂的布局通过一系列千变万化的片段形成一条游线。为了引导西方读者了解司马光诗中所呈现的中国园林，韩国英在诗中加入了简短的介绍，下文会提及。[3]在这段文字中，韩国英强调了材料、元素和设计手法的多样性，以及它们使游客产生的视觉效果。他强调了园林布置方法的巧妙之处，即通过扭曲游客对其物理空间的感知，来掩盖园林的真实范围。韩国英是第一个感知并阐释中国园林在冥想上的作用及其再现能力的西方旅行者。他将中国园林描述为一个受保护的隐匿空间，在此处，浓缩且隐晦的自然性鼓励人们安静地冥想，促使人们与外部环境相隔离。

1759年，韩国英为了加入法国耶稣会在北京的传教团而来到中国。他被引荐到乾隆皇帝的宫廷，协助耶稣会传教士蒋友仁规划和建造西洋楼的喷泉，西洋楼是圆明园内的一座西式园林，由耶稣会传教士组成的团队设计。韩国英精通机械和植物学，他的余生一直在清廷工作，他早先是水利工程的参与者，后又担任钟表师，再后来担任了植物学家和园艺师。植物学家和园艺师的身份使他能够收集与植物、园艺技术及中国园林相关的信息，他随后就这些主题进行了大量的写作。[4] 他的大部分文章都收录在《中国杂纂》一书中，同韩国英一起的法国耶稣会传教士钱德明也都是该书主要贡献者之一。

* * *

摘自韩国英，《司马光的独乐园记》（Le jardin de Sée-Ma-Kouang: Pöeme），收录于《中国杂纂》第2卷，1777年，比安卡·玛丽亚·里纳尔迪译

我们已经获得由著名的司马光书写其园林的诗文译本。但在阅读之前，最好先了解一下中国园林的概况。首先必须假定，人们在园林中只想模仿大自然的美丽，并且在一个相当有限的空间里收集其在无数田园风光景色中散落的东西。还须考虑到，在这里人们进入园林完全是为了逃离世俗的喧嚣，自由地呼吸，享受他的灵魂和冥思，这要归功于孤独的沉静，他们努力使孤独变得如此天然和质朴，以至于可以蒙骗感官。最后，我们必须从以下原则出发：在园林中，他们只关注造园术，而那些毫不敏锐或浮夸奢侈的人，他们的目光会因追随华丽的大理石、雕像等景象而受到灼伤。

中国园林是对各种田园风光的研习和对自然的模仿，其涉及山丘、洼地、峡谷、水池、田地、水塘、溪流、岛屿、岩石、洞窟、旧穴、花木。艺术的伟大之处便是通过众多不同的和令人惊奇的场景使一个方寸大小的空间得以延伸，通过重塑自然所有元素使其焕然一新，以此来向自然致以敬意。为了洞悉所有部分的效果（其在绘画中皆有显示），人们必须想象这些山丘如何被劈开、抬高、压低、连接、切割、排布，被覆盖上灌木和花树，被草坡遮掩，并在岩石上开凿，从而给场景带来了翻天覆地的变化。在山丘和流水之间的土地上会设有花圃、果园、绿地，还有一些未开垦区域，以及被遗弃的野生草药丛。这里的水岸不是由崎岖的岩石构成的，而是由沙子和卵石组成。此处栽有绿植，彼处则种有玫瑰。有些地方像护城河一样陡峭，有些地方设有墙，而水本身或浅或深，其中有瀑

布、激流、鸣涧，部分地方水平如镜。宫殿、建筑、长廊等有些富丽堂皇，有些简单整洁，有些如同小资产阶级的建筑，还有许多甚至是用稻草、芦苇或竹子做成的，如同乡野间的建筑一般。所有这些基于事实的假设，都极大地改变了园林的场景，并在某种程度上使其规模翻倍，因为同一个地方的景色根据观者的位置不同而千差万别，原因皆诸如此类。这就是当今中国园林的总体思想。司马光自1086年任职宰相，他的诗证明了这种造园风格对中国来说并不新鲜。

注释

1. "De Sée-Ma-Kouang: Le jardin de Sée-Ma-Kouang," in *Mémoires ... des Chinois*, vol. 2 (Paris: Nyon, 1777), 645–50.

2. Claude-Henri Watelet, *Essai sur les jardins* (Paris: Prault, 1774), 125–36. 瓦特莱特文章近期的英译本，参见Claude-Henry Watelet, *Essay on Gardens: A Chapter of the French Picturesque*, ed. and trans. Samuel Danon (Philadelphia: University of Pennsylvania Press, 2003).

3. Pierre-Martial Cibot, "Le jardin de Sée-Ma-Kouang: Pöeme," in *Mémoires ... des Chinois*, vol. 2 (Paris: Nyon, 1777), 643–44.

4. 韩国英写了关于中国自然科学的几个方面的内容，包括地质学、矿物学、动物学和植物学，并且他向圣彼得堡科学研究院发送了关于这些主题的信息和观察结果，他于1767年成为该院的通信成员。Pfister, *Notices biographiques ...* , vol. 2, 890–902.

第 17 章　钱德明和韩国英

（Jean Joseph Marie Amiot，1718—1793 年）

（Pierre-Martial Cibot，1727—1780 年）

　　以下两段摘自一篇长文，题为《评波尔先生的<关于埃及人和中国人的哲学研究>一文》（Remarques sur un ecrit de M. P** [Pauw], intitulé: Recherches sur les Egyptiens et les Chinois），这篇文章由北京的耶稣会传教士于1775年撰写，以回应当时欧洲对中国文化的批评。它作为耶稣会传教士所编文集《中国杂纂》[1]的一部分，于1777年得以出版。这篇文章含有105个具体观点，是为了一一驳斥荷兰历史学家和哲学家科内利斯·德·波尔（Cornelis de Pauw，1739—1799年）在其流行的而沉重的两卷本著作《关于埃及人和中国人的哲学研究》（Recherches philosophiques sur les Égyptiens et les Chinois，1773年）[2]中对中国及其文化的不同方面所作的若干断论，其中包括园林方面的言论。德·波尔发表了大量关于古代人种起源的著作，包括希腊人、埃及人、中国人和西印度群岛的土著人，尽管他从未访问过他所写的那些国家。[3]正是由于缺乏直接经验，德·波尔的观点，尤其是关于美洲和中国的观点，立即遭到了生活在这些国家且具有丰富经验的耶稣会传教士的拒绝和严厉批评。一些学者认为《评波尔先生的<关于埃及人和中国人的哲学研究>一文》的作者是耶稣会传教士韩国英，另一些学者则认为是钱德明。[4]该文的原稿存放在位于巴黎的法国国家图书馆，其日期为1775年7月27日，上面没有签名，但被放在一个名为 "对德·波尔先生的 '关于中国人的哲学研究' 的回应，作者：钱德明神父"的文件夹中。[5]然而，法国部长亨利·贝尔坦在《中国杂纂》的编制中发挥了重要作用，他在1777年9月30日写给韩国英的信中，承认了韩国英对《关于埃及人和中国人的哲学研究》的回应已经被收录进《中国杂纂》第二卷中。[6]

　　在第一段摘录中，耶稣会传教士驳斥了德·波尔的说法，即中国园林的无序是由堕落的想象力造成的，他们解释道，中国园林独特的不规则性也同样被"美丽的自然本身"所使用，以此来布置其风景地貌。[7] 在第二段摘录中，耶稣会传教士反驳了德·波尔关于园林假山丝毫不具有美感的说法。他们再次解释说，中国园林之所以和谐，正是因为它们遵循了自然本身在美丽田园中所展示的质朴的无序。耶稣会传教士们总结了所有受自然和乡野景观启发的组合元素，这些元素可以在一座"有品位的中国园林"的各种场景中找到。

在这两段文本中，耶稣会传教士认为，较于欧洲的大型正统花园，中国园林的花费相对较少，而欧洲园林的建造和维护因其丰富的装饰元素，给西方社会带来了难以承受的成本。耶稣会传教士对中国园林这一特殊品质的强调，显然映射了当时法国国内关于维护凡尔赛宫园林及宫廷生活方式所需的巨大开销的争论，尽管该国当时正面临严重的经济危机。

* * *

摘自《评波尔先生的<关于埃及人和中国人的哲学研究>一文》，
收录于《中国杂纂》第2卷，1777年，比安卡·玛丽亚·里纳尔迪译

第XXXIX[e]条注释：只有堕落的想象力才能催生出中国园林的造园理念（第250页）[8]……堕落的想象力这个词更适用于英国人、法国人和欧洲其他已经体验过我们风尚的国家，而不适用于中国人。[9] 如果有必要，人们完全可以向美丽的大自然求教，在那些土壤肥沃、环境优美、气候温和、展现了大自然所有风采的地方，把大自然教给人类的东西展示出来。她在那里创造的乐园将到处遍布山峰丘峦，蜿蜒曲折的小径，到处栽种着既无秩序又不对称的树木，水体形态各不相同，在其挖掘的渠道中蜿蜒前行。因此，眼睛会感到神清气爽和满足，并以一种全新的愉悦感观看这一奇观。但是，对于一位具有如此罕见洞察力的哲学家来说，我们还真有些其他的话语要告知他。务必让他提笔计算一下，为维护那些线性的、对称性的、标准的、精心照料的、时尚的、被装点和粉饰以满足他洞察力的花园，其在大量的鲜花、工作、精力和辛劳方面所付出的成本。在精确地计算

了总数之后，让他告诉我们，不知道有多少人有条件拥有这样的花园，并且在不损害公共利益的情况下。而如若人们把这些购买花园的人聚集到社会上来，便会有一些人给像他们一样的其他人带来负担，他们通过动用如此海量的鲜花、工作、精力和辛劳，只为自己能在一个符合自身品味的花园中，通过视野的更新来获得闲适而无谓的乐趣。

第CIV条注释：看到中国的建筑师在他们所谓的花园中建造假山，这是相当怪异的（第41页）……我们的园林（中国园林）恢复了古代周朝最美时期的高贵朴素，它可以衬托圣人的容貌，不愧为万国的典范。（在中国的花园之中）大自然独自出现在那里，除了她在最美丽的乡村中所表现出的天真、质朴、随意、无序和不对称之外，没有任何其他点缀或装饰，而这些特质同样令人赏心悦目。艺术的规则让人反感，对其怀有偏见的人窃窃私语，虚假的品味遭受到了诋毁，眼睛却为此着迷，理性会为之鼓掌，最颓靡的灵魂也会敏锐地感知到上千种畅快、喜悦和欢欣。

一座有品位的中国园林是这样一个地方，其场地之秀美，环境之舒适，视点之多变，皆由各种不同但自然的景色混合装点而成：斜坡和丘陵、山谷和平原、动水和静水、岛屿和海湾、树林和孤树、草木和花卉、亭台楼阁和洞穴石窟，还有令人愉悦的凉亭和荒芜的孤寂之地，其肃穆而超然，仿佛遗世而独立。没有任何东西是用罗盘和尺规所描绘的，也没有什么是用仪器测量的，亦没有什么是要求对称的，更令人高兴的是，奢侈和华丽也没有出现在画面之中。在那里，人们享受着乡野的魅力和四时的乐趣，没有任何令人不安的迹象，既无连续的劳作迁移，又无情感上的纷扰。即使是王公贵族也觉得这是其心之所向的，当他们为自然的作品添砖加瓦时，艺术和劳动必须通过模仿自然，以使他们的作品回归自然。那些激起我们作家热忱的岩石、洞穴和石窟确实需要伟大的艺术技巧和品味，这样才能骗过眼睛，使其看不到人工的痕迹。但是，在作者的批评中，他最没有洞察到的一点是，一座雕像或一个大理石花瓶的成本，比园林中所有粗糙的岩石都要昂贵，因此，建造假山并不会对公共利益造成损害。

注释

1. "Remarques sur un ecrit de M. P** [Pauw], intitulé: Recherches sur les Egyptiens & les Chinois," in *Mémoires ... des Chinois*, vol. 2 (Paris: Nyon, 1777), 365–574.

2. Cornelis de Pauw, *Recherches philosophiques sur les Égyptiens et les Chinois* (Amsterdam: Barth. Vlam & J. Murray, 1773). 在他们的驳斥中，耶稣会传教士提到了1773年德·波尔在柏林出版的《关于埃及人和中国人的哲学研究》: Cornelis de Pauw, *Recherches philosophiques sur les Égyptiens et les Chinois*, 2 vols. (Berlin: G. J. Decker, 1773).

3. 德·波尔写了一篇题为《关于美洲人的哲学探讨，或为人类物种历史服务的趣闻录：附有关美洲和美洲人的论文》的批评论文，分两卷。 Susanne Zantop, *Colonial Fantasies: Conquest, Family, and Nation in Precolonial Germany*, 1170–1870 (Durham, N.C.: Duke University Press, 1997), 47–65.

4. 在关于耶稣会作者及其书籍的相关文献中，奥古斯丁和阿洛伊斯·德·巴克尔将《评波尔先生的<关于埃及人和中国人的哲学研究>一文》归功于钱德明，而约瑟夫·德赫格内则将这篇文章归功于韩国英，认为这是他与中国耶稣会传教士高类思（Gao Leisi，生于1732年）的合作。参见Augustin et Alois de Backer, *Bibliothéque des écrivains de la Compagnie de Jésus* (Liege: Grandmont-Donders, 1856), 237; Joseph Dehergne, "Une grande collection: Mémoires concernant les Chinois (1776–1814)," *Bulletin de l'Ecole Française d'Extrême-Orient* 72 (1983): 274.《中国杂纂》包括钱德明写的另一篇文章，其中驳斥了德·波尔关于中国的著作：Jean Joseph Marie Amiot, "Extrait d'une lettre du P. Amiot à M.*** du 28 septembre 1777: Observations sur un livre de M. P*** [Pauw] intitulé: Recherches philosophiques sur les É gyptiens et les Chinois," in *Mémoires ... des Chinois*, vol. 6 (Paris: Nyon, 1780), 275–346.

5. "Réponses aux Recherches philosophiques de M. de P[auw] sur les Chinois, par le P. Amiot," in *Mélanges sur la Chine et les Chinois*, MS, Bibliothèque Nationale de France, fonds Bréquigny 12.

6. Dehergne, "Une grande collection," 274. 我感谢克劳迪娅·冯·科拉尼在这个问题上的建议。

7. 耶稣会传教士韩国英在《论中国园林》（1782年）一文中也将采用这一立场。

8. 耶稣会传教士指的是德·波尔的言论："人们可以相信，当许多画家想表现中国园林的景色时，他们一定极为窘迫，那里有人造的山峰，隐藏着其他的山峰，还有悬崖、沟渠、曲径、无序且不对称种植的树木、蜿蜒迂回的河流，以及如此多的令人混乱的东西，只有堕落的想象力才能催生出这种想法。" Cornelis de Pauw, *Recherches*

philosophiques sur les Égyptiens et les Chinois, vol. 1 (Berlin: G. J. Decker, 1773), 249.

9. 耶稣会传教士对德·波尔进行了讽刺，他巧妙地指责他在撰写关于中国的书籍时没有进行充分的研究。他们的批评得到了另一位在中国的耶稣会传教士冯秉正的回应，他是一部不朽的中国通史的作者：《中国通史》，12卷（巴黎，1777—1784年）。在提到《关于埃及人和中国人的哲学研究》时，冯秉正谈到了"波尔先生在柏林的办公室里安静地坐着，对一个他从未见过的、离他有六千里路的民族发表了大胆的断言"。Joseph-Anne-Marie de Moyriac de Mailla, *Histoire générale de la Chine ou annales de cet empire*, vol. 1 (Paris: Pierres, Clousier, 1777), xxxvii.

第18章　韩国英（二）

（Pierre-Martial Cibot，1727—1780年）

　　韩国英的《论中国园林》写于1774年，发表于1782年，这篇文章是耶稣会传教士首次尝试从理论上看待中国园林美学。[1]韩国英解释中国园林设计的构成原则的主要目的是摒弃 "所有当下西方关于中国园林的错误观念"，同时提出中国园林中可以供欧洲参考的道德和审美模式。

　　《论中国园林》一文分为两部分。第一部分概述了中国园林发展的历史情况，韩国英是第一位编撰这方面资料的西方作者。[2]他参考了中国的历史记载和文献资料，记录了中国古代园林艺术传统，将中国园林置于一个历史语境之中。韩国英的历史叙述不时带有一种道德教化的基调：他警告人们不要过度装饰花园，在古代中国，"这对许多王朝都是致命的"，在这之中似乎也暗示着对法国园林的隐晦批评。同样，他描述了在远古时代，商朝纣王为 "将水引入花园的人工湖" 而委托建造的宏伟工程，提到 "为了不断维护这些巨大的堤坝而使他的人民承受了沉重负担"，"巨大的堤坝" 也暗示了法国马利机（Machine de Marly）的使用，其是在路易十四统治时期建造的昂贵而巨大的水利系统，被用于从塞纳河抽水以供应凡尔赛花园的众多喷泉。

　　在文章的第二部分，韩国英解释了明清时期中国园林背后的设计策略，强调了中国园林受自然景观启发的有计划的不规则性，与田园的相似性，多样性，以及连续不断的惊喜感。他提供了一系列构成元素的词汇表——山峰、谷地、水景和花木——对场景进行了准确而详细的描述，并强调了道路起到组织游人动线的作用，其引导人们 "通往最令人赏心悦目的观赏点"，并规定了园林展开的节奏，以便 "让游人做好迎接惊喜的准备，并使他免于习惯性的满足"。

　　韩国英是中国园林的真正推动者。他的解释同时也证明了一点，即他对中国园林设计的热忱是长期熟悉这些绿地的结果，正如王致诚在1743年写的一封信中所说的那样，"自从我在中国居住以来，我的审美品味都变得有点像中国人了"。韩国英认为，中国园林代表了一个高贵的典范，在重塑西方园林的过程中可以对其加以效仿。这是因为它具有受自然启发，提供多样性和各种构图安排的特点，同时，由于缺乏法国正统园林那种昂贵的纪念性，中国园林的布局和维护都较为简单，其成本相对低廉。尽管他的观念相当模糊，但他提出了一种相当迥异的欧洲园林风格，这种园林风格结合了中西方的造园理念，并努力创造一个在美学上有所造诣的园林，同时最为重要的是，这种园林是经济的，其设计旨在减少建造和维护园林所需的人力和财力资源。

* * *

韩国英，《论中国园林》，收录于《中国杂纂》第8卷，1782年，比安卡·玛丽亚·里纳尔迪译

他们必说，这土地变成了伊甸园的模样（《以西结书》第三十五节）。[3]

人们普遍承认，古人有享乐花园。诗人赞美阿尔喀诺俄斯（Alcinous）、阿多尼斯（Adonis）和赫斯珀里得斯姊妹（the Hesperides）的花园；历史学家对塞米拉米斯（Semiramis）、尼诺斯（Ninus）和居鲁士（Cyrus）的花园赞不绝口；圣经中也记载了所罗门在他的花园中汇集了无数的花草树木。但那些古老的花园是如何被建造的呢？它们是根据什么规则设计的？装饰和点缀它们的艺术又达到了什么程度？我们相信广博的学识能回答这些问题，但必须承认的是，即便是最深入的研究也不能取代当时的回忆和细节。毕竟智识无法描述古人在他们现存的作品中几乎没有提及的东西。

在这方面，中国的做法更为合理。从最早的时候起，中国一直受到一个民族文化不间断的影响，这个民族始终保持不变，并且始终与世界的其他部分隔绝。同时，中国被摧毁的古代遗迹较少，又能从被保存的遗迹中获得更多知识。秦始皇[4]统治期间留存下来的园林，是秦始皇焚书的真实尾声，同时也是对那些幸免

图 9　费利斯·比托（Felice Beato），《北京的园林和寺庙》（*View of the Gardens and Buddhist Temple of Peking*），1860 年 10 月 29 日，伦敦，惠康图书馆

于他怒火的书目的一个极好注解。我们将试图概述这个东亚国家的园林史，并对现今这类园林的排布和装饰进行简要介绍。我们承诺我们只谈论儒家经典、历代年鉴和其他最有见地的著者的作品。[5] 如果我们没有经常性地引用它们，那只是为了避免无用的赘述。

第一部分

中国书籍中提到的最古老的花园在昆仑山。[6] 但事实上这座山并没有真实存在于中国，《山海经》[7] 和其他古代道家[8] 经典对这些空中园林的迷人描述与《创世纪》中的人间天堂非常接近，以至于将其纳入那些由人创造的园林史中都是一种亵渎。[9] 如若人们相信道教的记载，在黄帝[10] 的苑囿中，有凤凰来栖，麒麟漫步，[11] 天龙展翅，在此人们可以发现四海之中所有的奇珍异宝。如果有人比最博学的编年史学家更能将他们与宁录（Nimrod）世纪联系起来，就会发现它们早于塞米拉米斯和尼诺斯的时代之前。但我们依旧坚持《尚书》（又称《书经》）[12]中所记载的：当尧[13]统治的部落试图在那里定居的时候，中国正处于大洪水退去后所留下的贫瘠和荒芜之境。

那中国园林的起源应该追溯到何时？人们可以追溯到禹[14]的时代，他的宫殿与一个果园和一个小园接壤，在那里饲养的动物都被当作祭天[15]的贡品。但关于这个说法，无论是在历代年鉴还是在最古老的遗迹中，我们所做的研究都无法作出这种推测。在古代，农业备受公众瞩目，几乎没有城镇，那他们有些什么呢？以群体为单位散落在农村的族群，共同出资耕种国家分配给他们的土地，在诸侯封邑的独立区域内饲养羊群；必需品的艺术几乎鲜为人知；帝国构成了一个大家庭，每个公民都要为其工作；皇帝在他的宫殿周围拥有园林，一半是果园，一半是围场，其唯一的区别是它们的大小。

在中国"尼禄"（指暴君）就是那个敢于引进毫无意义的浮华、毁灭性的奢靡和侮辱性的华丽的人，而这些东西后来对公共资源和皇帝来说是如此致命。纣王[16]在园林上所放射出的狂热，同他在其他事物上所表现的激情一样，战胜了王公贵族和高官大臣的理智。他把数以千计的农民从他们的土地上驱赶走，以便将他先祖留下的古老园林扩大到令他满意的程度，他把平原改造成连绵起伏的山丘，开凿巨大的盆地并用庞大的堤坝引水于其间，那些从遥远地区挖掘而来的植物和树木，在此突然恢复了其原先的大小，他以此来达到惊天动地的效果，并最终将乡野间的四时之乐都汇聚于它们身上。

刘向[17]对此的观察远比历史上对这些园林的任何详细描述都更令人满意。"智者指出，禹十年励精图治，砍伐野地上覆盖的荒林，排干了泛滥的河水，为百姓争取了土地和农田以保证他们的生存，至此禹开辟了通往王位的道路，并建立了他的王朝。纣王沉沦于纸醉金迷，将庄稼覆盖的平原变成了无人耕种的贫瘠土地、人工挖掘的海洋，以及具有破坏性的水渠，他的百姓为了不断维护这些事物而不堪重负。因此，他被从王位上推翻了，他是他所在王朝的最后一位君主。"

纣王遭到了天地的惩罚。他从一座致命的塔楼上一跃而下，堕入火海，纣王为修建这座塔楼耗费了巨大的徭役，同时他也在此积累了庞大的财富。公元前1046年，周武工成为帝国的主人。[18]周武王强大是因百姓的拥护而不是依靠军队，是因为他的德行比他的战功更受赞誉，这位君主将纣王的园林重新改为农田，他的儿子为了覆盖纣王的历史记忆，在洛阳建立了一处新都。[19]

直到一个多世纪后，周穆王[20]才再次提出了装饰皇家园林的想法。列子[21]曾言，这位被波斯作家阿卜杜拉（Abdalla）提到的君王，似乎是所罗门的同时代人，他在大西部游历时，带回了一些能工巧匠，这些人为他主持建造了宏伟壮丽的宫殿及其周边的新式花园。但是，无论是因为这种外来的新奇事物让这个国家感到的不快，还是因为他的继承者把创造自我乐趣视为一种荣耀，《周礼》[22]和历史只提到了位于宫殿北部和西部的园林，皇后和妃子们在那里采桑养蚕，但这个伟大的例子就足以证明这个园子的成功。《诗经》[23]中的诗句并没有表明宫廷的日益奢华对园林的质朴有任何影响。

但公元前8世纪末爆发的致命革命迫使皇帝将朝廷迁往河南[24]，这同时也削弱了他们对帝国诸侯的威慑力。在那时，无论是为了用浮夸的表演来打动众人，还是为了掩盖自己的日渐式微，他们都召集了最富有名望的艺术家到他们的新都，让其建造宏伟的宫殿，并用园林来装饰这些宫殿，使之与他们试图保持的卓越地位相称。反观那些自认为有实力夺天下的诸侯王们，他们也想在气派上与皇帝竞争，在华美上胜过皇帝，也想拥有比那些首都园林更令人尊崇的花园。诸侯王们的臣仆、高官、富人都效仿他们，以至于所有城镇周围原先是农田的地区，都被改造为游园和娱乐之地。这些被掠夺土地的普通百姓，现在不得不通过耕种维持生计。这还不是全部：诸侯之间的战争几乎持续不断，他们时而与皇帝结盟，时而与皇帝对抗，原先分散在农村各地的农民现在来到城镇附近寻求庇护，这些城镇迅速扩张和增长，农民们逐步变卖自己的祖产，以使自己免于承担公共义务。他们作为仆人和劳工为富人的园林工作，随着他们的财产增加，花园的奢华程度也进一步提高了。

这种奢华会是什么样子？我们用圣人陆机[25]的话回答，"对于这一代人而言，知晓几个世纪以来周朝的园林是如何设计、栽植和装饰的，又有什么关系呢？奢靡的危害难道需要教训和案例以使其无限扩大吗？要在王位周围挖一道深渊，用人民的血泪来填满它吗？对我们而言，重要的是知道且不必深究这一事实，即社会只有通过农业劳动和政治智慧才能维持；农业和政治管理需要极大的努力和关怀才能不中断其连续性；当农业成为农民的负担和迫害，而管理公务仅仅成为被委托者的消遣时，农业和政府才会日渐衰退。他们的堕落造成了百姓的痛苦、压抑和绝望；而百姓的痛苦、压抑和绝望又激起了他们反抗的怒火，从而使园林从欢乐之地变成了恐怖和屠戮之所。"

当时的部分文人极力地谴责他们所处的时代，他们要继续作为孔子的弟子遵循圣人之道。"让我们永远不要向历史询问它所摧毁的东西。历史以如此强大的力度和精力描绘周朝的图景，却从来没有把对其园林的描述列入其中。但它仔细地叙述了这些园林是以牺牲最上等的良田沃土为代价而建造起来的。他们让农民承担维护园林所需的持续劳动，来美化它们；他们只会通过制造奢靡、怠惰及豪门贵族骄奢淫逸的侮辱性景象，来增加人民的痛苦。"

为了更好地理解这些话对中国人的意义，就必须了解《春秋》。[26]《春秋》对鲁庄公[27]二十一年的饥荒与他为园林所花费的巨大劳动进行了对比；孟子告诉梁惠王[28]，他应该只有在需要远离朝政休养时才能去营造他的园林；陆机告诉赵王，对国家来说，宫廷御苑中或多或少的欢愉和雕饰根本不值一提，重要的是百姓能劳有所得，并且至少能够满足其温饱需求；根据《国语》[29]所言，一位君主的真正伟大之处在于他的领地里没有穷人；秦王[30]拿着一万户人家的农林来扩建他的园林，但在园林竣工之前他就被废黜了；最后，根据扬雄[31]的记载，这些令人欢愉的园林多是用百姓的血汗筑造的，它们最终被鲜血淹没，焚于火海，变成了恐怖和荒凉的地方。

无论我们做了多少研究，我们都没有发现任何东西可以澄清当时花园是如何设计和装饰的。但是，到秦始皇[32]的时代情况开始有所不同。这位君主在公元前3世纪推翻了周王朝，废除了所有的诸侯国，并建立了一个新的王朝，我认为秦始皇想通过园林的美丽、宫殿的宏伟、庭院的富丽堂皇来享受他的成功。历史告诉我们，由于无法超越周朝园林的优雅、精致和华丽，他只能在规模上对其进行赶超。他下令建造的那些宫苑，其周长超过三十里格。他在园林中布满了来自各国的鸟兽鱼虫和花草树木。曾有史料记载，他在那里收集了三千多种树木。为了能同时享受他所有的战果，他在这些花园里建造了同他摧毁的诸侯国数量一样多的宫殿，这些宫殿都是按照每个诸侯国宫殿中最美丽的建筑样式建造的。[33]

无论他的暴政多么血腥和无情，一旦他的臣子斗胆上谏说"陛下，在您的园林中，有许多空闲且无益于农业的土地。您若把这些土地交与百姓耕种，以增加收成，那将是国家巨大的财富，这是再好不过的用途了"，这般个人见解都会使他的自尊心受挫，但以民为本理念的力量是如此强大，以至于他只能怒而不言，他只回答说："我用帝国其他地区的财富丰富了我的王国（陕西省境内的秦国），你怎么敢要求我把我的园林变成农田？"

但是，张良[34]观察到，臣子向他所求的并不是这些田地，而是他们要终结百姓们为维持这些宫苑佳境而付出的巨大劳动力，以及为了使这些地方比仙境更加精美、迷人和令人尊崇而不断增加的巨大开支。[35]事实上，这位君主每天都在为宫殿、花圃、树林、水池、水渠和洞窟添加新的装饰。但皇帝的死亡结束了这种急于求成的辉煌，可以说，他的王朝也随之覆灭了，因为他的继任者沿袭了他的恶习，却没有他的德行，继任者在公元前206年因堕落而被推翻。[36]

无论在19世纪的园林史中发生了多少奇闻轶事，到我们这个时代，我们还得谈到我们目标的局限性，更要谈到它们（更多的细节）在欧洲所造成的震惊，来迫使我们勾勒出一个光明的前景。如果揭示出中国在享乐园林的（设计）中已经超越和抹去了世界其他地方最宏伟和最令人惊叹的一切，尽管当下（该国可能）因为过度挥霍而被羞辱，就可能会使欧洲产生狠狠的挫败感。

与汉武帝的园林相比，西方所知道的最伟大的园林也不过是花坛而已，汉武帝的宫苑周长超过五十里格，其间散布着宫殿、屋宇、凉亭、石窟，每一个山谷都设有壮丽的景观，令人赞叹不已。[37]三万奴仆被派往耕种它们，每个季节整个帝国都会从各省送来最美丽的花草树木。

这位著名的皇帝认为他可以根据他的疆土大小来等比例增加园林面积，当时这个帝国的边界已扩展到里海和印度。事实上，他成功地创造了有史以来最大的花园，并在那里炫耀他的辉煌和财富，尽管有史为证，我们仍然感到不可思议。

汉武帝的继任者也在放纵自己的暴行，这对人类来说是一种耻辱，对王权来说是一种毁誉，对国家来说是致命的。[38] 的确，他们放弃了把整个郡改造成园林这一骄横且愚蠢的行为。他们最大的郡只有十八或二十里格，但他们仍然被非凡和宏伟的想法所蒙蔽，试图用任何新奇的东西来使自己有别于他人，他们认为这样可以使他们的权力和奢华永世不朽。他们其中一些人想自己开创园林，为此他们选择自然界最平庸粗陋的地方，以人力与自然竞争，用劳动和资源来征服自然，用艰辛的栽培来超越自然，这种栽培的代价比痛苦的营建和精致的改造更加昂贵。（这一时期的）其他人则会将他们的所选之地改得面目全非：山川和丘陵会被夷为平地，甚至被开凿成水池和湖泊；山谷和平原则反过来被迅速抬高的小山和土丘所覆盖，它们使先前还被阳光照耀的土地处在阴影之下。这些人对水抱有一种狂热。他们斥巨资将水从二十五或三十里格以外的地方引到他们的园林中，然后将其分流到湖泊、水池和小溪中，使它们保持新鲜和碧澈，在给周边环境带来活力和动感的同时，也改变其所营造的视角以实现移步换景。[39] 他们着手在自己的园林中收集了所有散布在这片广袤土地上的东西。其中有峡谷和隘口、平原和山谷、岩石和山群、田野和草地、湖泊和水池、河流和小溪、城镇、村庄和屯子，还有道路、小径、桥梁和廊道，园林的围墙将所有这一切聚集在一起，使园林成为宇宙的缩影。[40]

最后，由于皇帝们不能再与先人们在模仿自然方面一较高下，于是他们立刻把所有的艺术都汇聚到他们的花园里，并从中获得了各种精品奇迹乃至旷世杰作。建筑、雕塑、绘画在宫殿、廊道、塔楼、厅堂、亭台和其他所有各种类型和大小的建筑中争奇斗艳，吸引了周围人的目光，这些建筑甚至常用芳香的木材或珍贵的大理石建造，更有陶瓷和绚丽的金银加以装饰。有的建筑设在远处的水面之上，有的建在山丘或岩石之上，抑或矗立于悬崖之上。有的建筑则靠得很近，其布置方式使人们从任何角度观之，都颇具美感。还有一些建筑则被隔绝在宜人的山谷之中，或者以某种方式被遗弃在荒野和原始的偏僻之地。所有其他的东西都被这种疯狂的华丽所吸引，以至于在隋炀帝[41]的统治下，用丝绸所制的花叶被用来补充那些从树上落下的花叶，而且为了可以在瞬间欺骗所有的感官，它们也被赋予了香味。但是，让我们放过这些伤春悲秋的灵魂，更完整地描述一种对百姓来说极为致命的奢靡，这种奢靡引发了无比可怕的革命。

唐朝的缔造者[42]，最终平定了帝国，甚至在他获取胜利和成功的过程中，他也始终站在百姓视角去思考，为此他下令摧毁和消灭这些享乐园林，这些享乐园林耗尽国库财富，使帝国各地陷入贫困，并引发了公众不满，因为它们前所未有的辉煌与人民的极端贫困之间的侮辱性对比引起了百姓的厌恶。但很快，他就想恢复他之前所舍弃掉的园林的奢华。为防止皇帝重蹈覆辙，谏官所有的无畏的热忱都是必要的。

在唐朝及宋元两朝的统治下[43]，即从7世纪到14世纪，皇帝们不再试图通过占领人民的土地，通过令人难以置信的工程，通过毫无意义的富丽堂皇，来超越早期王朝的盛况。反之，他们通过精挑细选的装饰物和良好的品味、花卉的绚丽、树木的珍罕、水体的奇妙和所有其他考究而精致奢华的发明来达到目的。都城所在地的温和气候为大自然提供了各种方法，通过这些方法人们可以引导大自然以新的形式展示并超越自己。

需要让欧洲重新思考它的狂妄自大，使其放弃以征服或改变季节，支配自然并迫使它努力接受人的放纵和反复无常为荣耀。欧洲人试图取悦帝王或分享他们的乐趣，甚至没有区分出园林和果园，这给了人们一个灵感，即可以将简单的植物提升到观赏灌木的地位，延长它们的观赏时间，并增加它们的美感。关于这一点的证据之一就是欧洲人当时仍然不知道怎样把野生的芍药培育成极具观赏性的牡丹。[44]因此，在他们的努力下，他们将野生的植物变成相当尊贵和美丽的植物，使它们取代了更为知名的花卉。这方面的一个例子是秋海棠，[45]这种花生长在海滨，长期不为人知，而现在它是这个季节花坛里最漂亮的装饰。最后，他们基于植物的根本和发育，努力改变、修饰和完善花木的形态，把其他品类植物的所有美感增添到某一个物种上，这方面的一个例子是母菊，花匠们至今还没有为其找到合适的名字。

同样的艺术和关怀，以相同的热情一并倾注于园林里的各色花草树木之中。因此，没有必要为创造一场悦目娱心的宏大表演而再扩大园林的范围了。不要再让人询问我们关于这些无谓奇迹的细枝末节了，我们将用Lien-chan的话作回答："如果奢侈之风将百姓的精力和思虑花费在打造惊世骇俗的巨型胜景之上，抑或是花费在制造令人眼花缭乱且珠围翠绕的微缩奇观之中，这对国家命运的影响又有什么区别呢？后者对农业和生活艺术，对展示的谦虚和欲望的清醒，对明智的经济和谨慎的政治管理来说同样是致命的。"关于唐宋元时期的园林，人们只能说它们几乎未从耕地中窃取土地，而且确实改善了大众手工业。不过尽管如此，这些园林也许比早期王朝的园林雇佣了更多的人手，因为这些园林的面积越小，富裕的平民就越想为自己添置类似的园林。

私家园林与皇家园林一样，也是令人们好奇和赞叹的对象。它们的名字有乐苑、金谷、春香、水坛、桃林、鱼田、菊园[46]，以及无数其他类似的名字，其表明大众的奢靡之风已经找到一种致命的艺术：即便在较小面积的园林中，人们也能耗费更多的钱财，投入更多的时间，以及雇佣更多的人手。我们现代西方卢库卢斯（Lucullus）的效仿者，在照料、护理、预防、布局、实践、专注和改良方面，仍然远远落后于当时的富豪和业余爱好者在采购或储藏这些具有创造性、时髦亦浮华的花卉时的想象力，正是这些花木让他们的园林变得光彩夺目。

当这一切都完成后，他们开始希望将所有月份都变成一个持续不断的春天，这样每天都可以得到所有季节的花木。那些被迫在花盆中生长的树木，长出了比种植在泥土中时更美丽的花朵和更大的果实，这鼓励人们去做更多新的尝试。人们对待它们的方式比单纯的好奇更为怪异。柏树和松树的比例被缩减得更为雅致和有趣。他们把它们缩小到只有几英寸高，并通过它们的种子使它们以这种形式延续下去。[47]园林中的一切都与这种雅致相称。水潭变成了鲜花的地毯，与花坛的美丽相映成趣；喷泉和溪流的边界装饰着贝壳，上面覆盖着最细的沙子，或者用奇形怪状的岩石堆砌使驳坎急转直下；树林里到处都是鸟儿，它们因鲜艳的羽毛和优美的歌声而引人注目；野林、荒地及悬崖被创造出来，与花坛的华丽装饰形成鲜明对比，从而成为奇观；他们所踏的草坪也因其青翠和芳香而备受关注。

谏官将亭榭和花室的富丽堂皇与农民的草屋茅舍相比较，将喂养鱼鸟的种子与农民食用的粟黍相比较，但他们的谏言都没有被采纳。他们将在这几英亩*贫瘠土地上所花费的大量时日，与在大片平原上种满庄稼所需要的时间相比；将催熟花果所花费的钱财，与国家给那些冒着生命危险保卫国家的公民的费用相比；那么多寡妇和穷人本可以把花坛中所用的优质肥料带回乡下以解决温饱问题，而一个富有的业余爱好者却为了闲情逸致而耗费无数他人的生命，只为来填补自己的无聊。当发现一个新的母菊品种的样本成为都城的大事件时，蒙古帝国已经占领了大半个中国。关于哪处花坛最佳的争论被认为是对失败的安慰。比起一个省所遭受的侵袭，人们更担心一场会对一些时髦树木造成致命伤害的风暴。鞑靼人向首都挺进，到处是破坏、奴役和屠杀，而在更远的省份，人们还在为拯救花园里的珍品而担忧，这些珍品夺取了人们的注意力，也耗尽了他们可能用来反击（入侵者）的军费。最后，因为他们没有装腔作势，也不敢多言，所以在投降条款中加入了这样的规定：对于那些放弃了粮仓、库房和整个城市的人，士兵们应该尊重他们的园林和花圃。

不要再问我们，在一个天生贤明、公平儒雅的国家里，奢侈的轻浮和疯狂是如何使其盲目至此的。奢侈带来的精神上的错误是如此诱人和可怕，以至于连本以为有可能摧毁中国所有的城镇和村庄，把中国的土地变成其马场的蒙古人，也在他们不经意间保护下来的园林中丢失了坚定的信念。在园林上，他们追求愚妄的荣耀甚至超过宋代，他们通过使用大量的机器和喷泉来装饰园林，以至于饥荒、瘟疫和叛乱摧毁了他们的省份，人们绝望地武装起来，将他们驱赶走，抑或像宰羊一样割开他们的喉咙。

---

* 译注：1 英亩约为 4046.86 平方米，后文不再一一标注。

以开明的、仁慈的政策来看待园林是大明王朝的命运和特权，它所树立的理念贯穿了整个中华帝国的未来。[48]清朝的统治者延续了他们的原则。[49]

明智的人应该研究欧洲应在多大程度上采纳这些做法。我们只能说，在中国，园林经过最初引进被成功地重新建立起来，这不仅是因为维护它们只需少量的麻烦和费用，更是因为它们所采取的形式更为自然和令人愉悦。[50]

第二部分

让我们抛开所有当下西方关于中国园林的错误观念。

现行政府的宪法已经非常明确地规定了土地的用途，安排了遗产的划分，标明了私人财产的界限，确定了财富的比例，规范了行政管理的监督，并将所有国民的思想引向公共利益，农业需要满足广大人口的基本生活所需，这使得人们憎恨任何可能减少其资源或阻碍其工作的事情。因此，即使法律没有禁止园林，它也明确地规定了关于个人每年对国家的债务，以及为土地开垦设置了相当诱人的津贴，而那些离开田地不种庄稼的人也会因为他们的怠惰和懒散而受到严厉的惩罚，这使得只有那些身居高位、财力雄厚的人才能够从耕地中节省一些土地，把它打造成一座园林。除了王公贵族之外，几乎所有拥有真正园林的人都声称这些花园是他们的陵墓，从而唤起了对死者永恒居住地所要求的古老敬意。

西方最宏大的花园都是在以往存在的地基上扩建而来的，或是在大型庭院里，或是在宫殿最外围部分的对面。在中国，这些被扩建和装饰的花园，不再位于放置祭坛的朴素围墙之内，不再是皇帝用来耕种的田地，也不再是供皇后养蚕的桑园。因此，尽管过去几个世纪的奢华和壮丽超过了一切界限，他们挥金如土，穷奢极侈，但这些园林的初衷并不鼓励这种过度浪费的行为。让我们从下面的内容中判断至今它对人们都有什么影响。

在他们的境况中，首先要寻找的是清新的空气，良好的户外环境，肥沃的土壤，小丘和土坡，平原和谷地，树林和草地，静水和小溪的和谐统一。

北侧以山为障最佳，其可使夏季凉爽，确保有水源，有宜人且隐蔽的景观，以及常年都可观见晨光和晚霞。他们还小心翼翼地避免这些花园被邻居的土地所占据，或者暴露在好奇的公众视线中。[51]

中国园林的地形、位置和布局不会像欧洲一样被局限在相同的选择中。这些花园的伟大艺术就是模仿自然所有的淳朴，用她的无序来装饰自己，并隐藏在她不规则的面纱之下。

"人在园林中寻找什么？"柳宗元[52]写道，"随着时间的流逝，他们在其间都享受到了什么呢？所有年龄的人都要承认这一点，即乡野是人类自然的归宿，而园林弥补了失去迷人的、令人欢喜的、时时更新的乡野景象的痛苦。因此，园林当是一幅鲜活的图景，人们于其中可以窥探万物，并在灵魂中得以共鸣，还能以同样的乐趣满足视觉盛宴。因此，营造园林的艺术在于如此坦率地表现乡野的宁静、青翠、荫蔽、奇观、多元和超然，以至于被蒙骗的眼睛会误以为那是淳朴的乡间气息，耳朵会误以为那里时而清幽寂寥，时而被些许事物叨扰，所有的感官都会感受到平静祥和，这使得在那里度过的时光是如此甜蜜。因此，多样性，作为主导田园的永恒之美，应该是园林地形布局的首要目标。如若土地面积不够辽阔，不足以满足自然界的各种形态，比如不能堆叠山丘、抬升山脉、分隔山谷、扩展平原、聚集或分隔树木、将水流转化成瀑布抑或分为万千溪涧、将水潭置于水生植物的阴影之中、将岩石悬于峭壁抑或立于平地之上、开凿昏暗的洞穴抑或用树叶建造绿廊时，那么像自然一样调整你的方案，不要让乍见的虚假振奋使你陷入对称原则的约束和限制之中，这种对称性甚至比冷漠和单调更令人厌烦。如果你的土地被包围在过于狭窄的边界内，使你不能在那里放置许多东西，那么你就要作出抉择，并将它们排布起来，使它们汇聚一处时富有那种质朴、松散和随性的特质，正是这些特征使得乡村景色变得如此雅致和令人愉快。天赋异禀的人能在与自然的竞争中脱颖而出，甚至超越她，就在于他营造了山川、树林和水文，使它们组合的效果和美得以增强和显现，并使其具有千变万化的观赏角度。在一个小型空间里，无一物是庞大的，但也无一物是要被钳制，被约束，或是被夸大的。即使在更广阔的地方，也只有和谐的比例才能产生这种真实的、感人的且永恒的美，它能使所有的眼睛都感到愉悦，并能一直满足人们长时间地观赏。"[53]

"然而，我们需注意，每一种气候都有其所需条件和特性。如果不牢记这一点，园林将无法实现其目的。在某一处，夏季的燥热会要求池塘、水渠、岛屿、丛林、山丘等一切可能带来或保持和悦凉爽的事物无休止地增加。而在另一处，为了避免长期降雨造成的不健康的湿度，必须减少对地形的覆盖，增加对外的开放程度，修整地形，以使其坡度能够防止雨水滞留，但地形又要足够缓和与不规则，使流水不会对其造成损害。在烈日和酷热的环境下，则需要很多树荫来遮挡阳光，也需要巧妙安排小径、峡谷、隘口和岬角来引导微风。在那些担心风暴和北风寒潮袭击的地方，应该设有更深的、更具有庇护性的、更为封闭的山谷，并将山丘放在逆风处，以阻挡最猛烈的风。"

在我们删减过的这篇节选中，作者对他所在省份的不同气候，以及适合该省每个地区的园林的营造样式，进行了同样好奇且富有启发性的详细说明，然后他概括了他的原则。

"无论你作出什么选择，请记住，没有什么可以在之后保护你免受你的偏好所造成的错误。如果地形处理和组织得不好，那么看似掩饰其缺陷的地方，只能暴露出其不相称、不适配之处，而一个更好的方案本可以修复或抹去这些地方。但是，即使是经过最透彻的研究，构想出最令人满意的方案，也不能创造出一个美丽的园林，除非用一双巧手对其加以装点，用洞察力来布置它们，用比例来划分它们，用品味来区别它们，用不做作的方式使它们多样化，将它们统一起来，这不是为了消除美丽自然的随意和松散，而是为了保护其质朴的雅致，增强其令人愉快的品质。不与外人道的是，这是哲思之人对皇室所表达的朴素愿望，他们希望皇帝们停止追寻对历代王朝而言都致命的浮夸和奢华。"

任何有觉悟的人都会赞同，这位中国文人的这些思考是非常明智的，其来自一个对真正的美有着极为细腻感觉的人。但如果我们忽略了这一点，谁会相信所谓的穷奢极侈的表现是指用丰富华丽的装饰品堆砌出来的围墙、长廊、雕像、镜池、水剧场、瀑布？足以可见，作者所谓的这种穷奢极侈的表现，仅仅是指那些他断不能接受的富足、过度且堆积如山的装饰品。而这些装饰品都是什么呢？朴素的园林，其营造是立足于自然模式的，而且其所有的部分都只是对迷人的田园生活的模仿。

所有的一致性和对称性都远离了自然。她从不将树木笔直地种植在林荫道两旁，将鲜花汇聚在花坛里，将水流封闭在洼地或有序的水渠中。中国园林的装饰营造正是遵循了这些理念：山丘、坡地、小山几乎都被不同的树木完全覆盖，有时它们种植得非常紧凑，同森林一般密集，有时又散布在四处，像田野上的树木一样茕茕孑立。树荫的繁盛度，树叶的鲜活度，树冠的形状，树干的厚度，以及茎的高度决定了它们将被放置在北向还是南向，山顶还是山坡，峡谷还是隘口。

这种布局必将打造一件具有雅致品味的杰作，因为它可以让过于锋利的东西得以缓和，让过于孤立的东西得以联结，使狭窄的甬道得以隐藏，并提供各类欣赏视角，这些视角或是切断了地平线，或是消失在了远处。每个季节的趣味都需要得到平衡和管理，以便四时之景皆有其所观。春天，满树的桃花和樱花创造了迷人的露天剧场；夏天，金合欢、白蜡树和梧桐树构成绿色的游廊[54]；秋天，园中栽有垂柳、缎叶杨树和白杨树；冬天，则种有苍松翠柏。由于土丘和小山的形状迥异，灌木丛会钻进那些坡度较缓或是被异物和石楠丛粗暴地打断的地方。山坡或极为陡峭，或呈半拱形突出，或高耸如悬崖，在其上散乱的岩石只给单株灌木留下了些许空间，这增加了荒野的气息，并突出了其怪异的岩石结构。愿那些乐于欣赏对称的绿廊、林荫道、柱廊、围栏[55]，以及一切在西方花园中经过推敲的形态的人，原谅我们的这一声明：要么是因为我们对它们的记忆太浅，要么是因为中国园林的景色已经使我们的品味被习惯所征服，在我们看来前者像方塔内尔（Fontenelle）的牧歌，后者则像维吉尔（Virgil）的诗篇。

一处小山谷，围绕以土丘和小山，其本身就形成了一道令人愉悦的风景，令人赏心悦目。园林的墙越是不规则、起伏和迂回，就越能根据不同的观赏视角提供多样性。如若人们沿着边缘走，每一步的设计似乎都有所不同，这便达到了移步换景的效果。中国的勒·诺特尔（Le Nôtre）[56]正是采用了这一理念，创造出了园林中山谷的不同形态，并以此为基础选择点缀园林的装饰。园林越大，其拥有的小山谷就越多，但没有两个是雷同的。这里路很长，与我们的大道一样平坦，它会在一端弯曲，隐藏了它的尽头；有的则向外延伸并变得宽广，从中心向四周张开；而有的似乎逐渐收缩，看上去像是消失在天际线处；还有的绕成一个环形，似乎与万物隔绝。从一个山谷到另一个山谷的通道布置得如此随意，以至于当人们发现整个湖泊时，没有任何东西能让人准备好迎接眼睛的惊喜和灵魂的振奋。由于其范围的拉长或缩短，扩大或收缩，加强或推进，是根据人们接近它的位置而定的，所以人们总是认为自己是第一次看到它。季节的变化增添了幻想的魅力，亦增加了我们的乐趣，正如身在乡野一般。但只有真正看到它们，人们才能理解铺满鲜花的草地，覆盖着庄稼的农田，带有圆形犁沟、边缘和沟渠中长满芦苇的耕地，这一切是多么动人。若一个人走进一些有规律的区域或种有花卉的边界，它们的小尺寸似乎表明它们只是请求人们谅解的一时兴起。中国人摒弃了考究装饰的辉煌和华丽，因为他们掌握了一种卓越的造园术，通过对水的处理，对事物的营造，来使他们的花园场景变得生动，并获得了卓越的效果。

如果一条溪流的源头位于高处，并在山谷中占主导地位，人们就会通过瀑布和阶梯的形式让它流淌下来，即通过迂回和垂落的方式使它从一块岩石落到另一块岩石上，在那里水消失了，而随后它便以一种更令人愉快、更不规则且反复无常的方式再次出现，其唯一的效果便是逃离。当缺乏这种巨大的水流资源时，他们就利用地面上所有的斜坡来构建喧嚣的小瀑布，他们通过水闸截断水流，并通过奇妙的迂回路线，或是把它们引向更深的瀑布，进而使水倒流。在西方，所有的水体都是圆形或方形。相反，在这里，他们对形状的规律性并不在意。水体是如此错落有致和开放，看上去就像是水流自己冲击出了河床，仿佛是它们的自身存在或是途经线路，创造出了这些形成驳岸的河床形状。这些水体时而为小水潭，时而为小水滩，占据着山谷的底部，它们只在河岸和主宰它们的陡坡之间留下最狭窄的甬道。有时，这些水会被带进一条河道，这条河道异常宽阔、弯曲、深邃，不时因为岩石的阻挡而改变流向，它彰显了一种和谐的迷人景象。有时，水自山谷中喷涌而出，看上去它似乎费了一番周折才到达那个地方。你还能看到一种愉快的景象，那就是一方小平原为种植稻米而被分成条状和块状。无数充满水的沟渠与其中的绿苗形成了优雅的对比，在展现出它们之间的细微差别的同时也保持了空气的凉爽。在这里，诗人必会赞誉现实。园林中溪流的行经途径通常是一道壮观的风景线。它有跌宕起伏，有激流勇进，有残缺，有回旋：它是生命多变的生动写照。

把我们所说的关于土丘和山脉、山谷、动水和静水的所有内容放在一起，想象所有这些都是按照模仿自然的设计来组织和排布的。其所设想的不是平坦而宽敞、对称而整齐的大道，而是狭窄的多条小径，根据它们所经之地的特点，这些路径或扩展，或收缩，或前进，或迂回，或爬升，或下降。但是令人开心的是，它们总能够把人们带到一个令人愉悦的观赏点，让人们去领略最似乡野的幽静风景，最为凉爽的树荫，同时它们会误导人们的第一印象，为游客准备惊喜，使他免于对习惯的厌倦。

我们只能大致描述我们所见的一部分。而欧洲的理念与中国人的品味相差甚远，以至于我们可能会对自己的说法感到绝望。若要完全描述所有的细节，则需要一整卷书。

我们只想指出，中国享乐园林的主要特点包括：水体、驳坎和边缘的沙石、随意摆放或置于泥土和草地中的卵石、巨石和贝壳；地毯式的睡莲或美丽的刺莲植物（芡实）[57]；野生的灯芯草或芦苇；覆有草或绿植的小岛；各种形状的堤坝、水闸和古朴桥梁。对于山谷来说，其中有昏暗的田野、荒芜的土地、风沙、护城河、小篱笆、石窟、洞穴、小屋覆盖着茅草或棕榈叶，或巨石或瓦片，它们的形状皆各不相同，但都欢乐而质朴。对小山来说，悬崖、峡谷、梯田、观景亭、坡道和台阶，都是质朴的自然田园风情，却那么干净而优雅。到处都是成堆的岩石、石化物、假山，以及各种形状和颜色的石头化石，它们仿佛是偶然散落在各处的。

我们必须大胆地猜测一下，这种品味在欧洲可能有怎样的成就，不仅在装饰宏伟宫殿和别墅的花园方面，而且在装饰富裕市民的住宅方面。人们参观前者，只是为了自由地呼吸，远离喧嚣，并享受乡村的景象，而花园只是提供了一种简单的品味。即使是那些不懂哲学的人，也可能着迷于发掘中国园林的许多特征，而更为敏感的游客可以轻易地享受到那些最接近于自然方面的美丽事物，正是它们使得在乡野中度过的时光如此宜人。

至于其他的，不要问我们如何，以何种规则，在何种程度上可以将中国的品味引入西方的园林，甚至支配它们。我们这篇文章的目的不是要回答这些问题，而且我们已经注意到，不要试图让自己为那些远远超出我们能力范围的问题寻找答案，以免给自己带来负担。

全世界都知道，17世纪的一位智者断言，伟大而著名的花园都具有严肃的对称性和冷漠的单调性，其令人昏昏欲睡。[58] 后来，这位书写了《论建筑》的天才作者提出，通过将中国和欧洲的理念和谐地融为一体，我们将成功地拥有快乐而宜人的花园，在那里可以一睹大自然的所有风采。[59] 让智者们来思考这个问题，让他们努力协调所有的利益，并制定一个方案，使我们在装饰花园方面走上中国的道路，使我们能获得自身气候之美的所有乐趣，并减少创造和维护它们的费用。越是追随中国人的品味，这一点就越是容易实现。他们可以让这样的制度得到采纳，这将使成千上万的人腾出手来从事农业生产，而现在这些人徒劳地在空无一人的林荫道上铲草、修剪调整那些无人看见的树木。

注释

1. Pierre-Martial Cibot, "Essai sur les jardins de plaisance des Chinois," in *Mémoires ... des Chinois*, vol. 8 (Paris: Nyon, 1782), 301–26.

2. Valder, *Gardens in China*, 25–26.

3. 这句话引自《以西结书》第36章的第35节："他们必说，这荒凉之地已然宛如伊甸园；那颓败荒芜的城，如今得以坚固，有人居住了。"Ezekiel 36:35, American Standard Version, 1901.

4. 秦始皇，中国第一个皇帝，是秦朝的创立者。他于公元前247年成为秦国的君主，公元前221年统一中国，宣布建立万世帝业，他作为皇帝一直统治到公元前210年。参见注释32。关于中国历史及朝代和皇帝继承的信息，我参考了John Keay, *China: A*

History (London: Harper, 2008). 关于前帝国时期的中国，我参考了Michael Loewe and Edward L. Shaughnessy, eds., *The Cambridge History of Ancient China: From the Origins of Civilization to 221 B.C.* (Cambridge: Cambridge University Press, 1999).

5. 关于儒家经典或经书，参见Endymion Wilkinson, *Chinese History: A Manual*, rev. ed. (Cambridge, Massachusetts: Harvard University Asia Center for the Harvard-Yenching Institute, 2000), 475–80. 感谢夏丽森（Alison Hardie）向我提出"Jing"一词的翻译建议，并指出这个资料来源。

6. 韩国英在这里指的是神话中的昆仑山。根据中国神话，昆仑山是仙境之一，是许多神祇的居所。

7. 公元前4世纪至公元前1世纪，出现了《山海经》，它通常被翻译为"山海经典"或"山海经集"，是中国早期文献之一，也是中国传说和神话的重要来源。它被编写成一本旅行记录，记述了古代中国神话地理、文化和自然历史，包括景观、动植物的象征性描述及传说人物，还有关于早期药物的信息。Richard E. Strassberg, ed., *A Chinese Bestiary: Strange Creatures from the Guideways Through Mountains and Seas* (Berkeley: University of California Press, 2003), 1–80. 《山海经》的英文翻译，参见Anne Birrell, trans., *The Classic of Mountains and Seas* (London: Penguin, 1999).

8. 韩国英可能指的是道教典籍中的两部重要作品，它们被认为是道教的两部经典：《道德经》，也被称为《老子》，来自被认为是作者的老子的名字；以及《庄子》，来自被称为庄子的哲学家。Alan Chan, "The Daode jing and Its Tradition," in *Daoism Handbook*, ed. Livia Kohn (Leiden: Brill, 2000), 1–2; Victor Mair, "The Zhuangzi and Its Impact," in *Daoism Handbook*, ed. Livia Kohn (Leiden: Brill, 2000), 30–31.

9. 根据传说，昆仑山顶上有一处瑰丽绝伦的大型悬浮花园，里面充满了各种生灵及具有药用价值的植物，人们认为其是传说中的黄帝的下都。在《山海经》中，这处园林被称为"平圃"（和平的花园）。关于这座园林与古代神话和早期中国文献的关系的讨论，以及对于该园林的介绍，参见Shuen-fu Lin, "A Good Place Need Not Be a Nowhere: The Garden and Utopian Thought in the Six Dynasties," in *Chinese Aesthetics: The Ordering of Literature, the Arts, and the Universe in the Six Dynasties*, ed. Zongqi Cai (Honolulu: University of Hawai'i Press: 2004), 129–31. 林认为在民间的想象中，这个神话般的园林代表了一种天堂。

10. 黄帝，是一位神话中的中国君主。根据传说，他的统治始于公元前2697年。

11. 凤凰是一种神话中的鸟类；麒麟是一种神话中的混合动物，是头部带有双角的龙，身体似鹿，覆有鳞甲，长有蹄子。

12. 《书经》，常译为《尚书》，是关于中国最早历史的文献汇编。与《诗经》《礼记》《易经》《春秋》一起构成了五经，是儒家经典的重要组成部分，也是中国官僚考试项目之一。法国耶稣会传教士宋君荣（1689—1759年）是一位在中国的传教士，他翻译了《书经》的法文版，由汉学家德金编辑，于1770年在巴黎出版，题为《书经，中国经典著作》（*Le Chou king, un des livres sacrés des Chinois*）。Reed and Demattè, *China on Paper*, 174.

13. 尧是一位传说中的中国统治者，生活在公元前24世纪。

14. 大禹，夏朝（约公元前2070—公元前1600年）的创立者。

15. 上帝（天之最尊者）是中国最古老的信仰体系中被赋予至高神灵的名字。自周朝以来，这一神灵被更多地称为"天"。早期的耶稣会传教士为了用中文词语表达天主教的概念和定义，将上帝和天的概念都解释为"上帝"概念为可能版本。耶稣会对中国术语和仪式的适应，在各教派之间引发了一场漫长而激烈的神学辩论，称为"中国仪式之争"。David E. Mungello, ed., *The Chinese Rites Controversy: Its History and Meaning* (Nettetal: Steyler, 1994).

16. 纣王是商朝最后一位君主帝辛的谥号。商朝与之前的夏朝和之后的周朝一起，形成了中国历史上早期的三个（前帝国）朝代。

17. 刘向，汉代学者和历史学家，他在汉成帝统治时期，将保存在国家图书馆中最早的文献的很大一部分整理成集，其中许多是他收集和编辑的。他编制了汉代国家图书馆的第一份系统目录。Martin Kern, "Early Chinese Literature, Beginnings Through Western Han," in *The Cambridge History of Chinese Literature*, vol. 1, To 1375, ed. Kang-i Sun Chang and Stephen Owen (Cambridge: Cambridge University Press, 2010), 60–65.

18. 武王是周朝的建立者和第一位统治者，传统上，周朝分为西周和东周。在约公元前1046年的牧野之战中，武王击败了商纣王。纣王放火焚宫，葬身火海。在耶稣会档案馆保存的韩国英论文手稿的副本中，周朝开始的日期与印刷版本不同。手稿的内容是："武王在公元前1046年成为帝国君主，在耶稣诞生之前。"Archives des Jésuites Vanves, Mss. Fonds Brotier 130, f. 163r. 由于缺乏真正的历史文献，最古老王朝的具体时期仍是不确定的。汉代学者刘歆是刘向之子，也是刘向编纂皇家图书馆目录的助手。刘歆最早推算出公元前1122年是商代的结束年代和周代的开始年代。基于考古证据，学者们最近才对周代的起始日期进行了修订。David N. Keightley, "The Shang: China's First Historical Dynasty," in Loewe and Shaughnessy, *The Cambridge History of Ancient China*, 247–48.

19. 成王，武王之子，周朝的第二位统治者，在今洛阳附近建立了东都。

20. 穆王，周朝的第五位君主。

21. 《列子》是道教传统的早期文本。它由八卷组成，其中第三卷的标题是"周穆王篇"，来自周朝第五位君主穆王的名字。

22. 《周礼》是中国早期的　部文本。它包含了对理想政府的描述，也包含了对宫殿和城市布局的规定。

23. 《诗经》，儒家经典中的五经之一。它由西周时期的305首诗歌组成。Edward L. Shaughnessy, "Western Zhou History," in Loewe and Shaughnessy, *The Cambridge History of Ancient China*, 295.

24. 公元前771年，随着西周的灭亡，王室从以前的都城西安丰镐附近向东逃亡，并迁往今天河南省的洛阳，洛阳成为东周的都城。

25. 陆机，西晋诗人和作家。或者正如夏丽森提出的那样，韩国英可能指的是吕不韦和他的百科全书式的作品《吕氏春秋》，这本书大约在239年完成。夏丽森于2014年3月5日的私人通信。

26. 《春秋》是儒家经典中的五经之一。据马丁·克恩（Martin Kern）所说，《春秋》是孔子的作品，它是"公元前722年到公元前481年鲁国（孔子的故乡）十二代君王的简要编年史"。Martin Kern, "Early Chinese Literature, Beginnings Through Western Han," in Chang and Owen, *The Cambridge History of Chinese Literature*, vol. 1, 46.

27. 鲁庄公是鲁国的第十六位统治者，鲁国是周朝的一个诸侯国，是古代中国分封下的几个小国之一。

28. 梁惠王是魏国的第三位统治者，魏国的都城在大梁，即今天的开封，位于中国东部的黄河以南的平原地区。魏国是被称为战国七雄（秦、韩、魏、赵、齐、楚、燕）的七个主要国家之一。在中国历史上所谓的战国时期，中国被分为七个国家。梁惠王与孟子的对话记录在《孟子》中，该书是孟子与当时的统治者的对话集，也是早期儒家文献之一。《孟子》第一篇以孟子与梁惠王的首次会面开篇，其中一次对话是在梁惠王的园林中进行的。

29. 《国语》是一本关于中国先秦春秋时期的历史文献和叙事的文集。

30. 秦国是战国七雄之一。公元前3世纪末，秦国征服了所有其他国家，一统天下，并建立了秦王朝。

31. 正如夏丽森所提出的，韩国英可能指的是汉代伟大的诗人和散文家杨雄。夏丽森于2014年3月5日的私人通信。

32. 秦王政吞并六国，一统天下，自称为秦始皇，即秦朝的始皇帝。另见注释4。

33. 秦始皇建都咸阳，即现在西安市的西北部，他在那里建造了一座规模宏伟的园林：上林苑，即至高的林场。该园林主要是为皇家狩猎而设立的野外保护区，但它作为帝国的一个缩影也具有象征意义。在这里，始皇帝重建了他所征服的国家的园林和宫殿，并收集了帝国各地作为贡品献上的动物和植物。 Keswick, The Chinese Garden, 44–45; Victoria M. Siu, *Gardens of a Chinese Emperor. Imperial Creations of the Qianlong Era, 1736–1796* (Bethlehem: Lehigh University Press, 2013), xxiii–xxiv.

34. 韩国英可能指的是张良（卒于公元前186年），他是战国时期韩国的一个贵族，他曾策划了一次对秦始皇的刺杀行动。张良在建立汉朝的过程中发挥了重要作用，后来成为汉朝创始人和开国皇帝汉高祖的政治家。Wai-Yee Li, "Early Qing to 1723," in Chang and Owen, *The Cambridge History of Chinese Literature*, vol. 1, 181.

35. 韩国英指的是道教的神仙，他们是通过道教修行获得长生不老的半神人，被认为生活在中国的东海仙山之中。

36. 秦始皇死后，他的儿子以秦二世的名义继位，即秦朝的二世皇帝。他的暴政引起了人们的抗议，最终导致了叛乱，使秦帝国崩溃。

37. 汉朝分为西汉和东汉，西汉都城设在长安（今天的西安），沿渭河南岸建造，靠近秦国的旧都遗址；东汉都城设在洛阳，沿黄河进一步向东。汉武帝扩建了从前朝秦始皇那里继承下来的上林苑，并用来自远方的动植物、亭台楼阁、寺庙和广阔的人工湖来丰富它。尽管上林苑主要是一个狩猎园林，但它已成为帝国本身的象征，其间有林立的山丘、河流和湖泊。Rinaldi, *The Chinese Garden: Garden Types*, 15.

38. 韩国英指的是隋朝。

39. 隋朝园林设计的一个普遍特征是广泛利用水，例如在隋朝的都城洛阳附近建造的西苑，就体现了这种特征。在这座园林中，复杂的池塘和蜿蜒的水道，流入一个中央湖泊，形成了一个可通航的网络，连接了园林的各个部分。园林设计中对水的审美兴趣反映了中国古代在水利工程方面所取得的重大进展，这在隋朝的一个令人印象深刻的本土成就——大运河中得到了体现。Rinaldi, *The Chinese Garden: Garden Types*, 17.

40. 收集不同的景观元素来打造整体美学是中国园林设计发展中的主要特征之一。

41. 炀帝是隋朝的第二任皇帝。

42. 隋朝之后的唐朝由唐高祖建立。

43. 宋朝在历史上被分为两个时期：北宋和南宋。北宋的都城为汴京（今开封），南宋的都城为临安（今杭州）。元朝由忽必烈汗建立，他在现今北京的位置建了大都。

44. 韩国英指的是树状牡丹（*Paeonia suffruticosa* Andr.）。它的中文名字是牡丹。Fèvre and Métailié, *Dictionnaire Ricci*, 330. 牡丹于1787年首次从中国引入欧洲，当时约瑟夫·班克斯爵士（Sir Joseph Banks）将其种植在皇家植物园邱园之中。Jane

Kilpatrick, *Gifts from the Gardens of China* (London: Frances Lincoln, 2007), 99.

45. 韩国英可能是指海棠（*Begonia evansiana* Andr.），其中文名称为秋海棠。Fèvre and Métailié, *Dictionnaire Ricci*, 370.

46. 正如夏丽森所提出的，这些名字似乎是园林的专有名词。金谷，或称金谷园，是西晋富豪文人石崇在洛阳西北部建造的花园的名称。Alison Hardie, personal communication, March 5, 2014.

47. 这很可能是西方旅行者对所谓的盆景（一种托盘植物或矮树盆栽，它们被迫生长在低矮的花盆、瓷制或石制托盘中）的较早描述之一。

48. 明朝取代了蒙古族统治的元朝。

49. 清朝成立于1644年，当时满族人击败了明朝。

50. 我非常感谢夏丽森对这段具体内容的翻译建议。

51. 韩国英似乎认识到风水在园林花园选址方面的作用。根据风水原则，那些地势平坦、向南开放、有山体保护或是有高地围合而免受北风不利影响的位置是吉利的。如果选择的地点没有呈现出预期的地形特征，即使它被认为是吉利的，在地理构成上也可能需要进行或大或小的人工干预。因此，根据风水的原则，假山多需要建造在园林北部，以使它免受来自北方的不好影响。

52. 韩国英在这里可能指的是柳宗元，唐朝诗人和学者，尤其以山水游记而闻名。由于他被流放到中国南部的柳州，所以他也被同期的人称为"柳柳州"。我很感谢邓肯·坎贝尔（Duncan Campbell）提供了这一信息。

53. 柳宗元在韩国英《论中国园林》中的这段长话被喜龙仁在他的《中国园林》一书中翻译并使用。参见Osvald Sirén, *Gardens of China* (New York: Ronald Press, 1949), 136.

54. 林荫道由树木的叶子所遮盖，并被培育成拱形。

55. 修剪过的树篱。

56. 安德烈·勒·诺特尔，凡尔赛宫的设计者。韩国英用作为法国正统园林的代表性人物勒·诺特尔，来比征中国更伟大的园林设计师。

57. 韩国英在这里可能指的是刺莲（*Euryale ferox* Salisb.），在中国被称为鸡头子。Fèvre and Métailié, *Dictionnaire Ricci*, 218.

58. 韩国英提到的"17世纪的一位智者断言"，也许指的是法国外交官兼作家圣西蒙（Saint-Simon, 1675—1755年），他是凡尔赛宫的首批反对者之一。在1788年追授出版的回忆录显示，圣西蒙在1715年将凡尔赛宫定义为"世上最可悲且最忘恩负义的地方"，并严厉批评了凡尔赛宫的花园，因为他认为它们有着"最恶劣的品味"，而路易十四在那里"用艺术和财富的力量来暴虐自然，并以此为乐"。Louis de

Rouvroy, duc de Saint-Simon, *Mémoires complets et authentiques du duc de Saint-Simon sur le siècle de Louis XIV*, vol. 1 (Paris: Buisson, 1789, second edition), 129–30.

59. 韩国英提到的"撰写《论建筑》的天才作者"指的是杰出的建筑理论家马克 - 安托万 · 洛吉耶。在1756年之前一直是耶稣会成员的洛吉耶于1753年出版了他的《论建筑》，该书在新古典主义建筑理论中发挥了重要作用。在该书中，洛吉耶提出以中国园林的简朴风格作为凡尔赛宫单一性的解药，并邀请西方人考虑"通过巧妙地将中式观念与我们的观念融合，我们将成功地创造出自然的魅力得以再次回归的园林"。

Marc-Antoine Laugier, *An Essay on Architecture*, trans. Wolfgang and Anni Herrmann (Los Angeles: Hennessey and Ingalls, 1977), 139. 为了支持他将中国设计概念引入西方花园的观点，韩国英引用了洛吉耶的权威观点。

第 19 章　韩国英（三）

（Pierre-Martial Cibot，1727—1780 年）

　　1786年，韩国英发表了《对中国植物、花卉与树木的观察（及其在法国应用的可能）》一文，尽管标题如此，但这篇文章并不真正涉及将中国植物引入法国的问题。[1] 相反，它提供了韩国英的诸项评论，主要关于他对中国的一些兴趣，包括园林、植物学、园艺和栽培技术。

　　下述段落是从这篇文章中摘录的，其专门介绍了中国园林。在第一段摘录中，韩国英认识到假山的存在是中国园林的一个古老而持久的基本特征。他提出了一个实用性的动机，让人想起在中国园林中培育树木繁茂的假山的农业实践，并将其与山坡的肥沃程度，以及它们所提供的良好暴露条件关联起来。因此，自马可·波罗时代以来，西方旅行者在中国园林中注意到的假山，不仅在园林构成中发挥装饰性元素的功能，而且，至少按照韩国英的说法，假山还具有实用性。

　　在第二段中，考虑到圆明园中水生植物的大量使用，韩国英表明中国园林在其围墙中呈现出了自然的千姿百态。对于西方读者来说，将水生植物纳入花园的设计中看起来是很奇怪的。在18世纪的西方花园里，水生植物没有容身之处，事实上，它们被认为是入侵者，需要加以打击，因为它们覆盖了水池并堵塞了运河。但在中国皇帝的园林里，正如韩国英所展示的那样，它们具有观赏作用，浮萍、睡莲和马尾草遍布池塘、湖泊和其他水景。韩国英以中国园林的设计理念为基础，证明了水生植物的美感，即对自然的巧妙模仿。然而，这种模仿是毫无偏见的：中国的园林并不是为了在一种完全不可预测的构图中重现自然中最令人愉快和迷人的一面，而是与此同时也再现了"她的任性，她的疏忽，甚至她的错误和遗忘"，这可能表现在植被的异常繁茂上。如果说使用水生植物作为景观元素被认为是与西方园艺传统相悖的，那么根据韩国英的说法，这些植物反而可以在受自然风光的启发下在花园中找到一席之地，就像在中国园林中一样。

* * *

摘自韩国英，《对中国植物、花卉与树木的观察（及其在法国应用的可能）》收录于《中国杂纂》第11卷，1786年，比安卡·玛丽亚·里纳尔迪译

那些看过中国大型游园的设计和描述的人，无疑会被其中遍布的土丘和连绵的山峦所震撼。让鉴赏家和园林爱好者根据他们的品味来判断，这些以才智来布局的山丘和山峦，有多少能与中国造园体系中的其他部分一起来模仿美丽的自然，其能否达成一种良好的效果。我们完全信赖这些丘峦的至高无上和绝对正确。所有的时空纪元，都在其脚下。我们将自身限于观察先人所选择的土丘和山脉上，这些山体仿佛是大自然早已准备好的，然后又在接下来的岁月中被模仿，从而遵从最初的选择。但这是为什么呢？因为它们通常被认为更适合种植树木，特别是利于果树的生长。此外，在这一点上，就像我们已经谈到并将深入的所有其他问题一样，对我们来说，这不是一个制定规则或保证的问题，甚至也不是是否赞同的问题，而是简单地说明我们的发现。

例如，人们在谈到丘陵和山丘时会说，在其他条件相同的情况下，在那里种植乔木和灌木总是比在平坦的乡村要好，因为上坡和下坡有不同的位置和暴露程度，这使人们可以按照自己的喜好，把所有的类型和物种种在一起。我们在皇帝的花园里看到了此类令人愉快的实践活动。但为了不使中国人说他们实际上不曾说的话，我们注意到，除了那些需要靠近水源或潮湿土壤的树木，如柳树、杨树等，他们赞同其他那些要求有深厚土壤的树木断然不会长成同样的大小和高度。但另一方面，他们肯定的是，这里所有的果树无一例外，总是比其他地方好得多，因为在这里每一棵树都能获取其所需要的光照，而且这里的环境能保证每一棵树都生长在自由、轻松且持续地进行空气流通的环境中，这对果实的质量和健康来说至关重要。

在园林中，或者若你愿意的话，在圆明园的御花园里，在水塘、泉池、运河、溪流中，在一切有水跌落、静止、翻滚撞击岩石、蜿蜒迂回、浸湿草地的地方，他们会集齐所有喜水的花草苗木，或在边缘，或在中心，或在水面，或在水底。无可非议的是，中国人从他们的祖先那里继承了这样一种意识，即自然中没有什么东西比自然本身更美，只有自然可以使他们愉悦，在最华丽宏伟的花园之中，他们不想看到除自然之外的任何东西。在西方，我们今天知道，这种民族成见，或者说，这种微妙而开明的后天品味，使得皇帝们也只能设法模仿自然，即使在他们自己园林的设计之中。如果说，一方面，他们不遗余力地将这些令人赞叹的场景、迷人的视线、令人愉悦的风景、道路、远景、对比，以及大自然散布在广袤乡野之间的惊喜聚集起来；另一方面，他们也竭力在这种组合中去模仿她的任性，她的疏忽，甚至她的错误和遗忘。人们所看到的任何地方都在人们的意料之外。从一处走出来，就必然会期待另一个新的惊喜。但这是一个令人愉快的惊喜，一个令人满意的惊喜，这个惊喜因为艺术被藏匿，自然独显于人，所以更加令人高兴。因此，无论有多少水景，有多少条溪流，都没有任何尺绳可以使边界变得笔直；似乎没有任何好恶可以决定它们的位置；它们所支配的河岸，反过来又控制它们，河岸时高时低；此处是岩石，彼处是沙地；一侧是危险重重，另一侧则随时准备退让，到处都是奇怪的曲折和迂回，宛如在乡野一般。

现在，我们来谈谈我们的观点，以及我们要指出的必须作为序言的内容，中国的审美品位用太多的智慧和贤德来研究自然，以至于他们没有注意到，即使是最野生的灌木、花卉、水生植物和草本植物，也是水景的真实装饰。如果没有这种有趣的美丽自然的装饰，便会暴露出艺术的狭隘小气。因此，他们唯一关心的是，如何将人们在乡野发现的所有这类东西，以理解的眼光置于花园的水面上，将其有品味地安排于此，并使其呈现出最好的效果。

此处有浮萍和睡莲，剑兰和鸢尾，芦苇和慈姑，问荆和荸荠，水田芥和茴香，即使是最普通的苔藓，也没有被遗忘。[2] 至今，所有这一切仍然存在。根据我们在四季闲暇之余所见的皇家园林来判断，我们会毫不犹豫地说，这种安排是如此精妙，与其他的一切是那么自然和谐，以至于眼睛得到了真正的满足，不再去寻求其他。法国拥有丰富的各类水生植物资源，为什么她不从大自然馈赠中获益更多呢？为什么这种明智的中国品味没有在我们中间流行起来，并让我们像他们一样，在水中为我们花园寻找装饰品及一年生的作物，以此来免除我们国家工人的劳动？即使是那些最偏激的人，也能在欣赏植物园时发现很多乐趣，毕竟，当他们看到这么多精心栽培的植物极为和谐地聚集在一起时，也会感到快乐吧。

注释

1. Pierre-Martial Cibot, "Observations sur les plantes, les fleurs et les arbres de Chine qu'il est possible de se procurer en France," *Mémoires ... des Chinois*, vol. 11 (Paris: Nyon, 1786), 183–268.
2. 关于法语原版中的术语fenouil，在这里被翻译为"茴香"，韩国英可能指的是水芹。

第 20 章　乔治·伦纳德·斯当东

（George Leonard Staunton，1737—1801 年）

1792—1794年，由乔治·马戛尔尼勋爵领导的英国驻华使团并未取得外交上的成功。尽管使团进行了精心的准备，英国国王乔治三世（King George III）也给中国皇帝送去了许多礼物（这些礼物见证了当时英国最新的技术进步），但是乾隆皇帝依然没有接受英国人提出的任何关于扩大和促进东印度公司和中国的外贸关系的要求。[1] 尽管如此，这次外交是一个补充西方人对中华帝国的先前广泛了解的重要机会，特别是通过使团众多成员的编撰，在他们回国后立即出版了旅行记事。[2]

外交官乔治·伦纳德·斯当东曾担任该使团的秘书和临时全权公使，他被委托撰写该外交使团的官方记录，该记录于1797年出版，标题为《英使谒见乾隆纪实》（*An Authentic Account of an Embassy from the King of Great Britain to the Emperor of China*）。[3] 他的叙述基于他自己及使团其他人员的观察。斯当东准确地描述了使团在中国各地的旅程，并通过版画来表现中国国家和文化的各个方面。这些版画内容从航海设备到神明和陈设，再到人工制品和自然主义相关的题材。另一个系列的版画作品，许多是由画家威廉·亚历山大（William Alexander）绘制的，他作为公职艺术家参与了使团的工作，这些版画被收录在一个对开卷中，并于1796年作为斯当东游记的序言出版。它囊括了使团行经路线的地图，以及中国清朝在建筑、服饰、文化和景观上的相关风貌。[4]

斯当东的游记首先介绍了这次从欧洲到中国的旅行和所经之地，其记录线路常见而复杂。随后，他的文章聚焦于中国，叙述了使团在外交过程中发生的事件，并将其与可能引起西方读者好奇的有关中国及其文化的各个方面的信息混合在一起。他的观察涉及众多主题，包括医学、自然史、科学、技术、物质文化、烟花、印刷术和造纸术，显然，还有园林艺术，正如下面两篇选文中对皇家园林的描述所体现的。

第一段节选是对承德皇家避暑山庄的叙述，乾隆皇帝曾于1793年9月14日在这里接待了一个使团。第二段节选包括对北京皇家园林的简要概述，之后是斯当东引用约翰·巴罗的评论所写的圆明园的记述。然而，后者的文字与巴罗本人后来在《中国游记》（*Travels in China*，1804年）中的描述大不相同。

使团成员对清朝的皇家园林并不熟悉，尤其是与在朝廷服务的传教士相比。他们在中国北方只停留了几周，并于1793年10月9日在北京被解散了。尽管如此，斯当东、巴罗和马戛尔尼勋爵是最早看到并描述清朝乐园的英国人。他们对所参观的中国园林的理解受到了他们对自己国家的如画式园林的了解的影响。斯当东通过巴罗的观察，在中国皇家园林里看到了"无序的树丛"和"如画式的风景"，这暗示了一种几乎过于英国化的氛围，他写道，只有散布在园子里的各种亭子才会扰乱这种氛围。显然，斯当东认为他们的建筑语言和过于鲜艳的色彩不适合一个真正的如画式园林。

斯当东是一个兼收并蓄的人，他是一名医生，也是一名律师，同时还是一名颇有修养的外交官，他与当时一些最具影响力的人物保持着友好关系，其中包括埃德蒙·伯克，在18世纪下半叶，伯克的崇高理论鼓励风景园林美学向更浪漫的氛围发展。用斯当东的话说，避暑山庄似乎是伯克提出的两个对立的美学范畴的完美综合：崇高，由自然界最野蛮的一面来表现；美丽，则由所有光滑、柔软、温和及有教养的事物来表现。在英国使者的眼中，承德的皇家园林是这些审美理想的总和，因为它"似乎是为了展示令人愉快的多样性，以及野生的粗犷与人为自然的柔和之间的惊人对比"。

在乾隆皇帝的园林里，斯当东辨别出一些英国风景园林中的元素和构成机制：山水画在园林设计中的作用及使用装置对游客感知的影响。通过阐述圆明园景观构图中对植被的巧妙运用，以及在赏景佳处对亭台楼阁的精心布置，斯当东——再次通过巴罗的写作——认识到中国园林背后的设计策略中有一种画意。然而，他注意到，中国园林设计和中国绘画之间有一个本质上的奇怪的区别。虽然在花园里，各种元素的精心安排和阴影的调节似乎暗示了透视法的使用，但这些惯例在绘画中并没有找到类似的应用。

* * *

摘自乔治·伦纳德·斯当东，《英使谒见乾隆纪实》，第二卷，1797年

皇帝的下一个礼遇对象是邀请特使马戛尔尼勋爵及随行人员去参观热河的御花园。[5] 在这个守时的宫廷里，所有的事务都是从凌晨开始的。清晨他们在去往御花园的途中遇到了皇帝，皇帝停驾来接受大使的问候，并告诉马戛尔尼勋爵，他要去普陀宗乘之庙（the temple of Poo-ta-la）里祭拜。由于他们所信仰的不是同一位神明，他不希望他们一同前往，但他已经命令他的大臣们陪同特使及随行人员参观御花园。[6]

特使认为，任命任何一位无国事缠身且有地位的朝臣陪同他们前往，都足以证明皇帝的重视。但他惊讶地发现，和中堂本人正在一个亭子里等待他们。[7] 这位大臣是帝国的重要宰相，百姓们在私下甚至称呼他为二皇帝。而现在这位中堂被命令从繁忙的政务中抽出一些时间，来陪伴陌生的特使进行仅出于快乐和好奇的游玩。

几位要员不辞辛苦地引领着特使及其随行人员穿过大片围墙内的宫苑，然而这些只是御花园的一部分，其余的部分是为皇室的女眷所保留的，而这些大臣和英国人一样没有权限进入。他们骑马穿过一个青翠的山谷，山谷里散布着几棵树，尤其是粗壮得出奇的柳树，地上的野草长得异常旺盛，几乎不曾受到牛群和人工修剪的干扰。行至一个巨大的不规则形状的湖岸边，他们登船泛舟，直到游船在湖面上的最窄处被一座桥所拦截，再往前，船似乎就要消失在遥远和朦胧之中了。水面上部分覆盖着莲花，也就是上一章提到的生长在北京的睡莲品种。虽然其生长位置偏北，而且又是在一年中比较凉爽的季节中，但它仍然以其舒展的叶片和芳香的花朵点缀着湖面。[8]

一行人将游船停靠在岸边来观赏临水的宫殿，这些建筑体量都不大。其余建筑有些矗立在最高的山峰上，有些则藏在深谷的昏暗角落中。它们的结构和陈设各不相同，在设计上，几乎每一处都与其位置和周边环境有类似之处。但是，每间屋子里一般都有大厅，中间设有一个宝座和几个侧室。整个大厅里摆放着来自欧洲的艺术品，以及在鞑靼发现的罕见或奇特的自然产物。湖边的亭子中有一块巨大的玛瑙，被安放在大理石的基座上，造型精美绝伦。这块玛瑙背面刻有 幅画，长四英尺，其雕刻内容是一处景观，并附刻有皇帝题写的诗句。中国本土最好的艺术作品是木雕，其将良好的品味与对自然物体的描述结合在一起，并以真实而精致的方式表现出来。有些墙壁上悬挂的绘画表现了鞑靼人狩猎的乐趣。在这些作品中，人们所看到皇帝的形态多为全速奔跑，或挽弓射杀野兽的姿态。这些画并经不起欧洲的批评考验。他们可以精确地绘制出山水树木花草鸟兽，却无法画好人物形象。观者对人的形象比较熟悉，因此可以更容易地看出其中模仿的缺陷。他们的作品都没有比例和透视。虽然中国人成功地对个别物体进行了准确的刻画，有时也能生动地刻画，但以他们目前的艺术水平，还不能说他们在设计和构图方面有多么出色。在其中一个房间里，可以看到一幅做工粗劣的欧洲女人像。在另一间寝宫里可以发现一尊精心雕刻的大理石像，其形态是一个裸体童子跪在地上，双手着地，花圃中坐落着几座兽形石雕，部分建筑前则设有一些面目可憎的瓷制狮虎像。其中最丰富的，也是最受向导尊崇的装饰品是那些从欧洲进口的人形和动物形的人工雕塑，通过内部的弹簧和轮子，它们可以明显自发地运动。当这些机器首次出现在中国时，人们认为它们极为不可思议，因此愿意出重金购买。

在后续的骑行过程中，他们发现这些地方的地表大相径庭。有些地方长着北方山丘上耐寒的橡树，有些地方长着南方山谷里的娇嫩花草。在一处宽阔的平原上，大量的岩石堆积在一起，从而使景象更加丰富多样。整个过程似乎都是精心设计过的，其目的是表现出天然的粗犷和人工的秀丽之间的令人愉悦的变化和鲜明的对比。各种食草动物（包括四足动物和鸟类）的动作和声音使花园充满了活力，但其中并没有野生动物的踪迹。一些形状奇怪的金银鱼在清澈见底的池塘里嬉戏，池塘的底部布满了玛瑙、碧玉和其他珍贵的石头。

在花园中，他们没有遇到碎石路、带状的绿道，以及成簇的树木。每件事物似乎都要避免暴露出设计的规律性。[9]据观察，除非距离很短，否则没有任何东西是由直线引导的，或以直角转弯的。自然之物看上去随机地散布其中，这使它们的位置变得赏心悦目。而许多人工作品既满足了各种便利的目的，同时看起来又像是不用工具辅助而只通过人的双手生产出来的。[10]

现场的来访者并未体会到往常叙述中的那些中国园林的优雅和美丽。这些描述主要来自北京附近的圆明园，对圆明园的描述应该比对热河御花园的更为完整。

根据一位传教士的描述，在为皇宫女眷准备的花园内有一处微缩城市景观，在那里普通百姓的生活、都城的交易和鱼龙混杂都被具体而忠实地表现出来。相传这位传教士曾受雇在圆明园的女眷花园中装饰过这样的一处地方。但即便热河花园里有这样的微缩景观，这些外乡人也没有机会得以一见。尽管这种说法未足深信，但不无可能。[11]特使一行人在热河御花园中持续游览了几个小时。

在圆明园举行了相同的跪拜祝福仪式，巴罗先生在那里出席了仪式。他被告知，这一天全国各地也都举行了同样的仪式，每个地方的大小官员都要面向都城跪拜。

在每一个初一和十五，同样，在皇帝的各个行宫里，朝中要员须在御座前焚香和供奉祭品。

皇帝的行宫遍布全国各地。北京的皇宫是鞑靼人城市的中心。尽管都城矗立在一片尘土飞扬的平原之中，从那里只能远远地望见鞑靼的山脉，但环绕着宫殿、朝堂和花园的围墙之内别有一方天地，那是大自然的灵巧之手在地面上所创造的。山脉和谷地、湖泊和河流、陡峭的悬崖和平缓的山坡，在自然的无意间形成了。但它们的比例是如此协调，如此和谐，以至于如若不是周围乡村的普遍统一的外观，来访者甚至会怀疑它们究竟是天造地设的杰作，还是人工对自然的卓越模仿。[12]

根据巴罗先生的观察，在京郊附近，圆明园的园林和宫苑占据了相当大的面积，绕其环行一圈至少有十二英里。对于这个花园，这位先生比使团中的其他人员都看得多，他认为"这是一处令人赏心悦目的地方"。在园中，自然壮丽宜人的景致或分开，或连接，或以巧妙的方式布局，以此构成一个整体。在这个整体中没有东拼西凑或杂乱无章的物体，其秩序和比例就像在纯粹的自然场景中一般。在这些地方，没有发现任何一块剪成圆形或椭圆形、方形或长方形的草坪。中国人特别善于通过适当地布置物休来点缀土地表面，以此使土地的尺寸看上去显得更大。为此，在园林的前部会种植一些高大茂盛的苍翠树木，从那里可以观赏风景。而越远处的树木尺寸越小，颜色也越浅。通常来说，这片土地的尽头是一簇簇形状破碎而不规则的树丛，它们的叶子因树木种类有别，也随着一年中树木生长盛季的不同而不同。在悬崖岩隙中时常有发育不良的枯藤老树，它们要么是最初在自然中被发现的，要么是人为收集于此的。中国人似乎深悉了复杂性和隐蔽性的效用。在圆明园中，当透过灌木丛的树枝远远可以窥见一堵矮小的围墙时，就暗示了路的尽头会有一座宏伟建筑。成片的人工湖，没有像防御工事那样被倾斜的河堤岸围绕，而是间断地被假山所包围，看上去像是天然生成的。

"唯一妨碍中国园林风景的是他们建筑物的规整形状和耀眼的色彩。然而，它们起伏的屋顶可以免于上述关于规整形状的指责，它们突出屋檐的部分在支撑的柱廊上投下了柔和的阴影。有些高大的塔楼（欧洲人称之为宝塔）是登高望远的极佳之所，因此，大多数情况下，它们都被置于高地之上。[13] 尽管中国人有着绝妙的造园理念，在每个物体的布置处理上都富有品味，但他们完全不谙透视原理和明暗层次，亦丝毫不了解其效果，这一点从他们自己绘画中可以看出。同样，当把欧洲最优秀的艺术家们的几幅肖像画作为送给皇帝的礼物被公开展示时，官员们观察着由光影引起的色彩变化，询问这些原画的左右两边是否有不同颜色的人像。他们认为鼻子的投影是画面上的一大缺陷，有些人认为它可能是偶尔画错了。北京宫廷里的一位意大利传教士，名叫郎世宁（Castiglione），是一位优秀的画家，他奉命为皇帝绘制了几幅画，但同时他被暗示要模仿中国的绘画风格，而不是欧洲的风格，因为中国人认为欧洲绘画风格是不自然的。[14] 因此，他在绘制皇宫内部建筑时，房屋从前到后都以固定层级延伸到画面顶部，前后左右的建筑大小都相同，这是对自然规律和感官的蔑视。他还画了一组中国从事不同行业的人的人像。这些作品的用笔和着色都非常好，但由于缺乏适当的明暗，整个画作一点也不出彩。然而，与从欧洲带来的任何艺术画作相比，它们更能让中国人高兴。"

注释

1. 关于马戛尔尼使团，参见Mungello, *The Great Encounter*, 94–99; Hevia, *Cherishing Men from Afar*; Aubrey Singer, *The Lion and the Dragon: The Story of the First British Embassy to the Court of the Emperor Qianlong in Peking, 1792–1794* (London: Barrie and Jenkins, 1992); Alain Peyrefitte, *The Immobile Empire* (New York: Random House: 2013, 1st ed. 1992).

2. 马戛尔尼勋爵的随从爱尼斯·安德逊（Aeneas Anderson）出版了《在大清帝国的航行》（1795年）；在1797年，乔治·伦纳德·斯当东爵士之子乔治·托马斯·斯当东的德国导师约翰·克里斯蒂安·惠纳作为马戛尔尼勋爵的侍从加入了使团，他出版了自己的使团记事，名为《英国驻华使馆记事》；马戛尔尼卫队的军士长塞缪尔·霍姆斯发表了他的日记（1798年）；使团的总管约翰·巴罗于1804年发表了他自己的著作《中国游记》。参见Chang, *Britain's Chinese Eye*, 43；另参见Kitson, *Forging Romantic China*, 129.

3. George Staunton, *An Authentic Account of an Embassy from the King of Great Britain to the Emperor of China*, 2 vols. (London: G. Nicol, 1797). 此外，1797年出版商尼科尔出版了一套八开版的三卷本。1798年出版了英文第二版，1799年出版了美国第一版，1797年出版了节选的英文版本，题为《出使中国皇帝纪实》。法文译本出现在1798年并有好几个版本。德文译本于1798—1799年出版。荷兰语译本于1798—1801年发行。

4. 地图集册包含44张图版。威廉·亚历山大后来出版了两本描绘风景、建筑、船只、风俗、贸易、人物及日常生活场景的插图书：《中国服饰》（1805年）和《中国衣冠风俗图解》（1814年）。关于亚历山大，参见Frances Wood, "Closely Observed China: From William Alexander's Sketches to His Published Work," *British Library Journal* 24 (1998): 98–121.

5. 参观皇家园林的邀请是在向大使及其随从赠送一系列礼物之后发出的，这些礼物包括"他自己桌上的几道佳肴……一杯温暖的中国酒……丝绸、瓷器和茶叶"。Staunton, *An Authentic Account*, vol. 2, 237 and 238.

6. 普陀宗乘之庙是乾隆在1765—1771年仿照西藏拉萨的布达拉宫建造的一座佛教寺庙。它建在避暑山庄北部和东部，是宫墙外的外八庙之一。

7. 斯当东在这里指的是大臣兼大学士和珅（1745—1799年）。Wong, *A Paradise Lost*, 89.

8. 斯当东提到了荷花，其植物学名称为*Nelumbo nucifera* Gaertn。他已经在北京皇城的西部观察到了这种水生植物，它覆盖了三海，斯当东将其描述为"几英亩大的湖泊，如今在秋天，几乎完全被莲花的盾状叶子所覆盖"。Staunton, *An Authentic Account*, vol. 2, 122.

9. 约翰·克里斯蒂安·惠纳在他的游记中总结了他对皇家园林的看法，他写道："除了水体、建筑和树林外，园林布局在很大程度上归功于自然，而少有艺术的痕迹。北部由山峰组成，这些山峰时而相互连接在一起，时而被沟壑隔断得陡峭崎岖，并且在一座主导整个区域的高峰上达到最高点。向西走，园林的尽头是一些容易攀登的小丘。"Johann Christian Hüttner, *Voyage à la Chine* (Paris: Fuchs, 1798), 77–78.

10. 斯当东在描述使团在从北京到承德之旅中行经的一座皇家行宫时，用同样的方式表达了中国园林中典型的不同元素随意排列的理念。斯当东说这个建筑群："坐落在一个平缓山脚下的不规则表面上，山麓处有部分区域环有围墙，它们被划分为园林和宫苑，其效果美轮美奂。树林在此处交错密集，可以透过它们看到在不远处流淌的小溪。在它的后面，高耸的山丘有的栽有植物，有的则是裸露的。这些不同的物体似乎都处于原始状态，仿佛只是因为一个幸运的契机而聚集于此。"Staunton, *An Authentic Account*, vol. 2, 172.

11. 斯当东展现了他对早期旅行者所描写的皇家园林文本的熟悉程度。在参观皇家园林时，斯当东希望能找到他曾经读到过的元素，比如王致诚的记述、钱伯斯的论文中回顾的著名的微型城市。尽管他是通过"一位传教士的描述"（显然是指王致诚的文字）了解到这一特别之处的，但斯当东并不确定微型城市是在哪一处皇室建筑群（圆明园还是避暑山庄）中创造的。马戛尔尼勋爵的使团成员访问了乾隆皇帝的郊外行宫，没有一个人能够看到园林中的这一具体部分，因此也就无法证实或否认耶稣会传教士的说法。尽管英国代表团在皇家园林看到的情况与王致诚著名的描述之间存在明显的差异，但由于缺乏对该地的直接体验，斯当东在对王致诚所写的内容的可靠性进行判断时非常谨慎。他只是评论说："这个描述……尽管被怀疑，但并不是不可能的。"

12. 像之前的蒋友仁和王致诚一样，斯当东也注意到了皇家园林的特质。

13. 约翰·弗朗西斯·戴维斯把对圆明园的这一描述写进了他自己的中国经历中。 John Francis Davis, *The Chinese. A General Description of the Empire of China and Its Inhabitants*, vol. 2 (London: Knight and Co., 1836), 254–55.

14. 斯当东提到了耶稣会传教士郎世宁。

第 21 章　范罢览

（André Everard Van Braam Houckgeest，1739—1801年）

　　范罢览，荷兰裔美国人，是荷兰东印度公司的外交官和贸易商。1794—1795年，即晚于马戛尔尼使团一年，他与伊萨克·德胜（Isaac Titsingh，1745—1812年）一起带领了最后一批出使中国的荷兰使团。[1]1795年1月，为恭贺乾隆皇帝在位六十周年，荷兰东印度公司派出的使团从广州抵达北京。他们先后在故宫和圆明园受到接待，在京城停留了大约四十天，然后启程回国。范罢览在他的日记中记录了那次外交任务和使团受到清廷接待的详情，还记载了他对这个国家的地理位置、到访地及农业、文化和社会状况的观察。他的旅行日志以荷兰语撰写，后又被翻译成法语，并于1797—1798年在费城出版，题为《1794至1795年荷兰东印度公司使节谒见中国皇帝纪实》（*Voyage de l'ambassade de la Compagnie des Indes Orientales hollandaises vers l'empereur de la Chine, dans les années 1794 et 1795*）。[2]以下摘录来自1798年在伦敦出版的英文版范罢览旅行日志，题为《荷兰东印度公司使节谒见中国皇帝纪实》（*An Authentic Account of the Embassy of the Dutch East-India Company, to the Court of the Emperor of China*）。[3]

　　第一篇摘录描述了范罢览在圆明园部分皇家园林的行程，使团在1795年1月31日至2月8日间曾多次受邀参观，包括参观位于北京西北郊的清漪园。[4]与此选集中包含的对其他皇家园林的描述不同，范罢览主要关注园林建筑及其建筑形式的多样性。然而，在描述清漪园时，他并没有忽略园林的空间衔接方式。[5]他形容其为一系列可以唤醒访客内心"非凡感受"的视觉发现。他对参观皇家园林经历的叙述集中在访客对园林空间的感知是如何被花园布局对其动线和视觉施加的控制所影响。范罢览描述了一些掩映、引导或者扩大园林内视野的方法和视觉策略，这些方法和视觉策略在增强访客惊喜感的同时，也影响了其对花园真实规模的感知。例如一块大型石雕被放置在一扇大门后，以遮挡其后的花园景观，从而增强了访客的期待感；又例如展现花园围墙之外的令人意想不到的开阔视野。后者是在中式园林设计中使用的一种特殊构图技巧的结果，被称为"借景"，这是范罢览无法意识到的技术，但他对其效果的描述非常精确。[6]

第二段摘录描写了扬州近郊一座皇家行宫的园林建筑群。这段简洁的文字体现了范罢览对多样性的着迷，以及他对园林布局不规则性的研究。

在这两篇摘录中，范罢览评价了口头和视觉叙述在传达他在皇家园林中的体验和促进对中式园林设计的理解方面的作用。同王致诚一样，范罢览也由于欧洲没有任何像清漪园一样的地方，以至于他的描述需要以平面图和"这座宏伟行宫中的几十处绝佳胜景"作为支撑。在参观扬州的皇家建筑群时，他折服于这种"刻意的混淆"，他写道，甚至连平面图和绘画都无法表现出园林空间的复杂性："有什么平面图能表现出因缺乏秩序而完美的秩序呢？"

范罢览对中国的迷恋体现在他于1796年左右在费城特拉华河畔（Delaware River）建造的名为"中国隐室"（China Retreat）的郊区住宅上。主建筑顶上设有一座挂着风铃的小宝塔。范罢览从中国带回的仆人，以及对物品、图画和瓷器的收藏在此唤起了一种异域风情。曾出版过范罢览旅行日志的编辑莫罗德·圣梅里（Moreau de Saint-Méry）在访问了"中国隐室"后赞赏地写道，在范罢览的豪宅中，"我们不可能不去想象自己身处中国，周围都是鲜活的中国人，到处都是对他们的行为举止、纪念碑和艺术作品的展示。"[7]

＊ ＊ ＊

摘自范罢览，《1794至1795年荷兰东印度公司使节谒见中国皇帝纪实》，第二卷，1798年

1795年1月31日

我和大使今早五点乘坐小马车出发前往皇宫……在路上走了一个小时后，我们被带进了墙内的后门。然后我们被带领进了南边不远处的一间屋子里，在那里

等待天亮。破晓时分，我们沿着一条两旁种有高大树木的蜿蜒道路前进，朝着树林里的一大片空地走去，那里有一个为皇帝搭建的巨大的鞑靼式的圆形大帐篷。在另一个帐篷的前面搭建了一个方形的黄色帐篷，两边有六个小的钟形帐篷，这是为朝廷的大臣和显贵们准备的……皇帝走后，其他人也效仿着紧随其后。然后我们被引至一条蜿蜒的运河处等待着两位重臣的到来，没过多久他们便出现了。我们向前走了几步去迎接他们，并以欧式礼仪向他们致敬。

和中堂态度极其和蔼地与我们交谈[8]，并吩咐把我们送去他自己要去的地方。他坐上一辆雪橇出发了，我们也跟着上了另一辆雪橇。在走了相当远的路之后，我们来到了一座建筑物前。我们下了车，跟随着这位大臣穿过了几间房，根据中国的惯例，这几间房间都是互相敞开的。它们都装修得很体面。

行至一个完全解冻的小水潭前，大臣们停下脚步，示意我们注意潭中的一些体形硕大的金鱼，最小的大约有十五英寸长，其余的要大得多。我们确信这些美丽的动物非常古老。

从这里我们被领进了皇帝日常起居的所有小房间。这些房间数量众多，单个空间不大，装修得符合中国人的品味，屋内有几本书和一些非常珍贵的古玩。这些房间中只有三间有欧式座钟。每个房间都有一张供皇帝使用的沙发，还有几张凳子，但没有类似椅子的东西。

在逛完这个宫殿之后，和中堂命令那彦成（Naa-san-tayen）带我们去看其他一些建筑物。我们便向这位可敬的大臣告别，继续跟随我们的向导。

沿着一条大路走了一刻钟后，我们来到了一座宏伟的大型宫殿前，宫殿前方有一个非常宽阔的广场。[9]这个广场的两边各有一个带有路面铺装的宽敞庭院，与建筑的一侧相呼应。这些厢房似乎是为朝廷要员和下等官吏准备的住所。两个白色的大理石基座矗立在庭院中央，其上方支撑着两个硕大的青铜狮子，这可能完全是基于艺术家的想象创作而来的，因为它们符合中国人理解的狮子的形象，尽管这个动物本身在这个国家并不为人所知。

宫殿的第一个厅非常大，并且挂着许多中式风格的灯笼。正如我所描述的其他大厅一样，在它的中央是一个高起的台子和一把扶手椅，即皇帝的宝座。穿过这个大厅后，我们发现自己身处一个有铺砌路面的正方形内院中。它的北面和西面的建筑与我们最初来到的东面建筑一样，有着丰富而美丽的景观。而在南面只有一扇通向宫殿内部的大门，门的两端各有一些仆人的偏房。

在这个与北面相对的大门内，有一整块似乎是为了遮挡大门的巨石，它立在由许多石头做成的底座上。考虑到其惊人的体积和重量，运输和放置这块岩石想必很是麻烦，也耗费了很多的劳力。它的每一面都有皇帝的亲笔题词和其他几位身居高位的人士的摹写。在它的某些地方还有矮小的树木和花朵。

在这个内院北侧的正中间，立着青铜制成的小牡鹿和仙鹤各两只，其做工稍显平庸。建筑北侧有一个皇家会客室，其中央有皇帝的御座，并且布满了灯笼。我们的向导指给我们看马戛尔尼勋爵去年作为礼物献给皇帝的车厢，它靠在御座左侧的墙上。整个车厢涂有精美而富有光泽的金色漆面。马具和其他装备都在车内，上面覆盖着亚麻布。我在会客室的另一侧看到了一个与这辆不寻常的车辆形成鲜明对比的东西，那是一辆车高相似但非常笨重的通身绿色的四轮中式马车，其各方面都类似于在荷兰运送粪便的马车。

我承认这一场景激发了我的想象力。这辆马车被放置在这里难道是为了质疑豪华马车的实用性，至少在中国人看来它是多余的？我正这样猜测着，这时有人告诉我，这辆马车和当年皇帝在地坛里祭祀先农时用的马车是一模一样的。会客室后面有几间皇帝在这里时所住的小房间。

穿过这些小房间，我们来到了第三片建筑群，也就是西方人所谓的宏伟建筑群，它的中心只有一个小厅。其余部分由许多小而不规则的房间组成，它们之间相互联通，像是一个迷宫。[10]

当我们参观完所有的房间后，官吏们把我们带入了皇帝最钟爱的房间，其名为"天"。以它所处的环境和它所包罗的不同视野来看，这里的确是我们所看到过的最惬意的地方。皇帝坐在龙椅上，目光转向一扇由整块玻璃组成的大窗户，就能欣赏到无与伦比的景色。读者可以从下面的描述中感同身受。这个房间是一座建筑物的一部分，它坐落在广阔的湖面上，湖水冲刷着它的墙壁。

这个湖首先吸引了我们的注意。湖中央是一个相当大的岛屿，岛上矗立着几座建筑物，它们被高大的树木遮掩着，是这座皇宫的附属建筑。岛的东侧有一座宏伟的十七拱石桥，其与河岸相连。这座桥是我们目光停留的下一个目标。[11]

向西望去，一个略小的湖泊映入眼帘，它同先前的湖之间只隔着一条宽阔的道路。湖中心有一个圆形的城堡，其中部有一座漂亮的建筑物。这两个湖泊由一条横穿过宽路的水道相连，而一座相当高的单拱石桥弥补了水道所形成的陆路交通的缺陷。

再向西走，立在远处高耸山顶上的两座塔吸引了我们的视线。[12]

在西北方向的山脚、山腰和山顶上矗立着各式各样充满艺术感的寺院建筑，其周围堆有天然岩石的碎片。这些岩石独立于建筑物的预算之外，想必也花费了巨大的资金，因为这种石头只能在距离此处很远的地方才能找到。这件作品似乎代表了巨人们试图登上天庭的野心，至少堆积成山的岩石令人想起了那个古老的传说。建筑物的组合和山脉的美丽点缀穷尽笔墨也无法完美描述。因此，我们完全可以理解为什么这个房间能够成为这位年迈君主的至爱。

它的内部配有一个藏书阁，书架上收集了所有最珍贵和稀缺的中国工艺品，包括宝石和古董。毫无疑问它们非常具有研究价值。

我们在这座建筑物中很愉快地度过了相当长的一段时间。随后我们来到了它的南面，那里有一个雪橇，我们乘着它去往上文提到的寺庙。

它们是五座独立的宝塔，两座在山脚下，一个朝北，另一个朝南；另外两座位于山腰，与山脚下的宝塔处于相同方位；第五座宝塔则在山顶上。

南面山脚下的宝塔里有一个代表色欲的神像。它非常大，且完全镀金。它展现了一个过度肥胖且神色满足欢愉的人坐在垫子上的姿态。在这座宝塔中还有许多其他神像，但尺寸较小，也并不那么重要。

在半山腰的南塔内，最主要的一尊女性形象的佛像大约六十英尺高，有六张脸和一千只手臂，类似于我前天提到的北京的大悲殿（Tay-fay-tin）中的形象。

这座寺庙由两纵排竖立着的支柱分隔成一个中殿和两个过道。沿着墙壁和柱子都是仿制的岩石，岩洞里有数以百计的佛像和罗汉像，它们一起构成了非常奇特和引人注目的奇观。

从这个我们至少攀登了一百二十级台阶才到达的地方继续向上，又跨过了最低的台阶也有一英尺高的四十八级台阶，顺着一条岩石间的曲径，我们爬上了山顶，得以俯瞰北京的东南部，可以分辨出位于中间地带的几个居所或建筑物，它们都是圆明园的一部分。[13]

第五座寺庙位于山顶上，它的构造在许多方面都类似于塔，其内部有三个巨大且完全镀金的坐佛像，它们是寺庙的主要佛像。在这些大佛对面的下层，有九座镀金女性坐佛像，但尺度要小得多。而两侧都有九座制作精美且巨大的青铜罗汉像。

主佛像后面的墙壁从一端到另一端都覆上了厚木板。每块板上都有数百个放置在小壁龛中青铜佛像。寺庙的外墙是上过漆的砖瓦，中间有一个浅浮雕的佛像，同我在北京宫殿所见的名为Houing-ou-tzu的寺庙一样。

结束了对最后一座寺庙的参观后，我们沿着崎岖的石阶从山的北侧走下，来到了半山腰处朝北的寺庙。它的主要佛像是全部镀金的，展现了一个拥有许多手臂的女菩萨形象。这座寺庙的下半部分，同我们参观过的第二座寺庙一样被分成了三部分。墙壁和柱子上都是祥云和佛的图案，它们营造了一种令人愉悦的效果。

我们从这座寺庙接着下山，走到了北侧山脚下的庙里，庙内有一个大约九十英尺高的巨大的女性形象的佛像，她有四张脸和四十四个手臂。两侧立着两个至少四十五英尺高的侍从像，但更靠前一些，似乎在尊崇这尊女性佛像。寺中还有两座工艺极精妙的四边形塔，它们矗立在大理石基座上，侧面有青铜质地的佛图案。

内墙完全由砖砌筑而成，点缀着色彩各异的上了清漆的浅浮雕花朵。靠墙立着几根涂有青铜的立柱，自基座向上有六英尺高。

除了装香料的花瓶和其他宗教器具外，五座寺庙都装饰满了制作精美的黄铜。就主题之美和做工之精致来说，它们处处都可与北京的寺庙相媲美。

这些寺院也都有前院和门廊，庭院内部有一些大理石的装饰物。

在以我先前提到过的那种惊人方式堆砌的岩石顶端，有两座对称结构的方形露天楼阁、两个塔楼形状的小房子和其他几个小房间。其屋顶装饰有绿色、蓝色、黄色的清漆砖，这些瓷砖有的被排成正方形，有的被间隔摆放。有的地方将不同的颜色结合在一起，而有的地方则使用了相同的颜色。有些小房子外甚至铺着光滑的方形瓷砖，瓷砖上涂了一层清漆，当阳光照射时便会反射清辉。

但是，我并不试图贸然地用我苍白的语言来描述我目之所及的一切，也没有想要努力与读者建立思想上的共鸣。这些纷繁景象结合了奇特、富丽、大胆的设计和精湛的技艺，此情此景令我不断产生许多各式的完美感受。我理应直截了当且自然地承认自己在表述上的无能。大师的画笔或许会想在某种程度上还原这众多奇迹，即使这样我也会冒昧地说，当然这并不是为了维护我自己的信誉，副本将永远难以企及原作。

如果我可以通过金钱来获得这座宏伟园林的一张平面图或者是更多的盛景，我将会多么高兴。试图描述中国建筑尤其是皇家住宅几乎是徒劳和浪费时间的，因为它的建筑模式与欧洲没有丝毫相似之处。我深信没有图纸的帮助，人们就无法理解我所做的描述，我选择放弃这种尝试。

离开这些宝塔后，我们被带上了一条景致宜人的蜿蜒道路，这条路上铺着整齐的小鹅卵石，树影婆娑，时而经过山丘，时而穿过峡谷。总而言之，这样一条路在夏日万物都泛着绿意的时候，一定会成为一条最令人愉快的步道。

走了几分钟后，我们来到了一片小型建筑群，它们被皇宫的高墙围住，站在皇宫中可以俯瞰它们，相较于皇宫，它们的高度低很多，占地范围也小很多。它们形成了一个村庄，其间有一条非常清澈的小溪，两边都是小石头，此时溪中的冰已经消融了。这些建筑物目前没有人居住，但是每逢夏日皇帝来圆明园居住时，这些房子就成了各式商贩的店铺，商贩聚集在那里售卖商品，与我们的集市类似。可以想象那时这个地方便会变得非常热闹有趣，流动的溪水可以用于清洁，也可以使这里的环境保持凉爽。[14]

我们从那里被领到另一片建筑群，和中堂在其中一个大厅里等着我们……他亲切地接待了我们，他还询问了我们参观后的感受。翻译向他传达了我们的愉悦、满意和十足的惊奇，以及最重要的是我们对皇帝位于长春仙馆的宫室的赞美。中堂大人随后告诉我们，皇帝对荷兰使团的成员非常满意，他希望通过向我们提供比其他外国使节更多的礼遇来证明他的青睐和喜爱。因为从未有外国人走进过皇帝的私人房间，也没有任何欧洲人曾有幸看到我们被允许参观的一切，这些地方即使是本地人也很少能够接近，由此我们大概可以判断出皇帝的偏爱[15]……我们从大厅接着往前走，经过一条蜿蜒曲折的石板路，路旁有一条清澈的小溪潺潺流淌。转了几个弯后我们来到了一个靠近后门的建筑物前，我们的马车正在那里等着我们……

1795年2月8日

今天上午11点，我和大使出发前往圆明园的乡间别墅……烟花放完后，皇帝坐着雪橇从冰上去往这个令人心旷神怡的行宫的另一居所。我们乘着一辆扁平的雪橇，沿着一条蜿蜒的运河紧随其后。我们在离出发地很远的地方下了雪橇，然后步行至一个灯火通明的大建筑物旁，皇帝已经落座，我们则被要求坐在地上的垫子上。在一些伶人高唱了几首诗歌之后，一些表演者开始了一段平淡无奇的戏剧。在我看来这些诗的主题是对皇帝的赞美，表达他受到了世界各国的颂扬和尊敬，这些话我认为也是对荷兰人说的。

皇帝在这个地方待了半个多小时就离开了。然后我们被再次带到运河，在那里登上了一辆雪橇，它穿过迂回的路线将我们送到了一个大门旁，在那里我们找到了自己的马车，并与陪伴了我们一整个晚上的南大人告别。我们登上马车返回城市，值得庆幸的是在九点多钟我们就回到了住处。因为车子不停地颠簸，我们颇有一些疲惫和不愉快。

先前提到的宏伟运河沿岸的风景可以算是对我们在这短暂旅途中所受疲累的唯一慰藉。这条运河从地势并不平坦的树林中蜿蜒流过。它的堤岸是由岩石组成的，不同于砖块或石头，假山塑造出了只能在大自然中获得的天然感。若是在夏日，这些当下有些折磨眼睛的树杈将长成宜人的婆娑树影，在树下坐着轻快的游船航行在这条宁静的溪流中，这该是多么惬意啊！

我们十分高兴能够参观皇帝这一部分的乡间行宫，毕竟在此之前我们对其还一无所知！实际上我们还没有看到圆明园二十分之一的美丽，因为我已经被确切地告知它的周长不短于三百里（三十里格）。[16]

1795年3月13日

我们一大早便上岸去参观我昨天提到的乡间别墅。[17]皇帝在过去的十二年里从来没有在这里居住过，所以这里很荒凉。不过，如果皇帝有回去的意愿，只需两周的时间就能将一切安排妥当。

即使在目前的状态下，这个地方也因其各式各样的建筑、各种点缀着岩石的地面、亭台楼阁、湖泊、桥梁等而引人注意。每一处都是依据同一个体系布置的，在这个体系中，艺术自身似乎隐藏在自然的不规则性之中，而花果树木和荆棘所构成的混乱组合似乎仅仅是一个偶然。这些鸟儿已经用它们的歌声使小树林生机勃勃，并用它们的羽毛丰富了绿意。艳丽的夏天，当你将自己的魅力传遍这片土地，人们一定能在这个迷人的地方感受到无上的喜悦。

不，要准确地描述一座中国行宫是不可能的。一切事物都混杂在一起，令人晕头转向，但天才的胜利在于防止了任何可能损害观赏的混乱。每时每刻，新的组合都会成为一道风景，人们越是不太可能预见到它，这些变化的景就越是令人愉快和引人注目，访客的惊喜因一步一景而不断维持。也许平面图和风景画可以准确地说明它们的构成，但是有什么平面图可以表现出正因为缺乏秩序而完美的秩序？什么样的画作可以把看起来如此不和谐的事物表现出来呢？怎么可能把不同景物相互借用的生活引入其中？这些令我们沉迷地步行了一个半小时。

注释

1. 伊萨克·德胜被任命为荷兰东印度公司驻日本出岛（Island of Dejima）的贸易站点首席大使，而范罢览被任命为副使。关于出使中国的荷兰使团，参见Jan Julius Lodewijk Duyvendak, "The Last Dutch Embassy to the Chinese Court (1794–1795)," *T'oung Pao* 33 (1937): 1–137. 另参见Wong, *A Paradise Lost*, 88–90; Mungello, *The Great Encounter*, 157–59.

2. 其日志分两卷出版，献给乔治·华盛顿。第一卷于1797年出版，第二卷于1798年出版。不久之后出现了一些盗版，但它们都只基于第一卷的文本。1798年，费城版的第一卷在巴黎出版，共两卷。巴黎版的英译本于1798年在伦敦出现，共两卷。德文版于1798—1799年在莱比锡出版。

3. André Everard van Braam Houckgeest, *An Authentic Account of the Embassy of the Dutch East-India Company, to the Court of the Emperor of China, in the Years 1794 and 1795*, 2 vols. (London: R. Phillips, 1798).

4. 关于范罢览对荷兰使团的详细叙述和对皇家园林的描述，参见Malone, *History of the Peking Summer Palaces*, 119–21, 166–70.

5. 清漪园的起源可以追溯到金朝1153年建造的一座小宫殿，其被用于君主在帝国各地巡游时的住所。几个世纪以来，该地区几经变化，最重要的变化发生在乾隆皇帝统治时期。1750年，为了纪念母亲六十大寿他决定扩建这座园林。然而，这个工程直到1764年才完成。这座大型园林的设计以一座高耸的山峰和一片大湖的和谐组合为中心，两者皆是人工的，其让人想起中国南方杭州西湖的景色。乾隆加高现有的山丘并将其重新命名为万寿山。这座树木茂盛的山丘坐落在场地的北部，它由寺庙、亭台和花园所装点，并且这些建筑由蜿蜒的小路连接。在山脚下，巨大的昆明湖向南开放。乾隆扩大了湖面，并将其细分为三个相互联系的不同部分，由栽满树木的堤道隔开，每个部分都有一个岛屿。为了纪念他母亲的七十岁生日，乾隆在这个建筑群中增加了新的建筑和亭子，并将园林命名为清漪园。该园林先是在1860年第二次鸦片战争期间受到英法联军的破坏，后又在1900年义和团运动中受到八国联军的破坏。两次重建工作都是由慈禧太后发起的，正是在第一次重建之后，它才更名为现在的名字——颐和园，"保存和平的花园"。该园林现在通常被称为颐和园。Valder, *Gardens in China*, 172–73.关于乾隆皇帝时期清漪园的扩建的研究，参见Malone, *History of the Peking Summer Palaces*, 109–19; Siu, *Gardens of a Chinese Emperor*, 107–40.

6. "借景"是指将园林周边的景观元素融入游客所欣赏的园林风景中。通过在视觉上与外部景观相联，园林似乎可以无限地向外延伸。Rinaldi, *The Chinese Garden*, 64. 关于近期对借景概念的讨论，参见 Wybe Kuitert, "Borrowing Scenery and the Landscape that Lends – The Final Chapter of *Yuanye*," *Journal of Landscape Architecture* 10, no. 2 (2015): 32–43.

7. Van Braam Houckgeest, *An Authentic Account*, vol. 1, xiii. 关于范罢览的中国之行，他在清朝宫廷的接待，以及他的中国收藏的研究，参见John Rogers Haddad, *The Romance of China: Excursions to China in U.S. Culture, 1776–1876* (New York: Columbia University Press, 2009), 2–17.另参见Alfred Owen Alridge, *The Dragon and the Eagle: The Presence of China in the American Enlightenment* (Detroit: Wayn State University Press, 1993), 161–81.

8. 范罢览在这里指大臣兼大学士和珅。Wong, *A Paradise Lost*, 89.

9. 正如卡罗尔·马龙所言，范罢览在这里指的是建在万寿山脚下的清漪园建筑群。Malone, *History of the Peking Summer Palaces*, 168.

10. 这里的"迷宫"一词与建筑的衔接相关。关于"迷宫"在中国园林中的其他使用方式，参见本选集中的利玛窦和尼霍夫的描述。

11. 范罢览在这里指的是昆明湖和南湖岛，南湖岛是在湖面南部建造的人工岛。该岛以一座长达十七拱的桥与岸边相连，这座桥由一系列大小不一的拱门所支撑。

12. 这是一个借景的例子。

13. 从一条艰难曲折的小路到达的至高点上，探得了北京城的一处景色，这是借用景观构图技术的另一个例子。

14. 范罢览所说的圆明园，可能包括靠近圆明园皇室建筑群的其他园林和花园。范罢览可能没有意识到，在第一次参观圆明园之后，他被带到了另一处皇家园林，并且他确信自己是在参观圆明园的一部分，而不是附近的清漪园。他在这里描述的是所谓的苏州街，其间设有一排排低矮的建筑，这些建筑曾经是面向运河的商店，让人联想到苏州城的运河及沿其码头展开的密集的商业活动。当乾隆皇帝建造这些建筑时，它们构成了一个模仿城市贸易区的生动缩影，并作为供皇家宫室娱乐的场所。正如马龙所解释的："皇帝为他的母亲建造了一条名为苏州街的商店街，供其娱乐。它包括集市、商业街、牌楼（纪念性拱门）、小巷，所有这些都是模仿老夫人与他一起去南巡时所游览过的江南城镇……这条苏州街可能是在更大的范围内再现了圆明园宫内太监们偶尔演出的场景。"王致诚在他的信件中描述了圆明园中的这种场景。参见Malone, *History of the Peking Summer Palaces*, 112.

15. 范罢览唯独感到遗憾的是，在参观皇家园林时没能见到耶稣会会士设计的西洋楼。

16. 范罢览在他的游记中重复了这一说法。在与法国耶稣会传教士罗广祥交谈后，范罢览向他询问了关于圆明园西洋楼的信息，他写道："罗广祥先生补充说，在其围墙内，郊区行宫圆明园包含三十六处不同的宫苑，它们彼此之间相隔一定距离。每座宫殿都有自己的属地，都有皇帝和他的侍从们所必需的设施，欧洲建筑构成了三十六处住宅或分区中的 处。根据这一说法，我对其真实性毫不怀疑，我有埋由相信，我们还没有看到这片广袤土地的二十分之一的美景，欧洲任何一位王子的住所都无法与之相比，而且其成本一定达到了一个惊人的数字。"Van Braam Houckgeest, *An Authentic Account*, vol. 2, 69–70.

17. 范罢览指的是他称之为王园（王子的花园）的夏季行宫，它可能是扬州西北部瘦西湖沿岸的众多园林之一，这些园林是在乾隆皇帝统治时期建造的。Che Bing Chiu, *Jardins de Chine, ou la quête du paradis* (Paris: Éditions de la Martinière, 2010), 76. 我感谢魏瑞明让我注意到扬州的皇家行宫清单，以及对范罢览用来指称该地区的宫苑群的"王园"一词进行的可能解释。

第 22 章　约翰·巴罗

（John Barrow，1764—1848 年）

约翰·巴罗是1792—1794年马戛尔尼勋爵带领的英国赴清使团中的一员，他于1804年出版了他的游记，名为《中国游记》。[1]巴罗的游记在英国获得了巨大的成功，并因其为增进英国人对中国的理解作出的贡献而被广为称赞。散文家罗伯特·骚塞（Robert Southey）在《年度评论》（*The Annual Review*）中为《中国游记》写的评论肯定了巴罗的作品所"传达的关于这个非凡帝国及其居民的信息量，远超之前的旅行者的总和"。[2]

在游记的首页，巴罗便将自己定位为一个客观独立的观察员。他认为迄今为止那些所谓的优秀的专家或耶稣会传教士关于中国的报道"绝不是令人满意的"，并且基于他的观察，它们甚至有很多错误。巴罗旨在为中国提供一个真实的写照，并"以适当的色彩来描绘这些非凡的中国人，不是被道德准则所代表的他们，而是展现他们最真实的样子"，以摆脱耶稣会文字所特有的"华而不实"。[3]

本章所引用的巴罗《中国游记》的第三章中对清朝皇家园林的描述，包含了巴罗对圆明园的评价和马戛尔尼对避暑山庄的叙述。[4]他对所参观的皇家园林所表现出来的欣赏，部分取决于他对中国园林与英国风景园林在构成方式上的一些相似之处的认识。例如，对于他在1793年参观的圆明园背后的空间设计策略，同其前人钱伯斯和斯当东一样，巴罗看出了山水画与园林布局之间的关系，细心感受了被精心摆放的植物在"画中的构图作用"。巴罗对中国皇家园林设计的解读受到了英国园林设计传统的影响。事实上，他比较了圆明园与伦敦郊区的里士满公园（Richmond Park）的草地、树木繁茂的山丘和蜿蜒的湖泊。

巴罗关于中国园林的大部分描述都引自马戛尔尼勋爵的游记。巴罗并不在英国使团从北京到承德避暑山庄与乾隆会面的一行人中，他留在了圆明园。因此，他在游记中插入了马戛尔尼勋爵对这座大型皇家园林的长篇而热情的描述。马戛尔尼勋爵欣赏其"充满野趣"的氛围，富有差异性、多样性和惊喜的美学，以及凸显各个组成部分优势的精心安排。他的叙述遵循了英国使团在避暑山庄的行程，他们首先穿过了有绿草的低地和湖泊的东侧，然后穿过了树林茂盛和多山的西侧，最后抵达了一座位于山顶的亭子，大使试图从那里了解山庄的整体布局，就像看"灯火通明的地图"一样。[5]

本章以马戛尔尼总结的中国园林与英国园林间的相似点和差异为结尾。在对避暑山庄的描述中，大使承认清朝皇家园林与英国最优秀的风景园林"完全类似"，他将其"如画的风景"和"平缓起伏的地面"与斯托公园（park of Stowe）、沃本庄园（Woburn Farm）、松山园（Painshill Park）相比，而这些都是英国最早的风景园林。[6]他还将避暑山庄西部的林地与威斯特摩兰（Westmoreland）的劳瑟厅（Lowther Hall）相联系，并将山庄的另一部分与贝德福德郡（Bedfordshire）卢顿镇（town of Luton）周围的英国乡村丘陵景观联系起来。马戛尔尼总结道，在他看来，园林的自然外观、布局、设计背后的美学，以及通过视觉策略来操纵访客对园林感知的方式，都体现了两个相距甚远的国家在园林传统上的相似之处。马戛尔尼认为两者主要的区别在于它们对自然的相反态度，英国园林倾向于"改善"，而中国人选择"征服"。根据马戛尔尼的说法，这种差异源自中国人对园林选址的独有特征的漠视，相反，这是任何英国园林设计在确定过程中必不可少的环节，亚历山大·蒲柏（Alexander Pope）称之为"地方的神明"（genius of the place）。对于马戛尔尼来说，两种园林设计的另一个不同之处在于游客沉浸在其中时所产生的不同情感反应。尽管中国园林与英国的风景园林的确存在相似之处，中国园林也似乎包含了高级美学范畴内的所有特征，但马戛尔尼声称中国园林因其普遍的欢乐氛围而无法打动他，"点亮了现场的风貌"，他这样描写道。对于英国大使来说，中国园林因太过繁茂而并不能称得上真正的高级。

＊ ＊ ＊

摘自约翰·巴罗，《中国游记》，1804年

在我离开圆明园等著名的园林之前，人们自然会期望我对它们的主题发表一些看法。对于景色的宏伟、美丽及宫殿的富丽堂皇我早已读到过，也有所耳闻，我自然希望能遇到超越或至少与欧洲处于同等水平的园艺和地面铺设风格。也许的确，如果我们的游览没有受到任何限制，我的所有期望便都能得到满足，虽然事实远非如此。我进行的所有短途游览都是偷偷摸摸的，即使是在觐见殿和我们的居所之间的很短距离内（可能大约三百步），也有人在不停地监视我们。一想到会被太监或朝廷里的下等官吏拦住，我们就会警惕起来，以免遭受这样的羞辱。在这种情况下，无论好奇心多么强烈，自尊心通常都会战胜欲望。不过有时

图10　托马斯·梅德兰（Thomas Medland）（在威廉·亚历山大和亨利·威廉·帕里什之后），《热河皇家园林东部的景色》，第128页后，收录于约翰·巴罗的《中国游记》（伦敦：由 T. Cadell 和 W. Davies 出版，1804 年），手工上色铜版画，耶鲁大学英国艺术中心，保罗·梅隆收藏

我也会冒险在晚上从我们的住处溜出来，偷偷观赏这些著名的园林。

根据计算，圆明园的直径至少有十英里长，面积大约六万英亩，尽管其中大部分是荒地和林地。我们居所附近的整体环境，即这个国家的自然地表，被分隔出层层叠叠的山峦和峡谷，其间点缀着树木和草坪，可以与里士满公园相比。但它们充分利用了富有运河、河流和大片水域的优势，尽管其河岸是人工的，但其既没有修整或缩短，也没有像防御工事里的斜坡一样倾斜，而是大动劳力以不规则和偶然的方式展现一种浑然天成的质感。[7] 醒目的岩石岬角伸出湖面，山谷隐退，有的河岸布满了树木，有的则被高度开垦。在一些特殊的建有游乐、休息或者养老场所的地方，景观是被精心设计过的。这些树木不仅按照大小排列，树叶的色调似乎也被考虑在画面的构图中，其中一些景观可以说是非常得体的。但如果仅从我所看到的地方来说（我知道整片区域内这样的地方比比皆是），它们与威廉·钱伯斯爵士对中国园林的那种富有想象力的和奢华的描述相差甚远。[8] 然而，太多事情已经完成，我所看到的一切都不能被认为是对自然的冒犯。

皇帝有三十处不同的居所，每个居所都配有用于安置上朝和出席特定场合的大臣、太监、侍从和匠人的配套建筑，这些已然构成了一个规模可观的村庄的配套建筑，据说这一切都包含在园林内部。然而，这些冠以宫殿之名的配套建筑群与其说是富丽堂皇，不如说是数量众多，其大部分都是简陋的小屋。皇帝的住所和他用来接见客人的大殿，除了粉刷得金碧辉煌和色彩绚丽之外，与一个富裕的英国农民的谷仓相比并没有什么优越之处，甚至还不如它坚固。他们的宫殿在比例上是有缺陷的，因为他们的建筑并不考虑我们认为至关重要的所有规定和原则。圆明园的主殿立在一个花岗岩平台上，高出庭院约四英尺。建筑物四周的一排木制大立柱支撑着突出的屋顶，在其内侧还有一排与外侧相呼应（两根柱子之间的空隙用砖砌成，大约有四英尺高）的立柱，构成了房间的墙壁。这些墙的上部是一种格子结构，覆盖着大片的油纸，并且能够在公共场合完全打开。木柱没有柱顶，唯一的柱顶过梁是支撑屋顶椽子的水平横梁。这是可能被称为"柱上楣构"或"檐壁"的核心部分，与欧洲建筑中的既定模式直接矛盾。宽阔的木质隔板被固定在柱子的上部之间，漆有最鲜艳的蓝色、红色和绿色，并且被镀了金。

它整体都铺上了铁丝网，以防被燕子和其他常出没于人类居所的鸟类污染。这个房间长一百一十英尺，宽四十二英尺，高二十英尺。天花板上绘着圆形、正方形和多边形的图案，排列奇特，颜色也很丰富。地板是用方格状的灰色大理石板铺成的。放在凹处的龙椅由一排排漆成红色的柱子支撑着，它们完全是木制的，看着像是红木，上面的雕刻精美细腻。房间里有一对铜鼓、两幅大型画作、两对古代青花瓷瓶、几卷手稿，还有一张摆放着一个古老英式鸣钟的桌子。这个鸣钟由利德贺街（Leadenhall-street）的乔治·克拉克（George Clarke）制造于17世纪，而我们的一个太监老朋友斩钉截铁地告诉我们这是一个中国匠人的杰作。龙椅两侧各有一根锃亮的黑檀木长杆和一把用青鸾羽毛制成的团扇，龙椅上方写着四个字"正大光明"，下方的菱形里写着"福"字。在不同的庭院里有一些糟糕的雕塑及青铜像，但它们都是幻想的、扭曲的且完全脱离自然的。这里鲜有能体现工匠技艺之处，除了龙椅上的雕刻，只有围绕花园的砖墙还值得仔细观察，这在英国也是绝无仅有的。

关于中国人的建筑和园艺，我可能会给出一种更详细的描述，或者针对这个主题发表一些看法。关于前者我会把我的一些想法留到另一处讲[9]，就后者而言，我很遗憾没能尽数参观我想要看的地方，尤其是在热河的皇家园林（避暑山庄），从大使的描述来看它似乎有着无与伦比的美丽、庄严和舒适。但我的遗憾可以通过摘录他的一些日记来弥补，大使在风景园林方面的品味和技巧是众所周知的。我确实很遗憾无法从大使的日记中提取更多内容来充实这本书，由于他的日记自成体系，从中截取的没有上下文的片段可能会误导读者，这对作品来说可能有害。因此我更感激（并欣然接受这个机会来表达我的感激之情）大使愿意让我引用一小部分他的作品。[10]

谈到从北京到鞑靼的热河，马戛尔尼勋爵写道："总的来说，我们的旅程非常愉快，被分成了七天，因而我们一点也不感到疲劳。在每个阶段结束时，我们都居住在毗邻皇帝宫殿的侧翼房屋中。这些宫殿在道路上相距很近，是为了皇帝每年访问鞑靼而建造的。它们几乎根据同样的平面图和风格而建。

"它们坐北朝南，通常位于地势不规则的山脚下，连同毗邻的山谷一起被四周的高墙环绕，置身在园林和娱乐场所中，四处都是如画的美景。无论何时，只要水出现在人们的视野中就难以被忽视。远处的山丘都根据它们视野中的其他景观，或被种植树木，或被耕种，或保持裸露。为了给人一种范围更大的印象，墙通常被隐藏在下沉的篱笆里。中国的造园家是大自然的画家，他们虽然完全不了解透视的科学，却可以通过对距离的排布或是界定，通过淡化或保持场景的特征，通过利用树木的明暗对比，根据它们的体积和形状将其前移或后退，引入不同尺寸的建筑物，或以明艳的着色来强调，或通过简化和省略装饰来弱化，以此来营造出最理想的效果。[11]

　　"皇帝知晓了我们在中国旅行想要遍览新奇事物的强烈愿望，他很高兴地派大臣带我们参观他在热河的园林。它在中国被称为万树园（万树之园）。为了得到这一殊荣（它被认为是一种罕见的礼遇），我们今天早上三点便起床去了宫中，与所有朝廷重臣一起等待了三个小时（这个地方的礼仪），直到皇帝出现，他像往常一样由十六个人抬着，坐在一辆高高的敞篷的轿子上，被很多卫兵、乐师、旌旗和伞盖簇拥着。我们站在靠前的位置，他注意到我们后便命令随从停下并招呼我们走近。他开始和我们谈话，并非常和蔼地告诉我们他正在前往宝塔的路上，他通常在那里进行晨间礼佛。因为信奉的宗教不同，所以他就不叫我们陪同一起了，他命令他的首席大臣和阁老们带领我们参观他的园林，并向我们展示我们所希望看到的任何东西。

　　"我有礼节地表达了我对他屈尊而来的感激，以及对在热河观察到的每一件事物的日益钦佩，然后我便退下了，让他继续前往宝塔进行晨间祷告。我与大臣们和其他阁老来到了一个为我们准备的亭子里，经过短暂的休整之后我们就骑马去参观这个美妙的园林。我们在一个非常漂亮的园子里穿行了大约三英里，园子内秩序井然，很像贝德福德郡的卢顿镇。地势微微起伏，远处有一片片对比鲜明的各式树木。再往前走，我们面前出现了一个广阔的湖泊，湖的尽头似乎消失在了远处。这里有一艘准备迎接我们的巨型豪华游船，还有几艘侍从乘坐的较小游船，游船上装饰着无数的风帆、垂饰和飘带，十分漂亮。湖岸的形状千姿百态，画家通过想象力大概可以将其描绘出来，有凹进去的海湾，也有突出的岬角，几乎每划一下桨都能看到一个新的、令人意想不到的景物。这里也并不缺乏岛屿，它们坐落在恰当的位置上且各具特色：或以宝塔取胜，或以其他建筑物出彩，或朴实无华，或光滑平整，或陡峭凹凸，或遍布树木，或以文化见长。凡是看到特别有趣的东西的地方，我们就会不时地上岸去参观。我敢说整个航程中，我们在四五十个不同的宫殿或亭子停了下来。它们都装饰得非常华丽，有皇帝狩猎或出巡图，巨人的碧玉和玛瑙花瓶，精美的瓷器和漆器，各式各样的欧洲玩具和音乐盒。这些精美绝伦、数量众多的球体、星象仪、钟表和乐器，使我们的礼物在两相对比下黯然失色。然而有人告诉我，我们所看到的这些珍品还远不如圆明园的后宫和欧洲仓库里的其他同类。每一个亭子里都放着一把龙椅，它的一侧放着一个象征和平与繁荣的如意（玉制权杖），就像皇帝昨天让我给国王的一样。

"如果我要把这个迷人地方的所有奇观都一一描绘出来，那将是一项无穷无尽的任务。我们用于点缀英国的游乐场所的分散之美、舒适之特性和想象之发散，在这里都并不存在。如果布朗（Browne）先生或汉密尔顿（Hamilton）先生曾到过中国，我敢发誓他们一定能从我今天感受过的这些丰富的资源中汲取到最快乐的思想。在短短的几个小时里，我享受到了野趣的变化无常，我想象不到在英国以外的其他地方，也能在不同时刻感受到诸如富丽堂皇的斯托公园、温和美丽的沃本庄园、仙境般的松山园一样似曾相识的迷人景致。

"有一件事给我留下了特别深刻的印象，即对装饰性建筑位置的绝佳选择。它们并没有显得拥挤或不匀称，也没有想要强行闯入你的视野，但是无论它们出现在哪里，总会展现出自己的优势，帮助改善景色，使其更充满生机。

"许多地方的湖泊都被睡莲或莲花覆盖，类似于我们的阔叶水百合。[12]尽管中国人非常喜爱这种装饰，将它们种植在所有的水域，但我承认我不太能够欣赏这种花。有金银鱼池的假山水塘过于泛滥，通常放置在亭台前的巨大的狮虎瓷像也令欧洲人眼花缭乱，但这些都不是什么大不了的事情，在经过对这些园林近六个小时的批判性审视之后，我现在惊讶于自己几乎想不到任何除了这两点之外还有什么可挑剔的地方。

"当我们向大臣告别时，他说我们只看到了行宫的东侧，而剩余的西侧的更大部分，他下次仍然会很乐意带我们参观。[13]

"因此，皇帝生辰当天的仪式结束后，阁老和中堂，福老（Foo-leou），他的兄弟福中堂（Foo-chan-tong）和松大人（Song-ta-gin）*，以及其他的一些显贵，在我们访问东园的两天后，提议将我们带至西园。他们道西园和东园风格迥异，东园具有柔美和舒适的吸引力，而西园则展示出了大自然的崇高之美，其程度之高如我们之前在东园所看到的一样。它是世界上非常美丽的森林景观之一，充满野性而树木茂密，多山且岩石嶙峋。牡鹿和其他种类的鹿，以及大多数对人类没有危险的动物竞相追逐。

"在许多地方，大片的树林生长在近乎垂直的陡峭山坡上，它们通过粗壮的根系抵御来自地表和土壤的所有阻力，这些树林主要是橡树、松树和栗子树，通常这种地势几乎都是寸草不生的。这些树林有的延伸至峭壁顶峰，有的聚集在山的边缘，倾泻而下至最深的山谷里。在离树林适当的距离处，你会发现与环境完美融合的宫殿、楼阁和寺院（但没有僧人），有的建筑旁流淌着一条小溪，轻柔地穿过林间空地，有的建筑旁则有瀑布，其或从山顶一泻而下，激起谷底的泡沫和阵阵回声，或静静地流入深潭或裂谷。

"通往这些浪漫场景的道路通常是从岩石中凿刻出来的，路面崎岖，以阶梯状形态盘绕着山丘，然而我们的马车队在前进过程中没有遇到任何意外或干扰，尽管这些马匹们活力十足，也没有上马掌。凭借着地势的跌宕起伏和我们攀登上的各种高度，我们能居高临下以超然的目光捕捉到许多壮丽的景色。在徘徊了几个小时（但从未厌倦）后，我们终于来到了一座四面敞开的亭子，它坐落于一个高耸的山顶上，从上面完全可以俯瞰周围乡野的全景。我们的视野半径离我们所在的中心点至少有二十英里，我从未见过如此丰富、多样、美丽且庄严的景象。

---

* 译注：根据李国庆、欧阳少春译本《我看乾隆盛世》，此处提及的分别是和坤（军机大臣）、福安康（前吏部尚书、两广总督）、福长安（福安康的兄弟、军机大臣）和松筠（军机章京）。

眼前所见如同一幅灯火通明的地图：宫殿、宝塔、城镇、村庄、农舍、平原、峡谷，数不清的溪流，树木起伏的小山，还有遍布有着绝美斑纹和颜色的牛群的草甸。一切似乎都在我的脚下，只要迈出一步便能到它们跟前。我观察到这里有大量英国人称之为sheet cows和sheet horses的牛、马，还有许多花斑马，它们长着草莓状的斑点。

"如果英国有什么地方与我今天看见的西园有任何相似之处的话，那就是威斯特摩兰的劳瑟厅了。从景色的范围、奢华的环境、高贵的位置、地表的多样性、广袤的树林和对水的利用来看，我会以为这可能是由英国人所呈现的。"[14]

在对热河行宫两侧的园林美景进行了富有细节且有趣的描述后，大使发表了一些他对中国园林和装饰性建筑的看法，它们通常被用来给景致增色，也有助于居住者的使用和便利。

"我们的造园风格真的是从中国模仿而来的，还是源于我们自己的，我留待虚荣去断言，让无事者去讨论。一种出于理智和反思的发现，可能同样发生在相距遥远的不同国家中，两者并无必要互相借鉴。英国的造园术和中国人之间定有极大的相似之处，但我们的卓越之处似乎更在于改善自然，他们则在于征服自然，两者却产生了同样的效果。在哪里建造园林对一个中国人来说是无关紧要的，无论那个地方是被乡村之神宠爱或抛弃。如果是后者，他会邀请他们或迫使他们返回。他的目的是改变他所发现的一切，打破旧的创作方式，将新奇的设计引入每个角落。如果是一处荒地，他就用树木点缀。如果是一片干燥的沙漠，他便用河水浇灌，或用湖水填补。如果是平坦的地面，他则会尝试所有可能的办法去改变它，或使地面隆起成为山丘，或将其挖成峡谷，或用岩石让它变得粗粝。他使贫瘠的土地变得柔软，把旷野变成宜人的环境，或让广袤无垠的土地在雄伟树林的相伴下变得有生气。中国人对于视觉骗术和陷阱并不陌生，但他们很少使用它们。我没有看到过任何人造的废墟、洞穴或秘境。虽然庄严感在它应有的地位上占据主导地位，但你会不知不觉地被引导着注视它，而不会因它突然的入侵感到惊讶，因为在计划中，宜人才是最主要的特征，它点亮了整个场景。为了使园林更有生气，中国人会寻求建筑的帮助。所有的建筑都是精品，它们要么优雅简约，要么装饰华丽，根据所需的效果建在合适的地方，并且它们明智地形成对比，避免混乱地挤在一起，也不做作地相互对峙。在适当的地方建造适当的建筑物。夏屋、凉亭、宝塔都各得其所，它们可以使环境既有所区分，又有所增益，如若改变它们，则会使其他结构受到损害和扭曲。我唯一不喜欢的东西是大型的瓷狮、瓷虎，粗糙的石阶和大量的石雕，他们似乎有意把这些工艺品安排在房屋和宫殿附近。考虑到他们在其他方面表现出的良好品味，我对此感到非常惊讶，只能试图这样理解：汇集这些不协调的东西是一件费钱费力的事情，这是因为当富人们竭尽所能地炫耀和营造奢靡的氛围时，品位的消亡是一个常见的后果。在其他国家，我也看到过一些类似的浮夸表现，要么是因其主人过度的奢靡而变得滥觞，要么就是因其虚假的应用而使之沦为平庸。即使在英国也有些许地方因这种问题而被诟病，更不用说那些著名的住宅了。在那里，盘旋的楼梯间、玻璃穹顶和印花的壁炉架，向我们传达出一时兴起且病态的幻想，没有一丝宏伟、高雅或合宜之感。[15]

"中国的建筑风格独具一格，既完全不同于其他任何建筑，也不受我们的规则的约束，却与其自身高度自洽。它从不偏离其特有的原则，虽然在我们看来它违背了我们所接受的关于布局、构成和比例的观念。然而，总的来说，它往往能够创造出一种令人非常愉悦的效果，就像我们有时看一个人，虽然其貌不扬，却非常讨人喜欢。"

注释

1. John Barrow, *Travels in China, Containing Descriptions, Observations, and Comparisons, Made and Collected in the Course of a Short Residence at the Imperial Palace of Yuen-min-yuen, and on a Subsequent Journey through the Country from Pekin to Canton* (London: T. Cadell and W. Davies, 1804). 这部作品的第二版于1806年在伦敦出版，首部美国版于1805年在费城出版。第一部德文译本于1804年在魏玛出版，另外两部于1805年分别在维也纳和汉堡出版。同年，一部法文译本在巴黎出版。2011年作为"亚

洲旅行与探索"系列的一部分,《中国游记》由剑桥大学出版社重新印刷出版。

2. Robert Southey, "Travels in China ... by John Barrow," in *The Annual Review and History of Literature; for 1804*, edited by Arthur Aikin, vol. 3 (London: Longman, 1805), 69.

3. Barrow, *Travels*, 3. Reed and Demattè, *China on Paper*, 158.

4. 《中国游记》第三章的标题是"穿越京城到皇帝的郊区行宫,返回北京,圆明园的皇宫和花园,以及热河园林。"关于巴罗和马戛尔尼对中国园林认识的差异,参见Wong, *A Paradise Lost*, 83–88; 近期的讨论,参见Chang, *Britain's Chinese Eye*, 46–54. 另参见Peyrefitte, *The Immobile Empire*, 232–40.

5. 1793年9月15日代表团对避暑山庄东部进行了访问。两天后,即9月17日,他们被带领穿越了园林的西部。

6. 斯托公园由威廉·肯特(William Kent)于18世纪30年代开始设计,之后由兰斯洛特·布朗(Lancelot Brown)从1741年继续设计;沃本庄园由菲利普·索斯考特(Philip Southcote)在1735年开始规划;松山园由查尔斯·汉密尔顿(Charles Hamilton)在1738年设计。正如张所说,马戛尔尼在他对避暑山庄的描述中,证实了"在对景观进行精心处理以促进宫苑的建设方面,中国和英国是旗鼓相当的"。Chang, *Britain's Chinese Eye*, 51.

7. 里士满公园是一个大型皇家狩猎园,有开阔的草地和树林,由国王查理一世于1637年在伦敦东南部建造。该公园只有一个湖泊,即1746年开挖的池塘,它被一条堤道分成了两部分。

8. 巴罗同意马戛尔尼的观点,认为其他西方旅行者对中国园林的描述并不可靠。他们都认为威廉·钱伯斯的描述是夸张的(马戛尔尼也提到了王致诚),没有忠实于英国代表团亲自经历的现实。马戛尔尼勋爵在出使期间的侍从爱尼斯·安德逊也对早期关于皇家建筑群叙述的不可靠性进行了评论。在他关于这次出使的报告中,他写到了北京皇城的建筑群:"关于这座宫殿中用于私人或公共服务的富丽堂皇的居所,以及专门为了娱乐或种植水果和花卉的园林,在报道中都被多次提及,我无权评论,因为我所能看到的范围非常有限。虽然我不得不承认,与其周围城市中矮小的建筑相比,这座宫殿在外观上显得令人印象深刻,但我看不到什么东西能使我相信我早先所听到和读到的关于北京皇家宫苑的非凡描述。"Aeneas Anderson, *A Narrative of the British Embassy to China in the Years 1792, 1793 and 1794* (London: J. Debrett, 1795), 173.

9. 巴罗的《中国游记》第六章讨论了中国建筑。

10. 1807年,巴罗出版了马戛尔尼勋爵的一系列著作,包括马戛尔尼勋爵出使乾隆皇帝宫廷时的旅行日记。John Barrow, *Some Account of the Public Life, and a Selection from*

the Unpublished Writings, of the Earl of Macartney, vol. 2 (London: T. Cadell and W. Davis, 1807), 163–517.

11. 同样参见Barrow, *Some Account*, vol. 2, 249–50.

12. 在巴罗出版的马戛尔尼的日记《关于马戛尔尼伯爵的一些故事及未刊文稿选》中，荷花没有被表述为"莲"（nelumbium），而是"睡莲"（Nymphaea）。Barrow, *Some Account*, vol. 2, 265. 林奈二名法中莲（*Nelumbo nucifera*（Gaert.））是荷花的公认名称，本种被归入的前名包括莲[*Nelumbium speciosum*（Willd.）]和莲（*Nymphaea nelumbo*）。

13. 同样参见Barrow, *Some Account*, vol. 2, 261–65.

14. 同样参见Barrow, *Some Account*, vol. 2, 273–76. 约翰·克劳迪厄斯·劳登将威斯特摩兰的劳瑟厅的公园和游乐景观描述为"范围很大，可以坐享各种近景和远景……这里有一处露台，上面栽有最好的山地草种，修剪得紧密齐平。其近乎一英里长，沿着石灰岩悬崖的边缘，在那里可以俯瞰公园的大部分区域，有不规则地散布着的高大密林，还有大量的鹿"。John Claudius Loudon, *An Encyclopaedia of Gardening* (London: Longman, Rees, Orme, Brown, Green, and Longman, 1824), 1081.

15. 同样参见 Barrow, *Some Account*, vol. 2, 494–96.

第23章　乔治·马戛尔尼

（George Macartney，1737—1806年）

1807年，约翰·巴罗发表了乔治·马戛尔尼勋爵的一系列作品（共两卷），书名为《记马戛尔尼勋爵的公共生活及他的未发表作品选集》（*Some Account of the Public Life, and a Selection from the Unpublished Writings, of the Earl of Macartney*），其中包括大使在1792—1794年出使清廷时期的日记。[1] 尽管马戛尔尼对皇家园林的许多观察已经被收录在巴罗的早期作品《中国游记》（1804年）中，但以下选段提供了一些关于圆明园的补充说明，在那里，大使被邀请去讨论安放英国使团为乾隆带来的众多礼物的最佳地点。

以下文字表明了马戛尔尼对中国园林的态度在整体上是赞赏的。他简要地评论了园林的布局、种类、众多不同的建筑物及其位置。此外，他还强调了园林空间的复杂性，它通过巧妙地安排不同的构成元素来伪装"真正用于交通的设计"。尽管这位大使对于中国园林是否影响了英国园林这件事持谨慎态度——巴罗的《中国游记》中所引用的他的言论就是例证，但马戛尔尼确实证明了当时英国流行的园林风格与中国相似。然而，他确实发现中国园林中有一个并不符合英国人品味的特点：通往一些园林建筑的台阶是由巨大的不规则石头组成的。虽然马戛尔尼理解这些"石阶"是在模仿"大自然的粗犷朴素"，是中国园林整体设计理念的一部分，但他认为它们"完全为了展示自己的虚荣心和财富"。

* * *

摘自马戛尔尼勋爵，《记马戛尔尼勋爵的公共生活及他的未发表作品选集》，第二卷，1807年周大人（Chou-ta-gin）带我们去了圆明园这座皇家园林，顾名思义其为"万园之园"，然后他询问我们什么地方最适合放置地球仪、时钟、望远镜和天象仪。[2] 这个地方不愧为皇家宫苑，据说这个园林的周长有十八英里，其独特的品味、种类和富丽堂皇的氛围，与田园式的中国园林截然不同。

这里并没有巨大的连续建筑，反而有着数以百计的分散在四处的亭台楼阁，它们或通过繁密的乔木，或通过在巨大岩石中开凿出的隧道，或通过仙境般的长廊连接在一起。它们在人们的视线中出现又消退，意在隐藏真正用于衔接的设计，因而有助于获得整体上的理想目标和效果。[3] 这个地方的各种美景，它的湖泊和河流，以及我所看到的宏伟建筑（虽然我看到的只是很小的一部分），都在此刻深深地打动了我，以至于我一时没有办法描述它们。因此我的叙述对象将主要集中在皇帝的大殿上。它有一百五十英尺长，六十英尺宽，只在一侧有窗户，与它们相对的是高于地面几级台阶的红木雕刻的龙椅，其原木是从英格兰带回来的。龙椅上方有一排汉字题词。

正大光明福（Ching-Tha-Quan-Ming-Foo.）

译文为：正确的，巨大的，光荣的，明亮的，幸福的（Verus, Magnus, Gloriosus, Splendidus, Felix）。

宝座的两侧各有一把用青鸾羽毛制成的漂亮的巨大团扇。

地板由灰白相间的方格大理石铺成，在各处还铺设有便于行走的平整的垫子。我看到在大殿的一侧有一个音乐时钟，它播放着十二首古老的英国曲子，《黑色笑话》（*Black Joke*）、《勒里不利罗》（*Lillibullero*）和《乞丐歌剧》（*Beggars' Opera*）中的其他歌谣。它装饰着水晶和彩色宝石，有着一种可怜的过时感，但我敢说它在当时一定是非常受人喜爱的。表盘上有几个大字：乔治·克拉克，时钟和钟表匠，伦敦利德贺街。

我们决定在这间大殿里交接来自使团最贵重的礼物，这些礼物将按如下方式放置：龙椅的一侧是地球仪，另一侧放置星象仪；水晶吊灯悬挂在天花板上，并且离房间中央的距离相等；天象仪被放置在大殿的北侧，南侧则安放瓦莱米（Vulleamy）的时钟、气压计、德比郡（Derbyshire）的瓷器花瓶、画像和弗雷泽（Frazer）的陶器。我相信除了这里之外，整个世界上的其他房间里都没有这样具有独创性、实用性和美感的集合。在我离开圆明园之前，我必须提示中国人在品味上的独特之处，而这种独特之处我们并不能理解，实际上也不值得我们去模仿。虽然你要通过平滑的石阶登上主要建筑物，但还是有一些地方，尤其是建筑风格优雅的亭阁，需要通过高低不平的岩石才能抵达，它们似乎是为了模仿大自然的粗犷朴素而刻意在艺术上追求这种粗糙的质感。这种行为的不得体是显而易见的，完全为了展示自己的虚荣心和财富。从鞑靼山区运来如此之大的货物定是花费了巨资，因为在我经过北直隶，从白河口到北京城的整条路上，从未看到过一块如此之大的卵石。[4]

注释

1. John Barrow, *Some Account of the Public Life, and a Selection from the Unpublished Writings, of the Earl of Macartney*, 2 vols. (London: T. Cadell and W. Davies, 1870).

2. 马戛尔尼带去的众多精美礼物，有些是为了显示英国在科学和艺术方面的进步，同时也是为了激起乾隆的好奇心。Hevia, *Cherishing Men from Afar*, 77–80. 关于中国人对这些精致礼物的不利评价，认为这些礼物不如其他使馆的礼物精美的研究，参见 Patrick J. N. Tuck, introduction to *Britain and the China Trade*, 1635–1842, ed. Patrick J. N. Tuck (London: Routledge, 2000), xix.

3. 英国人罗亨利（1827—1900年）也对皇家建筑群的空间衔接，以及建筑与景观之间的关系发表了类似评论。在圆明园被毁之前的描述中，罗亨利写道："这些建筑本身没有什么建筑美感；它们之间几乎都是相互独立的，由花园、庭院和露台连接……其中最大的建筑群由庭院连接在一起，穿过院子，可以进入宽敞的接待室，再通向相当广阔的花园。花园通向一处大理石平台，其沿着大约三英里长的湖岸延伸。"Henry Brougham Loch, *Personal Narrative of Occurrences During Lord Elgin's Second Embassy to China in 1860* (London: Murray, 1869), 272.

4. 白河是流经北京进入渤海的海河的旧称。北直隶省以北京为中心，大致相当于现在的河北省。

第 24 章　小德金

（Chrétien-Louis-Joseph de Guignes，1759—1845 年）

作为法国著名东方学家的约瑟夫·德金（Joseph de Guignes）的儿子，小德金受父亲的影响也学习了东方语言。1783—1796年他在广州担任法国派遣的政府官员，之后搬到菲律宾的马尼拉，后又去了毛里求斯岛。[1] 1801年回到巴黎后，他在《北京、马尼拉、毛里求斯岛游记》（*Voyages à Péking, Manille et l'Île de France...*，1808年）[2] 中记录了自己在中国的经历。小德金在其作品的开篇就表明，他将自己定位为中国及其文化的一个现实叙述者和公正观察者。从他所选择的主题可以看出，这本旅行日志意在纪实。他在书的第一部分总结了中国古代历史，第二部分以日志的形式记录了他在1794—1795年以翻译身份陪同由伊萨克·德胜和范罢览带领的荷兰赴清廷使团从广州到北京的中国之旅。第三部分也是最重要的部分，其题为"对中国人的观察"（Observations sur les Chinois）：其包含了以小德金的观察为基础的专题章节，涉及中国文化和社会的各个方面，包括政府制度、语言、宗教、习惯习俗及艺术。在下面的选段中，小德金概述了他对中国园林的理解。[3]

这篇短文指出不规则性、对比和对自然的模仿是中国园林设计的基本特征，并强调了在园林中水以多种形式广为存在。虽然小德金看到过不同的园林，如广州东南沿海的行商花园、广阔的圆明园和北京皇家园林的一部分，以及扬州皇家行宫的园林，但他似乎没有注意到它们在风格上的任何差异，相反强调了某种设计上的统一。他总结说，中国人在设计园林时"总是执着于相同的理念"，而不考虑场地的大小。他认为其设计上有一种在中国园林之外的一致性，目的是"将这个国家所有如画的风景和有趣的东西都集中在一方小空间内"。但小德金认为这种设计策略，尤其考虑到它包含了大量的元素和各式的物体，只适用于大型的

图 11 威廉·亨利·卡彭（William Henry Capone）［在托马斯·阿罗姆（Thomas Allom）之后］，《广州附近的中国商人之家》（*House of a Chinese Merchant, near Canton*），收录于托马斯·阿罗姆，《中国的系列景观》（*China in a Series of Views*），第一卷（伦敦：Peter Jackson, Late Fisher, Son, and Co., 1843 年），第 95 页，© 华盛顿敦巴顿橡树园研究图书馆和收藏馆，善本收藏

空间，因为当它被应用于较小的空间时只会导致布局的混乱和过于密集。

小德金除了描写整个园林的如画风景，还不断地评论了他所参观过的园林中所弥漫的疏忽之风。[4]

* * *

摘自小德金，《北京、马尼拉、毛里求斯岛游记》，1808年，
比安卡·玛丽亚·里纳尔迪译

园林

在园林布景时，中国人追求良好的采光、优质的空气，最重要的是与邻居和闲杂人等保持距离。中国园林的艺术在于模仿自然，模仿它的美丽，也渲染它的不规则。对他们来说，这是天才的缩影。不同于欧洲园林中常见的对称种植的小径和平坦的地形，在中国园林中只能看到蜿蜒曲折的路径，零星散落的树木，或葱郁或荒芜的小山，崖壁两侧布满岩石和灌木的深谷和隘口。中国园林的结构极为奇特，中国人喜欢把农田和荒地并置形成一种统一的景观。最重要的是，他们努力使地面不平整，并在上面铺设假山岩石。他们在山上凿洞，把只剩断壁残垣的亭子建在山顶上。中国人通过对景物杂乱无章的布置勾勒出了一种想象中的自然，小径蜿蜒曲折，从而扩大了地面范围，也可以说是增加了散步的乐趣。

当水流从山顶的高处一泻而下，在岩石间劈开一条沟渠时，它们通常都会沿着不同的方向流经园林，然后汇聚成一个池塘。在池塘中，造型优雅的船舫可以给人们带来垂钓的乐趣和清新宜人的魅力。

岩石仿佛是意外落下来的，有的甚至沉入水中，它们沿着河道支撑着泥土，形成了不规则的轮廓。到处都是孤木和垂柳，它们在这片覆盖着沙子和贝壳的土地上投下惆怅的倒影。

荷花宽阔的叶子和郁金香般的花朵覆盖着池塘的表面，成千上万条色彩鲜艳的小鱼穿游其间，在荷花的藤茎下躲避炎热。这些水池中间有一些小岛，岛上有亭台楼阁和牌楼。几条造型奇异的桥是连接它们的通道，以便到处都能轻松通行。

这就是中国人的品味，他们在园林中专注于追求模仿自然，将这个国家所有如画的风景和有趣的东西都集中在一方小空间内。

这种类型的园林需要大空间，但中国人并不总拥有这样的场地，他们错在总是执着于相同的想法，而不考虑场地的实际大小，结果是他们的园林中经常出现过多的物体，显得非常混乱。

人们可以很容易地从甘若翰先生（M.de Grammont）在广州的住宅园林平面图中了解到中国人的园林布局。[5] 在这个平面图中，建筑物占据了大部分的面积，道路不宽，亭子较多。[6] 这座房子位于广州的一个郊区，尽管在中国人手中时得到了很好的维护，但现在已经荒废。它的一部分随时有倒塌的可能，有一些亭阁已经摇摇欲坠，这是中国人在建造沿河房屋的地基时造成的疏忽。

广州行商在河的另一侧（河南岛）有许多园林，其中一个园林很狭窄，只有一个池塘，河堤上有几条小路，部分被相当高的竹林隔开，这些竹子遮挡住了周边的墙壁。另一个园林要宽广得多，可以帮助人们了解中国园林的面貌。[7] 它的主人在园林的中心设有一个大亭子，用来安放其父亲的遗体。亭子周围环绕着一条河流，它流经整个园林，最终汇入一个大池塘。园林的其他地方布满了亭台楼阁和桥梁，装点着树木和花朵，蜿蜒的小径由不同颜色的石头组成，图案各异。但有一处，为了防止潮湿，园林主人将一些两英尺长、八英寸高的岩石放在地上，并且石头彼此之间保持一英尺的距离。

我希望当我在北京时，我能够参观众多的皇家园林，但我只看到了其中的一部分。在大多数情况下，它们被一条河流所占据，河岸上的树木遮蔽了几个亭子，亭子从外面看起来非常漂亮，但内部很破旧。从桥上看，皇家园林的景色非常美丽壮观。

我唯一能从园林的结构中判断出中国人的品味的时候，是我去参观位于扬州城外的皇家园林之时。

这个园林非常宽敞，却被大量的建筑物、亭台楼阁、过道、桥梁和小径挤得水泄不通。建筑物的状态非常凄惨，河道里的水也已经干涸，架在上面的木桥形状扭曲且破旧不堪，其甚至无法承受我的重量。蜿蜒曲折的小径旁装饰着石块，只有这些假山保存得尚且完好。树木非常美丽，有极佳的装饰效果。最后，这个园林被一个大池塘所占据，总体上风格非常奇特，但是太过于混乱和拥挤。皇帝过去时常会亲临此处，但他现在已经不再来了，因此一切都因他的缺席而变得萧条。[8]

我们在杭州西湖附近看到的园林，我相信当它们状态良好时也一定非常美丽。但是正如我前文中所说的，中国人的园林作品需要不断地维护，即使稍微疏忽，它们也会很快荒芜。

注释

1. Reed and Demattè, *China on Paper*, 160.

2. Chrétien-Louis-Joseph de Guignes, *Voyages à Péking, Manille et l'Île de France, faits dans l'intervalle des années 1784 à 1801*, 3 vols. and atlas (Paris: Imprimerie Impériale, 1808). 这三卷书中附有一册对开本，其中包含约100幅根据小德金本人画作所绘制的版画。它们表现了房屋楼宇和其他建筑性结构，包括坟墓、桥梁、花园、游行队伍和节庆。小德金日志的德文版于1810年在莱比锡出版，首册意大利版本于1829—1830年在米兰出版，另一册意大利版则于1832年在那不勒斯出版。

3. De Guignes, "Jardins," in *Voyages à Péking*, vol. 2, 189–94.

4. 19世纪中国园林失修和荒废的状况经常被西方旅行者所记录。1858年到中国南方旅行的英国作家艾伯特·史密斯（Albert Smith, 1816—1860年）提到，广州一个富商的私人花园"破败不堪，岌岌可危"。Albert Smith, *To China and Back: Being a Diary kept, out and Home* (London: By the author, 1859), 42.

5. 法国耶稣会传教士甘若翰（1736—1812年？）于1768年到达北京，他以数学家和音乐家的身份进入乾隆皇帝的宫廷。1785年，他得到皇帝的授权，居住在广州，1790年回到北京。Henri Cordier, "Les correspondants de Bertin, Secre taire d'Etat au XVIIIe siècle," *T'oung Pao* 14, no.4 (1913): 465.

6. 小德金所说的地图中展现了一座园林，其空间几乎完全被两个带有蜿蜒驳坎的小湖泊所占据，两条运河将其相互连接。一座大岛屿分隔了水面，岛上设有三座亭子，其中一座亭子悬于水面之上。De Guignes, "Plan d'un jardin chinois à Quanton," in *Voyages à Péking*, atlas, no. 90.

7. 河南岛位于珠江对岸，与广州古城墙隔江相望，其极具乡野风光，坐拥寺庙、郊区住宅和园林。威廉·C.亨特（Ailliam C. Hunter, 1812—1891年）是一位美国常驻商人，从1829年到1842年他居住在广州，他先是作为美国贸易公司旗昌洋行的雇员，后来成为其中的合伙人，他对行商园林的描述如下："我们参观了几处他们的私人住宅，规模都相当大，这些宅邸带有布局奇特的花园，其间设石窟和湖泊，精雕细刻的石桥穿梭其间，小径上整齐地铺着各种颜色的石子，并形成鸟、鱼或花的图案。"William C. Hunter, *The "Fan Kwae" at Canton Before Treaty Days, 1825–1844, by an Old Resident* (London: Kegan Paul, Trench and Co., 1882), 40.

8. 在随荷兰使团参观扬州园林的报告中，小德金写道："这些园林将使我们对中国人的营造方式有一个完整的理解。他们有许多亭台楼阁、树丛、岩石、桥梁、池塘、驳坎，但很少有步行道。"De Guignes, *Voyages à Péking*, vol. 2, 37.

第 25 章 费利克斯·雷诺阿德·德·圣克鲁斯

（Félix Renouard de Sainte-Croix，1767—1840 年）

1804年，法国骑兵军官卡罗曼·路易斯·弗朗索瓦·费利克斯·雷诺阿德·德·圣克鲁斯侯爵（Carloman Louis François Félix Renouard, marquis de Sainte-Croix）从菲律宾返回法国。途中他于1807年抵达中国东南海岸，先至澳门，后又去广州。回到法国后他出版了以信件合集为形式的东南亚旅游日志，书名为《东印度群岛的商业与政治之旅：菲律宾、中国》（*Voyage commercial et politique aux Indes Orientales, aux Iles Philippines, à la Chine*，1810年）。[1]

雷诺阿德·德·圣克鲁斯在他的第七十五封信中描述了行商潘振承之子潘有度（Puankhequa II，1755—1820年）私人住宅中的园林，他曾在广州参加过一场该商人惯常组织的招待外商的著名宴会。[2]雷诺阿德·德·圣克鲁斯在评论这座园林的各种特征和如画的风景时，思考了中国人对待自然的态度。他对于中国人喜欢将自然描绘成破旧不堪的样子这件事感到困惑，他也对"矮树"（dwarf trees）这一意象在中国园林中表达了大自然饱经风霜的美学价值这件事感到好奇。基于他的观察，他总结道"中国人并不热爱自然"。

* * *

摘自费利克斯·雷诺阿德·德·圣克鲁斯，《东印度群岛的商业与政治之旅：菲律宾、中国》，第三卷，1810年，比安卡·玛丽亚·里纳尔迪译

第七十五封信：中式晚餐，行商住宅和花园

1807年12月，广州

潘有度邀请了我和其他来自西班牙和荷兰的商人参加他在广州郊外的园林里为暹罗大使们举办的晚宴，他们按照惯例前来朝贺皇帝。因此这是一顿中式晚餐，我在这里就不赘述了。

我们抵达了与他的夷馆隔河相对的园林里。我们刚从舢板上下来，他就派仆人把我们领了进去。[3]

这个园林的入口并不华丽，如此富有的人（为数不多的皇帝授予的更富有特权的人）却没有（在花园的入口处）彰显他的尊贵地位，这令我感到惊讶。但我记得对于中国人来说，内部才是一切。他们会避免在外面进行让官员们反感的炫富行为，不然这些地方法官很快就会判处他们大量的罚款。

我们进入了园林的内部，里面有很多水池，部分被走廊和维护得很好的房间包围着，布置精美，微风习习，敞向水面。你会不禁相信这是中国人最喜欢的元素，因为他们非常喜欢在园林中堆砌大量的水池，并使房间围绕着它们，让你在任何角度都能看见水。所有这些建筑都由两层楼组成，装饰着带有浓重中式风格的家具，潘有度和他的兄弟潘长耀（Consequa），还有一个翻译官正在第一个房间里招待大使。[4] 在例行的仪式和干杯结束后我们离开了这里，我去园林里散步去了。

映入眼帘的是一些美丽如画的风景，洞穴、岩石、花瓶、水池、花盆，所有这些都奇怪地混合在一起，但又令人赏心悦目，如果再加上欧洲人的品味便能使这一奇观尽善尽美。我以愉快的心情看着中国人普遍喜爱的这些矮树。[5] 中国人不热爱大自然，至少在他们的要求中，艺术模仿自然的程度是微小且几乎老朽的。他们不会使任何东西恢复青春活力，物品注定要保持它过去的样子，展现它现在的样子，并在一千年之后有它应有的样子。

在灌木丛中我注意到了菊花（coeffa），其花朵散发出极为甜美的气味，我还看到了其他许多我从未在欧洲花园中看到过的东西。中国人虽然似乎特别喜欢

矮树，但他们也很崇拜花朵，认为花朵代表着迷人且生机勃勃的春天。每一个中国人都至少有一盆花，他们会一丝不苟地照料它。

注释

1. Félix Renouard de Sainte-Croix, *Voyage commercial et politique aux Indes Orientales, aux Iles Philippines, à la Chine*, 3 vols. (Paris: Crapelet, 1810).

2. Félix Renouard de Sainte-Croix, "Lettre LXXV: Diner chinois, la maison et le jardin d'un haniste, Canton, 1 December 1807," in *Voyage commercial et politique*, vol. 3, 154–56. 1788年，潘有度继承了他父亲潘振承的位置，成为广州的第一行商。关于行商为招待西方商人而举办的宴会，参见May-bo Ching, "Chopsticks or Cutlery? How Canton Hong Merchants Entertained Foreign Guests in the Eighteenth- and Nineteenth-Centuries," in *Narratives of Free Trade: The Commercial Cultures of Early US-China Relations*, ed. Kendall Johnson (Hong Kong: Hong Kong University Press, 2012), 103; Fan, *British Naturalists in Qing China*, 32.

3. 潘有度的宅邸位于沙面岛前的河南岛。沙面岛位于珠江北岸，紧靠广州城墙，是夷馆和外商贸易站的所在地，其既是外商的居住地，又是他们的仓库和商业办公场所。这是广州唯一一处允许西方人在交易季节进行贸易和居住的地区。Jonathan A. Farris, "Thirteen Factories of Canton: An Architecture of Sino-Western Collaboration and Confrontation," in *Buildings and Landscapes* 14 (2007): 66–83. 英国亨利·埃利斯爵士在1817年参观了潘振承的花园，他认为它是"中式园林布局的有趣样本，其主要目的是在一个有限空间内创造尽可能多的变化，并借此游览或娱乐。"Ellis, Journal of the Proceedings, 416. 乔治·托马斯·斯当东（1781—1859年）儿时曾随父亲乔治·伦纳德·斯当东参加过马戛尔尼勋爵的访华团，并在广州受雇于东印度公司，他在给约翰·克劳迪厄斯·劳登的信中写道："潘振承的花园是'广州最好的花园'。"John Claudius Loudon, *The Gardener's Magazine*, vol. 11 (London: Longman, Rees, Orme, Brown, Green, and Longman, 1835), 111.

4. 潘长耀是一位富有的行商，他在河南岛上拥有一座别墅和一个花园。这个花园被约翰·克劳迪厄斯·劳登记录为"广东极佳的园林之一"，劳登参考的是乔治·伦纳德·斯当东所拥有的园林景观图，该图描绘了1806年左右的园林，其后由劳登出版。Loudon, *An Encyclopaedia of Gardening*, 1200. 行商潘长耀的花园插图在第1201页。

5. 几年后，英国植物猎人罗伯特·福琼在参观广州行商伍秉鉴的花园时，观察到"大量的矮树，如果没有它们，任何中国花园都不会被认为是完整的"。Fortune, *A Residence Among the Chinese*, 215.

第 26 章　彼得·多贝尔

（Peter Dobell，1772—1852 年）

彼得·多贝尔是一位爱尔兰裔美国商人，后加入俄罗斯籍。他于1798年来到中国，在这里住了7年后前往马尼拉，在那里担任俄罗斯驻菲律宾领事。《堪察加半岛与西伯利亚的游记以及旅居中国的记述》（*Travels in Kamtchatka and Siberia with a Narrative of a Residence in China*，1830年）是多贝尔远东游记的第二卷，讲述了他在中国的经历，本章选取了其中的一部分。[1]

在描述中国南方的园林时，多贝尔热情地评论了它们的总体布局和错综复杂的小径。他对中国园林的总结是"迷人之境"，为后来的旅游文学奠定了基调，中国园林被升华成东方场景的典型，融入《一千零一夜》的异国情调中。在接下来的岁月里，《一千零一夜》被用来营造人们对圆明园内装饰得金碧辉煌、穷奢极侈的皇家宅邸的想象。安东尼·朱利安·福什利写道：圆明园的辉煌能令人"忘掉路上所有的劳累和困苦，留下的只有满目金银和绫罗绸缎的绚烂记忆，此前只有阅读《一千零一夜》才能产生这种感觉"。[2]

* * *

摘自彼得·多贝尔，《堪察加半岛与西伯利亚的游记以及旅居中国的记述》，第二卷，1830年

在大多数情况下，这些房子的层高只有一层，底层社会百姓的住处外观平庸而破烂，而那些富人则拥有多处精美的、装饰华丽的、通风良好的房子，房子间留有空间以容纳光线和空气。这些空间总是在前面和后面，光线很少从侧面照进房子。房子周围是广阔而美丽的园林，点缀着人工湖、岩石、瀑布、各种各样的

建筑、人行道、桥梁等。

在园林的装饰和美化方面，中国人胜过其他所有的民族。通过各种蜿蜒的小径，他们能让一个小空间看起来比实际大两倍。数不清的花盆里有各种各样美丽的紫菀花，中国人很喜欢它们，这些花盆有时被排列在一个没有向导就无法走出的迷宫里。他们似乎有非常多的紫菀品种，有一种非常白，像玫瑰一样大，有长长的垂下来的叶子，中国人会在做沙拉的时候用上它，他们理所当然地认为这是一种非常美味的食物。紫菀花盛开的时候，花盆漂亮地排列在水边，夜晚，步道和小巷旁点起了彩色的灯笼，中国园林宛如我们在阿拉伯故事中读到的那些迷人之境。[3]

注释

1. Peter Dobell, *Travels in Kamtchatka and Siberia, with a Narrative of a Residence in China*, 2 vols. (London: H. Colburn and R. Bentley, 1830). 第二卷被翻译成俄文，其中增加了多贝尔在东南亚的旅行和在菲律宾的逗留，其于1833年在圣彼得堡出版：Peter Dobell, *Puteshestvia i novieishia nabludenia ve Nitae Manille, i Indo-Kitaiskot arxipelage bivshago rossiiskago reneralnago konsula na Filippinskix ostrovax, kolleshsk* (St. Petersburg: N. Grecha, 1833). 这部新作的法译本于1842年出版，标题为*Sept années en Chine: Nouvelles observations sur cet empire, l'archipel indo-chinois, les Philippines et les Iles Sandwich* (Paris: Librairie d'Amyot, 1842).

2. Antoine Julien Fauchery, "Lettres de Chine," *Le Moniteur universel* 362, December 28 (1860): 1533. 前者被引用和翻译于Greg M. Thomas, "The Looting of Yuanming," 7.

3. 法译本的多贝尔文本在这里明确提到了《一千零一夜》。在其中，中国花园成为阿拉丁花园的理想代表："没有什么比中国花园的景色更能代表阿拉丁的魔幻花园了。" Dobell, *Sept années en Chine*, 182.

第 27 章 詹姆斯·梅因
（James Main，约 1765—1846 年）

1792年，受过训练的苏格兰园丁詹姆士·梅因被东印度公司部分船只的经理兼所有者吉尔伯特·斯莱特（Gilbert Slater）派往广州，他被派去采集原产于中国的植物，并负责把它们移栽到斯莱特位于莱顿（Leyton）附近的名为诺茨格林（Knotts Green）花园的乡村住宅中。

得益于耶稣会传教士的记述及旅行者收集的一些标本，在梅因来访中国之时，欧洲人已经熟悉了大量的中国植物。在耶稣会的早期中国行之中，他们就走遍了清帝国的不同省份，他们在记述中称赞了中国植物种类之丰富，并日渐详尽地向欧洲传达了对中国植物的描述。18世纪下半叶，在北京的法国耶稣会成员收集并寄回了种子和标本，将中国植物引入法国的花园。然而中国政府在对外贸易上的严格限制，使得其他西方旅行者对中国的探索和中国东南部植物的研究难以进一步深入。18世纪末以来，中国的国际贸易仍然局限于广州，西方人只被允许在十月至三月的交易季节居住在那里，每年的其他时间则要求他们退返澳门。[1]因此，商人、自然主义者和植物猎人主要从当地市场、苗圃和行商的私人花园中收集植物和植物标本。[2]

梅因在中国一直待到了1794年，他成功地获得了大量的植物。[3]他记下了探索植物的经历，名为《1792—1794年往返中国回忆录》（Reminiscences of a Voyage to and from China in the Years 1792-3-4），以下摘录选自这篇文章，其中包括一些对中国园林的评论。这篇回忆录直到1836年才在瑟夫·帕克斯顿（Joseph Paxton）创办的月刊《园艺登记录》（Horticultural Register）上发表[4]，然而在此之前，约翰·克劳迪厄斯·劳登曾帮助梅因传播了其对中国园林设计的观察。经过大量的修改，劳登又帮助他在《园艺杂志》（Gardener's Magazine，

1827年）上发表，后来这篇文章又在他的《园艺百科全书》（1835年）的修订版
中以比较简短的形式发表，作为说明"中国园林现状"的重要参考资料。[5]

梅因对中国园林的评价基于他对广州的几个私人园林的访问：行商蔡世文
（Munqua）和石中和（Shykinqua）的住宅，以及"瓷器制造商"的小园子。他
对中国园林持有一些对立的观点，从厌恶到崇拜，从偏见到好奇。一方面，梅因
认为试图模仿大自然宏伟的形态并将其微缩在园林里是一种无法理解的行为，与
西方崇尚"宽敞的景观"的园林设计之间存在着鲜明的对比；另一方面，梅因也
承认中国人在建造这种小型景观上的技巧，就像"矮树"所体现的那样。他提供
了最适宜在花盆中栽种的植物的信息，以及关于栽培技术和植物塑形的细节。他
还补充说明了这些充满中国风的盆栽植物是如何被广州的西方人视为珍品的。

中国园林获得这位园丁无条件赞美的特点，也是其整个构成中真正值得注意
的地方，是它所包含的各种各样的观赏植物。[6]梅因的描述表明，自18世纪后期
以来欧洲人对中国园林的兴趣点开始发生变化：他们对美学、空间构成和设计原
则的好奇心逐渐减弱，科学性的探究日渐流行，西方旅行者将中国园林视为一种
植物学的缩影。

＊ ＊ ＊

摘自詹姆斯·梅因，《1792—1794年往返中国回忆录》，收录自
《园艺登记录》，1836年

我们的广州之旅相当有限。我们没能看到他们的花圃。但是出于一些提供安
全保障的商人的特别照顾，我们一同参观了一些他们最好的园林——位于南部郊区
的蔡世文的园林，以及位于河北岸的石中和的大花园和宅邸。

中国园林的建筑风格与他们的其他所有艺术一样，都很奇特：他们不在意开
阔的景象，所有的设计都是小型的。他们渴望拥有大自然每一个宏伟之处的一小
部分：令竹荚鱼迷失其中的湖泊，一个人可以夹在腋下带走的岩石，十五英寸高
的老树，一片由问荆草组成的茂密"松树林"。地面无论多大都被分割成小方

块、平行四边形，或几平方码大小的不规则区域。这些隔开的空间被低矮的砖墙环绕，有一个扁平的顶，上面放置了种在精致釉面瓷盆中的花卉。小径通常是由扁平的石头组成的，相邻的石头总是高低不平。园林中有许多棚架，有的像篱笆的残垣，有的像光秃秃的墙上的遮盖物。如果园中有沟渠或人工挖的沟，则必须穿过跨度达四五英尺的半圆形拱门。中国人认为小水池只有在被浮萍覆盖时才是美丽的。[7] 然而，目前为止，他们将开花植物组合起来装饰花园的效果是非常诱人的。且不论中国本土的各种草本和水生植物，他们的玉兰、木兰、杜鹃花、山茶花、鸢尾花、芍药等也确实非常壮观，事实上中国人突出的特质之一就是他们对花的喜爱。

中国人对花的热爱程度高到店主和商人房前屋后的所有角落和几乎每个窗台都种满了植物，它们有的种在地上，有的种在形状、尺寸和颜色各不相同的花盆里。我们在有些商人的后院里见到了最好的中国木兰，他们将如此狭窄的地方称为一个完整的乐园。我们以其中一个举例，来体现他们的品味。

在杰出的瓷器制造商石中和的后院里，我们看到了一个规模确实非常小的园林。它占据了这个铺有地砖的院子的一个角落，这个园林由一个小而不规则的水池组成，水池的一角种植着莲花（红莲）[8]，另一角种着品种优良的小豆蔻。[9] 水池周围是崎岖不平的石头，并且有一个同样材质且用来代表假山洞穴入口的拱门。石洞中到处都长着黑竹，它们悬在水面上，芦笋的根部和它们细长、分枝整齐且高度各异的茎一起代表着树丛的意象。在石头架子的周围和上面，矮树被种在布满岩石碎片的花盆中，它们部分覆盖着苔藓、地衣及从海边带来的藻类，共同形成了一道奇观。类似的景象我们在其他很多地方都看到过，我们深信如果一个中国人拥有一块十英亩的土地，并且可以按照自己的喜好对它进行美化，那么它将无数次被类似的稀奇的东西所覆盖。

通过他们的矮树我们已然洞悉，中国人品位的特殊之处在于，即使是大自然中最庞大的物体，例如山脉、岩石、湖泊、河流、老树，都必须缩小到几英寸的规模来表现和模仿。当把天然石头碎片奇妙地黏合在一起时，其间会留出不渗水的孔洞和沟渠，以代表湖泊和河流。然而，矮树必须经过非常奇巧的修剪，这需要相当高的技巧和相当长的时间才能使树木长成理想的形状。

他们通常选择培育的矮树有土生杜松、矮榆树和印度无花果树。矮化这些树木的方法如下：将它们总是种在同一个花盆中，只提供很少的土以维持生长，其余空间则填放满得要溢出的凹凸不平的石头。树的一些根部被取出，将它们扭在一起后再次埋进土里，不再提供更多的水源，但要勉强维持植物的存活。茎和枝的树皮以各种方式被撕裂或损坏，有时树枝从茎上被折断，但也不是完全脱落，而是在其垂下来后用铁丝固定。同样的铁丝也能塑造出曲折的枝条，树的生长趋势被反复停止，且每片叶子都被切去了一半，这些在实际上都会抑制植物的固有活力，并且在此期间造成植物的"瘫痪"。当其天然的活力被这样的方式所压制时，植物上就会长出苔藓、地衣，产生日晒雨淋所带来的色彩变化，一株只生长了十年或十几年的植物便可拥有灰白的古老外观。这些矮树被认为是价值不菲的，一些商人认为，在他们送给欧洲朋友的礼物中，没有什么比那些矮树更有价值了。

橙子树、柚子树和其他一些果树被放在花盆里用来装饰他们的店铺或客厅，如果他们碰巧没有水果，则会将其他的果实固定在树枝上。正如前面提到的那样，他们会以这种方式处理许多开花植物。

注释

1. 在这个简短的叙述中，我借鉴了Fan, *British Naturalists in Qing China*, 14–19; Peter Valder, *The Garden Plants of China* (Portland, Oregon: Timber Press, 1999), 63–69.

2. 正如Fa-ti Fan, *British Naturalists in Qing China*, 26–35所展示的。有关西方发现中国植物的重要资料包括Emil Bretschneider, *Early European Researchers into the Flora of China* (Shanghai: American Presbyterian Mission Press, 1881); Emil Bretschneider, *History of European Botanical Discoveries in China* (London: Sampson Low, Martson and Co., 1898).

3. Kilpatrick, *Gifts from the Gardens of China*, 125–29.

4. [James Main], "Reminiscences of a Voyage to and from China in the Years 1792– 3–4,"

in *The Horticultural Register*, ed. by James Main, vol. 5 (London: W. S. Orr and Co., 1836), 62–67, 97–103, 143–49, 171–80, 215–20.《园艺登记录》由帕克斯顿于1831年开始发行，仅五卷。帕克斯顿是前四卷的编辑，第五卷和最后一卷是由詹姆斯·梅因编辑的。

5. "Observations on Chinese Scenery, Plants, and Gardening, made on a Visit to the City of Canton and its Environs, in the Years 1793 and 1794; being an Extract from the Journal of Mr. James sent thither by the late Gilbert Slater, Esq. of Layton, Essex, to collect the Double Camellias, &c. Communicated by Mr. Main," in *The Gardener's Magazine and Register of Rural & Domestic Improvement*, ed. John Claudius Loudon, vol. 2 (London: Longman, Rees, Orme, Brown, and Green, 1827), 135–40. 另参见Loudon, *An Encyclopaedia of Gardening*, 386–87. 在第386页，劳登解释说，关于石中和花园和宅邸的描述 "是由梅因先生在1793年和1794年间根据个人考察编撰的……这些描述被扩充了，以便表达中国园林艺术的总体理念"。

6. 关于梅因对中国园林设计的评判，参见Kilpatrick, *Gifts from the Gardens of China*, 127–28.

7. 浮萍属是一种自由漂浮的小型水生植物，被称为浮萍或水扁豆。

8. 梅因指的是莲花。*Nelumbum speciosum*是莲花的一个同义词，现在已被认定的莲花学名为*Nelumbo nucifera*。

9. 小豆蔻的学名是*Alpinia nutans*，它属于姜科植物。彼得·瓦尔德（Peter Valder）指出，在中国园林中使用的其他两种姜科植物是脆果山姜（*Alpinia globosa*）和高良姜（*Alpinia officinarum*）。Valder, *The Garden Plants of China*, 349–50.

第 28 章 约翰·弗朗西斯·戴维斯

（John Francis Davis，1795—1890 年）

以下摘录选自《中华帝国及其居民概述》（*The Chinese: A General Description of the Empire of China and Its Inhabitants*，1836年），英国外交官和汉学家约翰·弗朗西斯·戴维斯在其中讲述了中欧关系的历史。这本书旨在通过对清朝的地理、历史、艺术、科学、习俗、语言、文学、宗教、植物学、农业和商业等各个方面的展示，构成一本描写清朝中国的百科全书。[1]戴维斯在中国工作了二十多年，经验丰富。他于1813年抵达广州，在东印度公司的工厂工作，先后居住在澳门和广州，然后搬至香港居住，他于1844年成为港督直到1848年离开。他对这个国家的了解并不局限于东南部地区。凭借着出色的中文能力，他于1816年作为翻译陪同威廉·阿美士德勋爵带领的英国使团访问了北京的清廷。[2]戴维斯在许多不同的文学作品中讲述了中国，从游记到中国文学研究，以及中文文本的翻译，这为19世纪欧洲人对中国的认知作出了重要贡献。[3]

在他对中国的描述中，戴维斯经常引用其他西方早期旅行者的著作。除了他自身的经历之外，他关于中国园林的参考资料来自两位英国旅行者，威廉·钱伯斯和约翰·巴罗。虽然戴维斯指责钱伯斯的叙述为"空想之作"，但他认为巴罗是中国园林设计领域的权威记录者之一，以至于他在自己的作品中大量引用了由乔治·伦纳德·斯当东于1797年发表的巴罗对圆明园的描述。[4]戴维斯从未参观过皇家建筑群，他所在的阿美士德访嘉庆皇帝使团（1796—1820年）在抵达北京后不久被遣散，阿美士德勋爵被拒绝接见，他的使团中没有一个人得以见到圆明园。[5]考虑到如果缺乏对著名的皇家园林的评论，他对中国的概述会显得不完整，戴维斯选用了其他旅行者的描述来弥补他亲身经历的欠缺。

* * *

摘自约翰·弗朗西斯·戴维斯，《中华帝国及其居民概述》，第一卷，1836年

我们观察到，中国人住所的常用设计模式，与从庞贝城的残渣和灰烬中挖掘出的罗马人居所的遗迹有着奇特的相似之处。[6]它们通常是一个被分割成几间的层建筑，位于临街的实墙内，通过内院一侧的窗户采光。主厅位于入口旁边，可接待客人及供他们用餐，院子内部则是更为私密的房间，门口用丝绸或棉制的垂帘遮挡。在北京附近，使团发现大多数的房间都配有砖砌的卧榻或床铺，下面有一个用于在冬天取暖的火炉，榻上通常盖着毛毡毯子或垫子，温暖的环境给成群的害虫提供了长久的居所，这使得英国旅行者无法安眠。然而，这些东西在严寒的冬季里是非常重要的，条件好一些的人家会在房屋外面点火，而较贫穷的人家就把炉子放在屋内，它有着烹饪和取暖的双重作用，全家人都挤在炉子周围。

进入所有重要的住宅都需要通过一个由三部分组成的门，这道门由一个中央的大型折叠门和两侧较小的折叠门组成。小门用于普通场合，而大门则只对尊贵的宾客开放。两侧悬挂着圆柱形的大灯笼，上面刻有屋主的名字和头衔，以便在白天或夜间灯笼点亮时辨认。门内是带顶的庭院，轿子便立在那里，它的四周有涂着红漆的标签牌，上面刻有镀金字符，标记了任何有地位之人的完整头衔……

中式豪宅规模上的巨大在某种程度上取决于它们所覆盖的场地面积，以及庭院和建筑物的数量和大小。真正的空间常常通过蜿蜒曲折的复杂小径或走廊来维持，它们装饰着品味极佳的雕刻和棚架。步道上通常铺有带图案的瓷砖。种有莲花或荷花的大型鱼缸或池塘对每个住宅来说都是必不可少的，且这些水池中常常游满了大量的金鲤和其他鱼类。大量的人造岩石或从水中升起，或以模仿自然的态势散布在地面上，假山上面常种有矮树。威廉·钱伯斯爵士对中国园林的描写仅是一篇充满空想的散文作品，其并没有以现实作为基础。

圆明园的园林坐落在北京西北方向约八英里处。巴罗先生（他在那里和北京都度过了一些时间）估计该园林的面积为十二平方英里。因为北京这一侧的地势

朝着长城方向上升，变化无穷的山丘和山谷为园林的装饰提供了一些自然景观上的便利，他们在这些基础上进行了艺术加工。根据上述作者的描述，园林的景观多种多样，有林地和草坪，其间有许多运河、溪流和水滩，河岸的建造明显模仿了大自然的鬼斧神工。凡是有宫苑的地方，有些土地被耕种，有些则被故意荒废，这些景象似乎都是经过仔细推敲的。据说，在这些园林的范围内有不少于三十个不同的住所，供皇帝和他的众多大臣、仆人们居住，每一处都能构成一个相当大的村庄。

注释

1. John Francis Davis, *The Chinese: A General Description of the Empire of China and Its Inhabitants*, 2 vols. (London: Knight, 1836).

2. 戴维斯在《中国笔记》中记述了他随阿美士德勋爵英国使团访华的经历，该书于1834年分两卷出版。近期关于戴维斯的《中国笔记》的讨论，参见Tamara S. Wagner, "Sketching China and the Self-Portrait of a Post-Romantic Traveler: John Francis Davis's Rewriting of China in the 1840s," in *A Century of Travels in China: Critical Essays on Travel Writing from the 1840s to the 1940s*, ed. Douglas Kerr and Julia Kuehn (Hong Kong: Hong Kong University Press, 2007), 13–26.

3. 关于戴维斯的生平工作及他关于中国的著作，参考了Wagner, "Sketching China," 13–26; Kitson, *Forging Romantic China*, 106–25, 其中讨论了戴维斯在英国汉学中的重要性，以及他的著作在英国人对中国的看法中的作用。

4. 戴维斯在比较巴罗的叙述与钱伯斯关于中国园林的文章后，确切地说道："关于绘画和模仿艺术，我们可以看到，中国装饰性园林和娱乐场所的布局风格在威廉·钱伯斯爵士的一篇关于该主题的文章中被夸大其词，这篇文章本身就可以被认为是一件想象力丰富的作品。然而，巴罗先生在圆明园居住了相当长的时间，圆明园是皇帝的一处辽阔的宫苑，位于北京的西北部，其范围大大超过了里士满公园，巴罗先生对他们在这个艺术领域的品味进行了良好的描述。"Davis, *The Chinese*, vol. 2, 254. 巴罗的描述在254–255页，这里省略了。

5. 遗憾的是，阿美士德勋爵的使团成员在经过漫长的中国之行后到达了圆明园的大门，却没能穿过它们，自然学家克拉克·阿贝尔（Clarke Abel）很好地表达了这种失望，他在叙述阿美士德英国使团时写道："我曾读到过的有关中国花园（圆明园）天堂般的快乐的所有描述都浮现在我的想象之中，但是我仅能在想象中享受它们。"Clarke Abel, *Narrative of a Journey in the Interior of China* (London: Longman, Hurst, Rees, Orme, and Brown, 1818), 103.

6. 威廉·C. 亨特也提出了类似的意见，他在评论"中国富人的私人住宅"的建筑时写道："这些房间的布局让人想起了庞贝古城的房间，它们被那些可以覆以遮阳篷的露天庭院和柱廊隔开。"William C. Hunter, *Bits of Old China* (London: Kegan Paul, Trench and Co., 1885), 79.

第 29 章　罗伯特·福琼（一）

（Robert Fortune，1813—1880 年）

　　在19世纪40至50年代，苏格兰植物学家罗伯特·福琼曾多次到中国和亚洲其他地方收集植物样本，并将它们移植到英国。[1] 在被派往中国的植物猎手中，他是最能干的。他的研究不仅丰富了英国的植物学知识，也对英国的经济产生了重大影响。在探险过程中，福琼收集了大量西方已知和未知的植物，并将它们引入英国。在中国政府明令禁止出口茶叶的前提下，福琼作为东印度公司的代表，大胆地将茶树从中国引进到英属印度，从而成功地在那里建立起了茶园。[2]

　　福琼用来记录旅行经历的一系列游记文笔生动，大获成功。他承认这些游记并不旨在作为"描写中国"的详尽文本。相反，他希望读者能够通过他亲身去过的地方、经历过的事件、见过的人及他收集植物时的各种故事，对这个国家有一个迅速的了解。[3]

　　以下内容摘自记录了他第一次中国行的《中国北方的三年之旅》（*Three Years' Wanderings in the Northern Provinces of China*，1847年），节选段落讲述了他在沿海城市宁波参观一位官员的城中住宅里的一个小园林的经历。[4] 他的描写主要集中在园林外在空间尺度的设计上：蜿蜒的小径，精心安排的只能瞥见园林部分景色的入口，以及用来隐藏园林围墙的植物的明智布局。福琼对中国园林的简述体现了当时西方人对中国园林设计的熟悉程度。的确，对福琼来说，他没有必要在园林的外观、假山的功能和岩石的排列上作过多的解释，他的西方读者们已经知道这些都是中国园林设计的基本特征，仅记录一下在中国这一特定地区的园林中假山的质量特别高这件事，就已经足够了。

* * *

摘自罗伯特·福琼，《中国北方的三年之旅》，1847年

在宁波官员的园林中，有一个特别的园林，那里游人络绎不绝，广受好评。它位于市中心的湖畔。园林的主人年事已高，早已退隐商场，他拥有一笔私产，他在对园艺的钻研和对花卉的热爱中安享晚年。他的房子和园林都极为与众不同，它们难以用言语描述，必须亲临现场才能欣赏。在这个国家的这一地区，建造假山这件事很常见，这些假山对自然的模仿达到以假乱真的程度，这是每个园林的主要特征。这位老先生把他房子的各个部分都用看上去粗粝的洞穴连接在一起，乍一看像是一条地下通道，连通了各个房间，游客通过这条通道可以走到后花园。在穿行过程中人们可以瞥见装点着假山的小院子，到处都栽有矮树，藤蔓自然优雅地下垂，轻触那些假山前的小池塘的水面。

经过一些小建筑后，我们又被领着穿过那些似曾相识的通道，这时园中的矮树、花瓶、假山、装饰窗和美丽的开花灌木突然映入眼帘。

然而必须理解的是，我现在所描述的一切在面积上都是非常受限的，它们大部分都是由蜿蜒的曲线、假山和墙壁拱门，以及被灌木和树丛隐藏的边界所构成的。

张先生（Dr. Chang）——我相信这是他的名字——正在这里安度他的晚年……这位年迈的官员现在正带领我参观他的房子，向我展示里面所有的奇珍异宝。几间屋子里很有品味地摆放着青铜器、木雕、瓷器和其他类似的物件。我们从房间走到园子里，但由于是冬天，树上并没有叶子，我难以想象园里植物的稀有和美丽。我又喝了几杯茶后便告辞了，我答应他无论何时，只要我回到宁波就一定会再去拜访他。

当时我还拜访了其他几个家里有园林的官员，他们都对我彬彬有礼。我携带的一些小礼物发挥了它们最大的作用，它们不仅让我受到了礼遇，还帮助我得到了只有在富人园林里才有的且非卖的稀有植物或枝条。

注释

1. 福琼于1843年至1845年第一次前往中国，旨在为伦敦园艺学会探索新设立的条约港口的周围地区。他于1848年至1851年再次代表英国东印度公司前往中国，旨在收集茶树。他在1853年至1856年第三次到中国，并于1858年全1859年代表美国政府访问中国，美国政府希望将茶树引入南方各州。1861年，他在前往日本的途中再次在中国停留。

2. 我的资料来自Susan Schoenbauer Thurin, *Victorian Travelers and the Opening of China, 1842–1907* (Athens: Ohio University Press, 1999), 27–37; Chang, *Britain's Chinese Eye*, 59; 以及Kilpatrick, *Gifts from the Gardens of China*, 217–51, 其中讨论了罗伯特·福琼作为植物收集者的角色和他的中国之行。关于英国在中国的植物学探索，参见Fan, *British Naturalists in Qing China*.

3. Robert Fortune, *Three Years' Wanderings in the Northern Provinces of China* (London: J. Murray, 1847); *A Journey to the Tea Countries of China* (London: J. Murray, 1852); *Two Visits to the Tea Countries of China and the British Tea Plantations in the Himalaya* (London: J. Murray, 1853A Residence Among the Chinese (London: J. Murray, 1857); *Yedo and Peking: A Narrative of a Journey to the Capitals of Japan and China* (London: J. Murray, 1863). 在旅行过程中，福琼寄回了大量报告，都发表在英国园艺期刊*The Gardener's Chronicle*上，这给他的植物学使团带来了巨大的反响：Robert Fortune, "Leaves from My Chinese Notebook," *Gardener's Chronicle* 1 (1853): 230–31; "Leaves from My Chinese Notebook," *Gardener's Chronicle* 10 (1855): 502–3. 关于福琼的游记和它们所传达的对中国的看法，参见Chang, *Britain's Chinese Eye*, 56–68;另参见Schoenbauer Thurin, *Victorian Travelers*, 37–53.

4. 这里转载的节选也收录在福琼后来的一部作品之中，*Two Visits to the Tea Countries of China*, vol. 1, 75–77.

第30章 小奥斯蒙德·蒂法尼
（Osmond Tiffany, Jr.，1823—1895年）

19世纪中叶，在广州的私家园林中，西方旅行者最常参观的是清朝富商潘仕成（西方人称他为Pontinqua）的园林。它位于广州西部的荔枝湾，被称为海山仙馆，西方人的中国游记中对其常有记载。于勒·埃迪尔（Jules Itier，1802—1877年）在19世纪40年代参观了这座园林，他注意到如画的假山和大片水域占据了整座园林。[1]英国传教士和维多利亚主教乔治·史密斯（George Smith，1815—1871年）以一种不那么诗意的语气，把注意力放在园内的珍稀动物和植物上。[2]英国律师乔治·温格罗夫·库克（George Wingrove Cooke，1814—1865年），作为伦敦《泰晤士报》（*The Times*）的特派记者，生动地将其描述为"占地约六十英亩，有鱼塘、亭台、桥梁、鸟舍、彩绘驳船、漂亮的鲜花、凉爽的石椅，以及为夏季休闲所做的一切准备——整个园林以一座白色的宝塔为中心，从塔上可以一览所有风光"。[3]根据西方旅行者的说法，潘仕成的园林提供了一个"相当准确的中国园林图景"。[4]它极负盛名，以至于1867年面向西方旅行者和新住民出版的针对中国和日本最主要港口城市的旅游指南也将其列为广州值得一游的景点之一。[5]

以下选段摘自巴尔的摩商人之子小奥斯蒙德·蒂法尼叙述其中国之旅的《广州的中国人，或旅居中国的美国人》（*The Canton Chinese; or, The American's Sojourn in the Celestial Empire*，1849年），文中详细介绍了他参观潘园的经过。[6]蒂法尼于1844年抵达中国，在广州待了几个月，并于1845年初即阴历新年前离开。尽管广州是他唯一能够参观和记述的中国城市，但他的游记很快便备受欢迎。

在潘仕成的园林中，蒂法尼注意到了水在布局上发挥的核心作用，以及众多桥梁连接绿地的不同部分的功能，他描写园林的主楼"坐落在水中"。在园林的构成上，蒂法尼看到了与绘在中国瓷器和漆器光亮表面上的风景如出一辙的真实再现，从而认为这些器具上的绘画是对中国园林的"准确"表达。[7]蒂法尼欣赏园林及其装饰的精致和昂贵，并注意到其空间上的复杂性，通过蜿蜒的桥梁和错综复杂的假山，他认识到园林是为了表达其所有者的社会地位和高贵的审美趣味。

* * *

摘自小奥斯蒙德·蒂法尼，《广州的中国人，或旅居中国的美国人》，1849年

我们很快地经过了草地，两侧的土地都由一个整齐的栅栏围着，我们看到左手边有一段石阶，引导着我们走向自己的船。

这是潘园的入口，我们通过一个形状完美的圆形拱门进入园林。大门一侧的小屋前站着一个仆人，他在我们进门时向我们鞠躬致敬。

一种稀奇的景象呈现在我们眼前，种满荷花的水塘占据了整个园林，它们像水生百合一样生长着，将自己宽大的叶子铺在水面上。

在某些季节这些植物盛开时，园林看起来就像一个花床，美轮美奂。

房子坐落在水中央，由弯曲的桥梁自各个方向连接，栏杆像象牙雕刻一般复杂而奇妙。桥梁自各处而起，最后不知所终。有些有遮蔽物，有些没有，有些高悬在空中，有些几乎在水下。一切都有些奇怪，不同于我们以前见过的任何东西，完全是中式品味。

由此我们了解到瓷器和漆器上绘有的非凡图景并非虚构的创作，而是真实的写照。

桥梁的形状类似我们看到过的中国盘子上的被截断的三角形，有一个位于中央的大拱和位于两侧的两个小拱。

潘仕成的园林是一件真正的珍品，他斥巨资来装饰它。

图 12　佚名，《潘仕成的私家园林》(*Jardin de Pow-[x]ing-kua*)，中国，广州，从 1862 年到 1879 年，蛋白银盐印相，PH1982:0363:004，蒙特利尔，加拿大建筑收藏中心

这座房子有两层，下层是给客人居住的，有一个包含有许多漂亮房间的大套房，配有昂贵的家具和艺术品。

其中一个房间供参加仪式的访客使用。在一把巨大的主人椅两侧有两排平行的椅子，那是给客人们坐的。家具的材质是中国本土的紫檀木，上面有华丽的雕刻，椅背和座面或由考究的大理石，或由代表动物和人类形象的奇异彩色石头制成，每一块都价格不菲。

将房间与房间分隔开的是图案极其繁复的格子，或细纱，或一种非常昂贵的由竹子纤维制成的栅格。外侧的另一间房子完全是玻璃的，就在距这个房子对面十英尺左右的水面上，有一个带顶棚的戏台。因此，房间里的人就可以透过玻璃观看节目，并在寒风或阴雨天里受到庇护。舞台后面是几个架子，上面摆着穿着得体的小泥塑，它们代表着中国民间生活中的人物和场景。

房子内部和周围有几块石碑，它们见证了潘仕成与杰出人士间的友谊。还有一个关有珍稀鸟类的鸟舍。二层是专门用于休息的房间，它们都位于房子的中央，被一个画廊环绕着，由外侧的窗户采光。

画廊里有一些图片，摆着武器、几种外国船只和一艘英国汽船的模型。潘仕成的肖像很引人注目，画中他被孔雀羽毛装饰着。

这个场地一部分是鹿苑，另一部分是一个人工的隐室，那里有一条长凳、一双凉鞋和一位侍从。

主人在自己园林的土堆上挖了一个迷宫，整个地方都彰显着他对钱财的肆意挥霍。

据说有一次不知是在他的婚礼还是他母亲的生日上，潘仕成以极为奢侈豪华的方式，招待朋友们在他的庄子里待了三天，每天的花费平均高达一万美元。

注释

1. 于勒·埃迪尔将潘仕成的花园描述如下："装饰着土堆和假山，如诗如画，经过美丽的曲径可以通达山顶。一大片水池，覆以莲花，围绕着屋宇并通过几个分支与其他大池相通，水池上方有双拱门的轻型桥梁和优雅的覆顶木质长廊，它们以'之'字形排列，向各个方向延伸，它们是这处池沼园林各部分相连接的唯一手段"。Jules Itier, *Journal d'un voyage en Chine en 1843, 1845, 1846*, vol. 2 (Paris: Dauvin et Fontaine, 1848), 41.

2. George Smith, *A Narrative of an Exploratory Visit to Each of the Consular Cities of China* (New York: Harper and Brothers, 1857), 103–4："进入花园后，我们开始游览各个景点，穿过一些桥梁，这些桥梁在不同的地方与小型湖泊延续相交，这座园林主要是由这些小湖泊组成的。这些湖泊目前处于枯水、泥泞状态，并不能为景区增添任何美感，但在一年中的晚些时候，尤其是在六月，它们水量充盈，并长满了荷花，形成一片美丽的地毯式植被。在院子的不同区域有一些小园子……金银雉、鸳鸯、鹳、孔雀、鹿，以及其他稀有或美丽的动物，被放置在沿着上升步道摆放的笼子里，这些步道环绕湖泊抑或穿过其中。美丽的树木、灌木和花坛，增加了它们的多样性和趣味性。同时，高高的露台，越过众多避暑别墅的屋顶，可以使人一览周边地区的胜景。"

3. George Wingrove Cooke, *China: Being "The Times" Special Correspondence from China in the Years 1857–58* (London: Routledge, 1858), 370–71.

4. Auguste Haussmann, *Voyage en Chine, Cochinchine, Inde et Malaisie*, vol 1. (Paris: Dessesart, 1847), 264.

5. Nicholas Belfield Dennys, William Frederick Mayers, Charles King, *The Treaty Ports of China and Japan* (London: Tru bner; and Hong Kong: Shortrede, 1867), 147. 虽然该园林在第二次鸦片战争期间遭到严重破坏，但它仍被描述为一个大型花园，这座园林"非常值得一观，而且对外国人开放。它占地数英亩，融合了一切复杂的元素，如迷宫般的小路蜿蜒穿过被睡莲铺满的叶子隐藏的池塘，奇妙的假山，带格栅的亭子，以及被剪成鸟兽形状的怪异灌木，这些构成了中国园艺美学的理想特征"。

6. Osmond Tiffany, Jr., *The Canton Chinese; or, The American's Sojourn in the Celestial Empire* (Boston: Munroe and Co., 1849).

7. 1865年至1866年英国驻北京使团的英国外交官阿尔杰农·伯特伦·弗里曼·米特福德（1837—1916年），在1865年于香港写的信中描述了同一个花园，他将中国园林的各种场景和纹饰瓷器上的园林场景进行了同样的比较，他评论说："露台、夏屋、台阶、吊桥、鱼池、假山、花木被奇妙地组合在一起，跟茶杯和盘子里的花园一样。门是在墙上凿出的古朴形状，状如圆圈、罐子、瓶子等。由于雨季已经来临，花园看起来并不是最佳的状况，但它仍然非常漂亮，尽管对我们来说，这里的积水过多了。培根勋爵在他关于花园的文章中说：'喷泉显示出一种宏大的美和清新，但水池会破坏一切，使花园腐败，到处都是苍蝇和青蛙'。如果这在英国是真的，那么在东方就更适用了。在这里，像花坛这样的东西是不存在的。植物任意生长，没有秩序或安排，但它们被精心照料，事实上整个花园都被打理得很好，似乎有一大批园丁和木匠，他们在中国花园里发挥着重要的作用。"Algernon Bertram Freeman-Mitford, *The Attaché at Peking* (London: Macmillan, 1900), 30–31. 对蒂法尼描述的近期讨论，参见Haddad, "Imagined Journeys," 71–72.

第31章　亨利·查理·瑟尔

（Henry Charles Sirr，1807—1872年）

英国律师兼外交官亨利·查理·瑟尔于1844年抵达香港。在他作为"南环线的皇家法律顾问"搬到锡兰后不久，瑟尔在《中国与中国人》（*China and the Chinese*，1849年）中记述了他在中国的短暂经历，如其书名所示，这本两卷的出版物涵盖了中国人的"宗教、品格、风俗和制造业"，书中描写了主要的东南沿海城市，即所谓的通商口岸。[1]

以下选段摘自他对中国的记述，在第一个节选中瑟尔简短地描写了厦门附近一个官员私宅中的园林，他主要关注园中观赏性植物、岩石和水景的布置。在第二个节选中，瑟尔暗示所有中国富人的花园都是可以相互类比的，他认为它们呈现了相同的设计，提供了相同的场景，且由相同的元素构成，这些元素的排列方式不是出于任何功能上的原因，而仅仅是为了产生美学上的效果。瑟尔将中国园林与大规模生产的绘有柳树图案的盘子相类比。[2]带有蓝白色柳树图案的陶器和瓷器，作为一种以中国风为灵感的设计，于1790年左右出现在英国并立即大受欢迎。日常物品上印着代表中国奇观的经典设计，图案中的柳树被亭台、桥梁和蜿蜒曲折的围栏环绕，这种器具在整个19世纪都很常见。

* * *

摘自亨利·查理·瑟尔，《中国和中国人》，第一卷，1849年

首席官员的府邸坐落在城镇周围的一座石山旁。园林位于房子的后面，布置得体。巨大的榕树遮蔽了步道，在烈日下形成一个极其令人愉快且耳目一新的林

图 13　佚名，《设有中国纹样的盘子》(*Plaat, beschilderd met chinoiseriedecoratie*)，代尔夫特，大约于 1670—1690 年，阿姆斯特丹，荷兰国立博物馆，BK–1971–117

荫道，同时色彩丰富的花朵摆放在苗圃里。表面爬着藤蔓的崎岖不平的岩石被筑造成了凉爽的洞穴和休息处。山边的一块饱经风霜的灰石头下面，涌出一股清冽可口且晶莹剔透的水流。比金银、油或葡萄酒更珍贵的是东部地区的纯净水源，疲惫的人可以在那里解渴，或是洗去燥热。

　　住在城中的上层阶级将他们的房屋建在围墙内，而那些住在郊区或乡村的人，他们的房屋则占据了庭院的中心。官员的家总是千篇一律的，由一系列不同大小、用途各异的建筑物构成：比如佣人房、凉亭、戏台，而面积最大的则是他们一家的起居室。这些建筑物的屋顶都向外倾斜并由柱子支撑着，屋顶的山形墙两端装饰着铃铛、竹子和瓷器的图案……

　　这个乐园是以最不寻常的方式布置的，除了让我们的读者参照常见的青花盘上的图案，我不知道如何更好地描述这个场景，这种图案被相当一部分人认为只适用于厨房，但在陶器店里它的学名叫作"柳树纹"。人们架设了桥梁，却显然只是为了让人从一边走上然后从另一边走下。垒起假山的目的只是将凉亭建造在山顶上，然而没有任何方式可以让游客登上去，除非有慈爱的仙女能在这时给你一对翅膀。湖泊在某种程度上可以被称为储存金银鱼的小仓库，它们能够快速繁殖并长得很大。当没办法建湖泊时，他们就用小池塘来代替，并在其中放置一个大喷泉，水流从虚构的怪兽口中和身上流出。一只小舟会停泊在水面或湖面上，无数的水鸟在溪流的怀抱中嬉戏，在泥泞的河岸上尽情地戏水。附近是长满藤蔓的小岩洞，提供了凉爽的休憩场所。

出于对鸟类的极度喜爱，庭院中总会有鸟舍，其中常有稀奇古怪的品种，欧洲的鸟类学家对它们毫无了解，而且我们担心这种状态可能会延续下去，因为中国人肯花费更大的价钱购买稀有鸟类，所以那些持有者也自然不会将它们卖给欧洲人。鸟舍通常装着镀金的窗格，有一个倾斜的屋顶，角落里悬挂着铃铛和饰物，屋内有人工树和鸟类使用的浴池。一个有顶篷的走廊常常环绕着湖泊和鸟舍，从房子的一角延伸到另一角，而且因为中国人总是倾向于追随他们祖先的脚步，所以对某一位官员的府邸和庭院的描述就能适用于所有人，在其他人的庭院或住所中基本看不到什么变化。

园林里的花盆和花坛中分布着各种各样的橡树、竹子和果树，它们或被矮化，或扭曲变形。花圃里花卉的位置都是刻意安排的，以这样的处理方式来产生各种图案。这些由花卉构成的景观，从装饰的新颖性、色彩的绚丽和丰富来看，都是最令我们赏心悦目的。

我们相信我们在别的地方已经谈到过中国人对菊花的热情了，这种花在每一个园子里都有种植，对于那些没有亲眼见过这些情形的人来说，中国人对菊花的深厚感情是难以置信的。

种满了果树的果园总是会出现在中国富人的宅子里，因为他们对蔬菜、草药和水果的喜爱几乎与对菊花的喜爱等同。

注释

1. Henry Charles Sirr, *China and the Chinese: Their Religion, Character, Customs, and Manufactures*, 2 vols. (London: Orr and Co., 1849).

2. 关于西方旅行者在他们的记述中对中国园林和瓷器上的图像比较，参见 Haddad, "Imagined Journeys," 69–73. 美国诗人和作家贝亚德·泰勒（Bayard Taylor, 1825—1878 年）在1853年陪同海军准将马修·卡尔布雷斯·佩里（Matthew Calbraith Perry）远征日本，在他对19世纪50年代初在上海参观的"茶园"的描述中，提到了利物浦青花瓷上描绘的景象。泰勒写道，该花园由一座"两层楼建筑主导，其带有尖顶、卷曲且悬空的屋顶，我们总是将其与中国建筑联系起来。它可以通过桥梁到达，这些桥梁以奇特的'之'字形线条横跨水面，所以你走的距离比实际距离多上一倍。对面有几座类似的建筑，周围环有大量的假山岩石，但唯一代表花园符号的是一对玉兰树，它们开着芬芳、雪白的花朵，光彩夺目。每个人都知晓老式的利物浦青瓷盘，上面绘制了两座中国房屋、一棵柳树、一座桥，上面有三个中国人在走，还有两只乌鸦在空中。这些盘子很好地表现了茶园，这是中国生活中最具风景如画意味的一个典型样本"。Bayard Taylor, *A Visit to India, China, and Japan in the Year 1853* (New York: Putnam, 1855), 330. 部分内容引述于Haddad, "Imagined Journeys," 72.《泰晤士报》的特派记者乔治·温格罗夫·库克在描述他于1857年访问的上海同一花园时，将其形态与柳纹盘进行了比较："它的形态并不规则……在各个方向上都有宽阔而停滞的水渠，里面都长满了绿色的植物，'之'字形的木桥穿过其中，其呈现出柳纹盘的图像模式……在没有水的地方，有数块人造岩石，还有大型的亭子形茶室。"George Wingrove Cooke, *China*, 223.

第 32 章　罗伯特·福琼（二）

（Robert Fortune，1813—1880 年）

1852 年，福琼第二次受雇于东印度公司，为其考察中国的茶园，并为英属印度收集茶树样本。[1] 他于 1853 年到达中国，一直待到 1856 年。这是他第三次远赴中国进行植物学探险。以下两个选段摘自福琼的《居住在华人之间》（*A Residence Among the Chinese*，1857 年）[2]，他在书中记述了自己的此趟旅程。

在第一段节选中，福琼描述了通商口岸宁波附近的慈溪城内的一个园林。透过植物学家特有的专业眼光，他不由自主地欣赏起了园中布置的那些精挑细选的植株。尽管福琼对中国和中国文化，以及他所熟知的中国园林设计抱有"英国偏见"，但他还是不得不承认他很喜欢观赏园内的植物景观。

第二段描述了伍氏家族的其中一个园林。伍秉鉴（1769—1843 年）是伍氏家族中最杰出的成员，他是广州商行之首，欧洲人称他为浩官（Howqua）。这座花园可能是西方旅行者和当地居民的热门目的地。福琼诙谐地描述了游客行为规则的告示，这些告示用"真正的中国礼仪"的口吻书写，散布在花园各处，证明了它的可访问性。最后，福琼对中西方园林在空间结构上的不同进行了评述。他建议读者们忘掉"整齐的草坪、宽阔的人行道和广阔的视野"这些唤起英国园林典型特征的形象，同时想象空间被分割成各个部分和众多元素的中国园林。这里的一切都是"小规模的"，游客对空间的感知被不断地欺骗。福琼从未参观过规模宏大的皇家花园，他将中国园林表述为一种独立的门类，不同于当时西方园林设计的主要美学准则。

图 14　查尔斯·托马斯·迪克森（Charles Thomas Dixon）（在托马斯·阿罗姆之后），《潘长耀在广州的喷泉庭院》（*The Fountain Court in Consequa's House, Canton*），收录于托马斯·阿罗姆，《中国的系列景观》第一卷（伦敦：Peter Jackson, Late Fisher, Son, and Co., 1843 年），第 52 页，© 华盛顿敦巴顿橡树园研究图书馆和收藏馆，善本收藏

* * *

摘自罗伯特·福琼，《居住在华人之间》，1857年

古代艺术品收藏家的房子和园子

我发现他是市中心一所大房子的主人和居住者，显然是个很富有的人。他非常热情地接待了我，像往常一样把我领到会客室尽头的贵宾席上。他的房子装饰布置得很有品味。在接待我的那间屋子前有一个小花园，里面有许多精挑细选过的盆栽植物，如杜鹃花、山茶花和各种矮树。地上铺着砂石和花岗岩，有一些花盆被放置在地上，另一些则在石桌上。被同种石头围起来的小围墙里填满了土，里面长有各式的藤蔓植物，爬满了墙。这里有人们喜爱的紫藤、玫瑰、茉莉花

等，它们爬过墙壁，攀进室内，形成了可以遮挡正午阳光的藤架。在它们的前面种有牡丹[3]、南天竹、玫瑰、连翘和麻叶绣线菊。对面的角落里有两棵高大的树，那就是著名的桂花树[4]，它的花常被用来给茶增香。墙边的许多地方都铺满了漂亮的小石松，我在几年前把它引入了英国。我们坐在那里喝茶时，这幅童话般的美景便展现在我们眼前。尽管我带有英国人的偏见，但我不得不承认这幅画面是非常令人愉悦的。

浩官花园

任何有地位的人家都会有一个"鉴茶师"，他对自己的业务了如指掌，不仅能够辨别茶叶的真伪，还能在大多数情况下辨别出面前样品的产区。

从著名的"浩官茶叶"（Howqua's Mixture）[5]到不太知名的"浩官花园"（Howqua's Garden），似乎只有一两步之遥，在我们离开广州之前，我邀请读者们同我一起参观一下。这个园林位于著名的花地苗圃（Fa-tee nurseries）附近，距离广州城区几英里，是居住在附近的中国人和来访天朝的外国人都特别喜欢的出游胜地。[6]我决定与唐纳德先生一起拜访这里，他是当地的一位知名的中国通。承蒙他的关照，我得到了一些中文告示的翻译，我们当时觉得这些非常有趣，我敢说我的读者们也能被逗乐。

走到花园门口，我们出示了别人给我们的卡片，便立刻被放行了。从入口看到的景色是相当宜人的，对于第一次见到它的陌生人来说，印象尤其深刻。"正前方"是一条狭长的步道，两边都摆放着盆栽植物。这种景象被一个八角形拱门打断，并显然被延长，拱门后面有一个类似壁龛的东西罩在步道上。在每侧植物的后面，都有低矮的装饰性砖墙与步道平行，墙上有格子状的镂空，这样就可以透过它看到每一边的池塘或小湖。八角形的拱门、壁龛、漂亮的装饰性花盆，以及两侧的水流都令人痴迷，这是彻底的中国风格。

这些植物都是中国南方的优良品种，它们在英国也很有名，如墨兰、桂花、橘子、玫瑰、茶花、木兰等，当然还有许多中国园林里不可或缺的矮树。

在前述的壁龛里有一些漂亮的石凳子，在中国南方这样的气候里它们显得很凉爽。这座房屋的地板比地面高了几英尺，这样访客们就能很好地看到园中的水流和其他有趣的东西。我们在其中一根柱子上发现了以下这则中文告示，"温馨提示：此园恳切地请访客们将槟榔⁷吐在栏杆外面，并把烟斗的灰也敲到外面"，这证明此处是一个中国人喜欢的休闲场所和吸烟区域。步道附近种着几棵长势很好的果树及其他树种，它们能够遮挡阳光。其中一个告示是这样写的：
"散步者若采摘树上的果实也是情有可原的。"多么彬彬有礼！

在花园的中心附近矗立着一座巨大的凉亭或大厅，名为"芳草堂"（the Hall of Fragrant Plants）。在这里也有一个同样的针对吸烟者和嚼槟榔的人的告示，那里还有一个我绝不会忘记引用的更长的告示。它是这样说的："在这个花园里，植物是为了取悦所有参观者的眼睛而存在的。由于在种植和布置上已经开销巨大，从现在开始花园要得到一些回报。凡是到这里来散步的人，为了保持此处的美丽，请不要采摘树上的果子和花。"接着是一句地道的中国式礼仪——"敬请谅解"。穿过芳草堂，我们走进了两排桂花树之间的一个装饰精美的房间，它被用于接待客人，布置得很有品味。牌匾告诉我们它被叫作"无遮树香堂"（the Fragrant Hall of the Woo-che tree）。从一个窄门离开这个房间后，我们注意到了以下告示："误入此地的散步者会被原谅。"显然这里将通往这家人的私人住处。在花园的一侧有一些精致的假山，中国人精通它们的建造之法，还有各种装饰精美的凉亭，其中一个名为"净翠馆"（Library of Verdant Purity）。在花园的这一侧和我们先前注意到的笔直步道之间有一个小池塘，里面有鱼和荷花。这里有一座由许多拱组成的"之"字形木桥，看上去相当破旧。这里贴了一张非常有必要的告示："为防意外，请散步者止步。"

在花园的外围，我们看到了盆栽棚、苗圃和菜园。在这里，一个中国人向我们指出了一处天然的奇景，乍一看确实显得格外奇特。只见有三棵树连成一排，外侧的两棵树在离地面二三十英尺的地方长出了新芽，和中间的那棵完全连在一起了。当意识到外侧的是榕树时，我就很容易看出它们的外观是如何形成的。这种树的长根深深地扎在中间的那棵树上，乍一看就像是真的把自己接在了上面。

恐怕我这个奇妙花园的描述还很不完善。了解中国园林的人应该能很好地理解我的表达，但要让一个对中国园林完全陌生的人理解我所努力描述的景象，是相当困难的。要了解中国园林的风格，就必须从脑中摒弃一切整齐的草坪、宽阔的步道和开阔的视野。相反，要将每样东西都转化到一个小尺度上，即铺砌好的窄步道，四面的矮墙，墙上有格子或装饰性的窗口，以便眺望远方的景色，以及大厅、凉亭、壁龛、上面有曲折廊桥的池塘或小湖。简而言之，就是尽力使小东西显得大，而使大东西显得小，使一切都充满中国风。我想，英国的花园也可以吸取一些此类装饰物的长处。墙上的一些门洞和漏窗看起来非常漂亮。我特别留意到了一堵大约十英尺高的墙，墙上有一些开口的间隔，里面满是模仿竹竿的瓷杆。现在，我要用在"净翠馆"里看到的一位中国诗人的几行诗句来结束这段介绍，这首诗似乎是在描写这个花园：

一些竹子的茎秆，

周围有一间小屋；

这里有几朵花，那里有几棵老树，

还有一亩[8]花园。

注释

1. 东印度公司在1848—1852年第一次与福琼合作，正如福琼自己所说的，合作的"目的是为政府在喜马拉雅山的茶叶种植园获得最好的茶树品种，以及配套的本地工厂和工具"。Robert Fortune, *A Journey to the Tea Countries of China* (London: J. Murray, 1852), v.

2. Robert Fortune, *A Residence Among the Chinese* (London: J. Murray, 1857). 福琼报告说，他的任务目标是"丰富已有的收藏，特别是为印度的实验茶园获得一些一流的红茶制造商。"Fortune, *A Residence*, v.

3. 中文名为牡丹（*Paeonia suffruticosa* Andr.）。Fèvre and Métailié, *Dictionnaire Ricci*, 330.

4. 在中药学中，桂花（*Osmanthus fragrans* Lour.）这个名字表示桂树的花。Fèvre and Métailié, *Dictionnaire Ricci*, 157, 329.

5. 福琼将19世纪中期在英国销售的茶叶称为"浩官茶叶"，其名称来自著名的行商浩官。

6. 关于福琼对广州郊区名为花地苗圃的描述，参见Robert Fortune, *Three Years' Wanderings in the Northern Provinces of China* (London: J. Murray, 1847), 141–45. 关于花地苗圃，参见Hazel Le Rougetel, "The Fa Tee Nurseries of South China," *Garden History* 10, no. 1 (1982): 70–73.

7. 福琼在其文本中注释道："槟榔被中国南方人大量使用。"

8. 福琼在其文本中注释道："一亩大约是一英亩地的六分之一。"

第 33 章　查尔斯·泰勒

（Charles Taylor，1819—1897 年）

　　19世纪40年代，美国卫理公会派教徒在中国建立了传教机构。1844年，美国卫理公会的南北支分裂后，牧师泰勒于1847年受命在中国南方建立卫理公会的南派教会。他于1848年4月离开波士顿，同年8月到达香港，在中国南方居住了5年。回到美国后，他将自己的经历记录在了一本名为《在中国的五年》（*Five Years in China*，1860年）的游记中，他在描写所经之处的同时夹杂了一些他对中国文化和习俗的解读。[1]

　　泰勒抵达中国时，通商口岸已经开放了几年，他比自己的前任享有更大的行动自由，他访问了东南沿海的几个城市。他对苏州作了详尽的描述，描述了运河两岸熙熙攘攘的商店和顾客，以及寺庙的热闹气氛。然而，对于散布在城市各处的众多园林，他并没有着过多的笔墨，这些园林要在接下来的一个世纪（20世纪）才会被西方旅行者所记述。泰勒唯一写到的苏州园林是狮子林，他简要评述道："这个园林里有几棵树，一个小庙，池面上有几座桥交叉连接，大量的假山以最复杂和费解的路径向各个方向蜿蜒延伸，使你在石窟和洞穴间绕来绕去，形成了一个完美的迷宫。"[2]

　　泰勒在其书中唯一详细记述的绿地是广州行商浩官的一个花园。以下节选中，泰勒的描述围绕中国园林的主要组成元素：岩石、水、建筑和植物。泰勒特别关注了遍布园中的许多观赏品种和盆栽植物，主要有池面上的荷花、牡丹，尤其是形状奇特的矮树，传教士认为这体现了中国人为了装饰性目的而强行抑制乔木和灌木的生长。泰勒对中国园林中植物的关注反映了西方对中国园林在兴趣上的转变，他们越来越注重园林中植物的品质而非设计，詹姆斯·梅因预见到了这种变化。[3] 他的观点也指出在19世纪中期，西方对于中国自然历史的科学研究日

图15　佚名，《李明的私家园林》（*Jardin de Lee-ming*），中国，广州，从 1862 年到 1879 年，蛋白银盐印相，PH1982:0363:004，蒙特利尔，加拿大建筑收藏中心

益增多，为了了解远东植物群和动物群，欧洲和美国自然学家们的探险之旅也进一步升级。

* * *

摘自查尔斯·泰勒，《在中国的五年》，1860年

　　一天下午，我们和几个朋友一起乘船去参观浩官的园林。浩官是一位年迈的"行商"，也就是中国商人，他在与外国人的茶叶贸易中赚了一大笔钱。园林位于河上游两三英里的地方，在其所在的河岸上有一个宏伟的大门，周围环绕

着高墙，你可以通过水边的一段石阶走进园内。这个园林和其他所有中国的观赏性园林的标志性特征一样，除了花卉和灌木，还有岩石、桥梁、池塘、亭子或乔木。岩石用一种灰泥堆积和粘连起来，过不了多久灰泥就会变得和岩石一样坚硬。

有时这些人造石堆有二十英尺高——并不一定都是实心的石块，但往往堆积得足以形成拱门和裂缝、洞穴和石窟、各种角落，涵盖了所有你能想到的形状——在当地人看来，越是奇形怪状就越是美丽。这些假山的内外都有蜿蜒曲折的小径，台阶上上下下，常常组成一个错综复杂的迷宫。这些园林的另一个特点则是人工池塘或水池。它们通常占据着很大的空间，以至于岩石看起来就像从水中央升起的岛屿。然后，这些水池旁的陆地被桥从四面八方连通起来，有些桥是直的，有些则曲曲折折，形似闪电。它们大多是用凿得很好的石头建造的，距水面三到五英尺，由石桩或石柱支撑，并配有做工奇特的栏杆。有时它们高得足以容纳一个美丽的拱门作为支撑。中国有许多这样的拱桥，横跨无数的运河和河流，遍布全国。园中还有形状各异的凉亭，有方形的、五角的、六角的，也有八角的。凉亭建在水面上，每个角上只有一根柱子支撑着一个奇特的屋顶。这些凉亭通常也建在假山的顶端。在私人园林和一些公共园林中，这些小建筑里都配有桌子和长椅，供亲友和游客坐在那里吸烟、喝茶和聊天。遗憾的是这里也有寺庙，里面有雕刻精美的镀金木制佛像。

园中的许多花卉和灌木都非常漂亮，它们被放置在花园的不同地方，种在模样古怪但又漂亮昂贵的花盆里，放在凉亭和寺庙里的架子和桌子上。公共园林里有许多茶馆，每天都有成群的人聚在那里喝茶、吸烟和聊天。中国人对花的喜爱广为人知，他们有许多不同种类的花，其中大多是非常美丽和芬芳的。这里有许多种类的玫瑰、百合、紫罗兰、蜀葵、须苞石竹、石竹、晚香玉、马鞭草、牡丹、矢车菊、天芥菜、木槿、金银花、天竺葵、桃金娘、栀子花、绣球花、蒿草、鸡冠花、菊花、鸢尾花、杜鹃花、木兰、紫薇、木槿、旋花、山茶和其他花卉。美丽的白莲或荷花平铺在水面上，它的叶子通常像遮阳伞一样大。它的根是人们喜爱的食物，既美味又营养。芍药品种繁多，被人们称为牡丹，在美国它们并不为人所知。

除了花之外，园中还有各种各样的常绿灌木，如黄杨、侧柏、柏树、香柏、松树。[4]这些树在中国人看来是非常珍贵的，他们用绳子把一些树枝绑起来，再使另一些树枝弯曲，迫使它们长成许多奇怪的形状，以便朝着人们想要的任何方向生长。这里还有一些以这种方式生长的动物的形象。一只长着角的鹿，或者一只长脖子的鹤，一只脚站着，另一只脚抬起，它们都从花盆里绿意盎然、生机勃勃地生长出来，这是一种非常奇特的景象。你有时会看到这些矮树中的一棵，它们被栽培得像一座几层的宝塔。

注释

1. Charles Taylor, *Five Years in China, with Some Account of the Great Rebellion, and a Description of St. Helena* (New York: Derby and Jackson, 1860).

2. Taylor, *Five Years in China*, 268.

3. 后来的旅行者在描述中国园林时，都重点关注其植物特点。美国商人威廉·C. 亨特于1829—1842年住在广州，后来又居住在澳门，他在对广州一个行商私家花园的描述中，强调了那里的观赏性植物，以及花园中鲜活的动物："许多精美的古树散布其间，还有各种鲜花水果，如柑橘、凉橙、荔枝和其他在欧洲不为人知的水果（如金橘、黄皮、龙眼和奇怪的扁桃）。花卉中包括白色、红色和杂色的山茶花、菊花、牵牛、金鸡菊和康乃馨。与西方不同的是，这里的花卉是在盆中培育的，这些花盆有品位地排列在金字塔形的圆形架子上。在砾石铺就的小路上，立有小亭子的粗野石窟，横跨湖泊溪流的花岗岩桥，鹿、孔雀、鹤，以及羽毛漂亮的鸳鸯，都为其增添了吸引力。"Hunter, *Bits of Old China*, 79.

4. 泰勒用"arbor-vitæ"代指常绿针叶树，被称为中国乔木、东方乔木或东方柏树，其学名是侧柏（*Platycladus orientalis* (L.) Franco.）。

附　录
威廉·钱伯斯（William Chambers，1723—1796 年）
《东方造园论》

　　与本文集中其他西方旅行者对中国园林的描述相比，威廉·钱伯斯的《东方造园论》（1772年）[1] 非常不同。尽管这篇论文是钱伯斯就他第一篇关于中国园林美学的论文《中国园林布局的艺术》（1757年）中所表达论点的阐述，但它实际上并不能被认为是对中国园林设计原则的理论处理，更像是钱伯斯倡导的一个风景如画的新花园愿景，几乎预示着工业革命将给英国社会结构带来的戏剧性变化。这篇文章作为一个值得注意的例子，展示了中国园林如何在欧洲被用作风景如画园林风格发展的理论公式。

　　与兰斯洛特·布朗设计的乡村和"自然"景观形成鲜明对比，钱伯斯定义园林为"公共领域"[2]，该论文提出了一种新的现代园林形式：经过中国园林过滤的假想图景。钱伯斯提出的园林风格有着令人惊讶的环境和场景，它们不断变化和增加，彼此接近，有异国情调，并能够引起游客不同的情感反应。文中，钱伯斯认可将中国园林设计作为参考的策略，力求在园林景观中创造更多不同的效果。钱伯斯把他的论文献给了国王乔治三世，他曾在皇家植物园邱园里为国王工作，钱伯斯实际上是在倡导一种新型国家自然园林，并将其作为英格兰的形象。

前言

　　在装饰艺术中，没有什么比造园的影响更为广泛了。其他艺术作品各有其不同的爱好人群，只有他们欣赏这些作品或给予高度的评价，而对于这世界上的其他艺术作品他们则漠不关心，甚至感到厌烦。一栋建筑无法直接为一般人提供乐趣，它仅有建筑的宏伟或是材料的价值；一幅画也无法直接打动人，除非它与生活如出一辙。还有成千上万的更为高级的美，对人们不起作用，因为在建筑、绘画，乃至其他大多数艺术中，人们必须先学习才能欣赏。他们的愉悦与判断力同步，只有他们知道得足够多，他们才能感受到更深刻的愉悦。

但园林有着截然不同的性质：它的范围很广泛；它对人类心灵的影响是确定不变的；没有任何先前的知识，不需要经过教导，所有人都会对夏日的绚丽风光感到快乐，对秋日的黯淡景象感到沮丧。无知者和博学之人对植栽的魅力同样敏感，他们也同样厌恶疏于照看的自然的粗野景象。草坪、树林、灌木丛、河流和山脉以同样的方式影响这两种人，而这些元素的每一种组合都会在两者的脑海中激发出相似的感觉。

这种艺术作品在效果上也并不比一般作品来得短暂。图画、雕像、建筑物很快就填满了观赏者的视线，使他们对其失去兴趣。但在园林里，它是持续变化的，植被的生长、季节的变迁、天气的变化、阳光的变幻、云的移动、风产生的颤动和声响，以及鲜活的或移动的物体的偶然介入，往往会使其外观发生很大变化，因此，即使面对相同的风景，也几乎不可能厌倦。

那么，这样一门与我们的愉悦之感有着相当广泛联系的艺术，在我们国家却没有正规的专业人员，这难道不奇怪吗？在欧洲大陆上，它是建筑师的附属工作，而建筑师沉浸在自己职业的研究和爱好中，往往没有闲暇来进行其他研究；在这个岛上，它被丢给了厨房菜园的园丁，他们精通沙拉文化，但对装饰性园艺的原则知之甚少。不能指望那些没有受过教育的人，他们注定要在艰苦的劳动中耗费一生的精力，他们在如此高雅又如此困难的事业中又能走多远呢？

在很大程度上，完美园林的稀少是由于这种正规专业人员的严重缺失。在我们这一地区，确实很少有自然能得到最佳的改善或是艺术能得到最合理运用的园林。在意大利、法国、德国、西班牙和所有其他仍然流行古代风格的国家，园林一般仅是绿树成荫的城市；人行道就像街道那样呈直线组织，有规律地从不同的大型开放空间（类似于公共广场）中发散出来；周围的树篱被抬高，模仿墙壁，装饰着壁柱、壁龛、窗户和门，或被切割成廊柱、拱廊和门廊；所有独立的树木都被修成方尖碑、金字塔和花瓶的形状；所有树丛的凹处都是剧院、圆形剧场、庙宇、宴会厅、舞厅、陈列室和酒馆的名称和样子。街道和广场上满是大理石或铅制的雕像，排列整齐，像列队行进的士兵，为了使它们更自然，有时它们会被涂上适当的颜色并被精心镀金。湖泊和河流都被凿过的石头所限制，被规范以几何秩序流动；瀑布沿着一级级的大理石台阶从高处落下；没有一根小树枝按照大自然的指示生长；只有科学的，并由直尺和圆规所确定的形式可以被接受。

在英格兰，这种古代风格被人厌恶，与欧洲的其他地区相反，一种新的方式在这里得到了普遍应用，在其中不允许任何艺术出现，园林与普通草原几乎没有区别，它们大多是对自然的模仿，物体的变化很小，构思上缺乏想象力，布局上也缺乏艺术性，以致这些作品更像是偶然之作，而非设计的产物。一个外来客常常不知道他是在草地上散步，还是在游园里散步，而这些地方都花了相当大的成本来建造和维护。他看不到有什么东西可以使他愉悦，也没有什么东西可以激发他的好奇心并引起他注意。在他首次进入时，他看到了一大片绿色的田野，上面散布着几棵稀疏的树，杂乱的灌木和花卉模糊了边界；经过进一步观察，他发现了一条蜿蜒曲折的小路，这条路在边界处的灌木丛中有规律地盘旋着，他要沿着这条小路走一圈，一侧是那片他已经看过的绿色田野；另一侧是离他不到几码远的边界，并且其总是阻挡他的视线，他不时看到一个贴附在墙上的小座位或庙宇；他对这一发现感到高兴，他坐下来，歇一歇疲惫的四肢，然后又继续往前走，他咒骂着这美丽的线条，直到精疲力竭，他被太阳晒得半死，因为这里没有任何树荫，他厌倦了这种消遣，决意不再观赏：徒劳的决心！这里只有一条路，他要么拖着步子走到底，要么从他来时那条乏味的路回去。

在较小的园林中，这是我们最喜欢的配置，而我们的大型园林只是对小型园林的重复。更多的绿地，更多的灌木，更多的曲径和更多的座位。

我认为，这里提到的那种巧妙的和简单的园林风格显然都不对：一种过于夸张，偏离了自然；另一种则过于一丝不苟地依附于自然。一种方式是荒谬的；另一种则是平淡而粗俗的。明智地将两者结合起来，肯定会比单用任何一种都更完美。

但如何实现这种结合还很难说。艺术人士和自然之友，在捍卫他们喜爱的制度时同样暴力。而且，就像所有其他党派一样，他们不愿放弃任何事物，无论它有多么不合理。

因此，目前并不指望有这样的结合。无论谁胆敢尝试这样的结合，都可能招致两方的谴责，对任何一方都没有改变，最终只对自己产生偏见，对艺术却毫无贡献。

尽管建立一个自己的新体系可能既鲁莽又无用，发表他人的作品并不会那么不合时宜抑或毫不适用，尤其是那些造园技术经常受到人们推崇的人，他们的方法在我们中间被确立为模仿的标准，却从未被正确定义过。常言道，最糟糕的事情里也暗含好事，即使我所要讲述的不如我们早已知晓的，但也定能从中得到一些有用的提示。

因此，在不危及自己也不冒犯他人的情况下，容我提出关于中国造园方式的以下看法。这些记述来自我在中国的观察，以及我与中国艺术家的交谈，也来自旅行者在不同时期传递给我的评论。几年前，我曾发表过一篇我现在想要完成的作品的梗概，它大受欢迎，也促使我为此作品收集材料。[3]

对中国的造园方式相较欧洲现在使用的方式是好是坏，我不下断语。比较是检验真理的最可靠也是最容易的方法，比较和判断是每个人都具有的能力。如果现下的出版物可以包含任何有用的东西，我的目的就完全达到了；如果没有，它也许可以提供一些乐子，或者最坏也可以用来消磨空闲的时间。

进入主题前，我必须为我们对英国园林的冒犯表示歉意。诚然，有几个园林不在我的描述范围内。它们有些由园主人布置，园主人精通造园，就像精通其他高雅的知识领域。其余的园林的优越之处则主要归功于自然，但总的来说，它们很少因艺术的介入而得到改善。艺术的介入虽然可能提供了一些美，但也剥夺了许多其他的美。

列举一种糟糕品味的所有错误是乏味的，但它在我们古老的种植园中所造成的破坏，必须永远被愤慨地记住：斧头常常在一天之内就把生长了好几年的生命毁掉；成千上万棵珍贵的植物，包括整片树林，都被一扫而空以腾出空间给一小片草地和一些美洲杂草。我们的艺术大师几乎没有留下一英亩的树荫，也没有留下三棵树排成一排的景象。如果他们继续肆意破坏下去，那么整个王国将不会留下一棵树。

论文

在中国，造园比在欧洲更受尊崇，他们把这门艺术中的完美作品与人类认知的伟大成果相提并论，并且认为园林在激发热情的功效上，是其他任何艺术都难以企及的。

他们的造园家不仅是植物学家，而且是画家和哲学家，他们对人类心灵及激发起强烈感情的艺术有着透彻的认知。中国不像意大利和法国那样，每个小建筑师都是造园家；也不像在另一个著名的国家那样，农民从瓜田里出来，成为教授；也不像斯加纳列尔（Sganarelle）那样，放下斧头摇身一变成为医生。在中国，造园是一个独特的职业，需要广泛的研究，很少有人达到完美之境。那里的造园家们绝非无知或是文盲，而是极有才干的人，他们将自然的美丽之处引入大部分的装饰物之中，这些装饰物是研习、旅行和长期经验所得的。只有有了这些成就，他们才被允许从事造园工作，因为对中国人而言，装饰性园林的品味是立法关注的目标，它被认为会对整个文化产生影响，从而影响整个国家的美。他们注意到，这门艺术中所犯之错过于重要以至于不能被容忍，它们大量暴露于视野之中，而且在很大程度上是无法挽回的。矫正一个小时的错误往往需要一个世纪的时间。

中国的造园家以自然为范本，其目的在于模仿自然所有美丽的不规则之处。他们首先考虑的是地基的形状，无论它是平坦，还是倾斜；是丘陵，还是山川；是广阔，还是狭小；是干燥，还是泥泞；是富有溪流鸣泉，还是容易缺水；是郁郁葱葱，还是寸草不生；是粗糙，还是平滑；是贫瘠，还是富饶；不论其过渡是否突兀，其特质是宏大、狂野还是惊人的，抑或是渐进且倾向于平静的；是阴郁或是愉悦的，对于所有这些情况，他们都十分谨慎，因地制宜，扬长避短，并以最少的花费完成营造。

他们也关注雇主的贫富，雇主的年龄、身体状况、脾气、娱乐、人际关系、事业和生活方式，以及他一年中最常去园林的季节，从而使园林的布局适合他的情况，并满足他的需求和消遣。他们的技巧在于同自然的不完美和缺陷作斗争，并且可以超越一切障碍，在同类作品中创作出完美也不同寻常的作品。

虽然中国艺术家一般以自然为范本，但也不过分依附自然而排斥一切艺术表象。恰恰相反，他们认为，在许多情况下有必要炫耀一下他们的劳动。他们说，自然提供给我们的材料寥寥无几。植物、地面和水，是自然仅有的产物。尽管它们的形式和排列的变化可能多到令人难以置信，但很少引人注目，其余的变化就像被敲响的钟声，尽管实际上不同，但仍然产生相同类型的叮当声，这种变化太微小了以至于不易被察觉。

因此，艺术必须弥补自然的不足，它不仅被用来产生变化，也被用来制造新奇和效果。因为自然的简单布置在每一个寻常场地都能被看见，并在某种程度上臻于完美；因为人们对它太过熟悉以至于无法在心中产生任何强烈的感觉，也无法产生任何不寻常的快感。

诚然，要想同时获得新颖性和多样性，可以通过把一个国家的独特事物移植到另一个国家；通过在平坦的地方引入岩石、瀑布、悬空的树木，以及浪漫情境的其他构件；通过在荒芜之地引入大量的水；在崎岖不平的群山中开垦平地。但即使是这样的资源也很容易消耗殆尽，而且很少能在不付出很大代价的情况下付诸实践。

中国人不是直线的敌人。一般而言，他们很会创造出宏伟的东西，而这没有直线是难以做成的。他们也不厌恶规则的几何图形，他们认为这些图形是美的，且适合于小的作品。在小的作品中，自然丰富的不规则性会填充并妨碍他们应该装饰的构件。他们同样认为这些图形适合用于花园，以及在文化上表现出艺术性和在形式上不应忽略艺术性的其他作品。

他们的常规建筑通常环绕着人工露台、斜坡和许多阶梯，其角落里点缀着各种雕塑和花瓶，以及各式人造水景，它们与建筑相连，为建筑提供良好的效果，并增添了欢乐、壮丽和热闹的景象。

那些围绕着主要住处，且靠近所有装饰性建筑的场地，都被布置得极为规整且打理得十分小心，不允许有任何植物阻挡观看建筑的视线，也没有任何成排的东西，除非它们与建筑相得益彰，并使整个构图呈现良好的效果。他们认为用杂乱无章的草木围绕一座优雅的构筑物是荒谬的。他们说，它看起来像一颗镶在铅上的钻石，并会传达出未完成作品的意思。若建筑质朴，周围的景致则是狂野的；若建筑宏伟，周围的景致则是阴郁的；若建筑欢快，周围则是华丽的。简而言之，中国人在作品的每个部分都一丝不苟地保留了同样的性格，这是他们的作品富含惊人的多样性的一大原因。

他们喜欢把雕像、半身像、浅浮雕和每一种雕刻制品引入他们园林的其他位置和建筑周围，他们认为这些雕塑作品不仅具有装饰性，还能纪念过去的事件和名人，能唤醒我们的思想，把我们的思绪带回到遥远的古代，使我们愉快地沉思。他们在传播关于土地的古老铭文、诗句和箴言上从未失败过，这些文字会被刻在巨大的残石和大理石柱子上，或被刻在树木和岩石上。这些地点总是特意选择的，为了与铭文的意义相呼应，从而使铭文获得额外的力量，也赋予场景更强烈的表现力。

他们说所有这些装饰都是必要的，以描述和区分他们作品中的不同场景。若是没有这些装饰的帮助，它们之间就难免会有令人厌烦的相似之处。

当有人反对说这些事物很多是不自然的，也不该如此时，他们回应说，大多数的改进都是不自然的，但仍然被采纳了，它们不仅被接受，而且大受赞赏。他们道，我们的官服，既不是皮革制的，也不像我们的皮肤，而是由华美的丝绸和刺绣制成的；我们的房屋和宫殿不像岩洞那样，只是自然栖息地；我们的音乐并非自然的和声，它们既不像雷声，也不像北风的呼啸。大自然不生产任何煮、烤或炖的东西，但我们不吃生肉；除了牙齿和手以外，大自然没有提供给我们任何其他工具，然而我们有锯子、锤子、斧头和成千上万种其他工具。简而言之，几乎没有什么东西的人造感是不明显的，那为什么要把造园排除在外呢？当要赋予作品能量的时候，诗人和画家都超越了自然的境界，那也应该赋予造园家同样的特权。没有生气的、简单的自然于我们的目的而言太过平淡乏味，人们对我们的期望要高得多。因此，我们有理由得到艺术或自然所能提供的一切帮助。园林的景色应该与一般的自然环境有很大区别，就如英雄诗与散文的区别。造园家和诗人一样，应该放开他们的想象力，甚至在必要的时候超越真理的界限，使他们的造园对象变得生动活泼，并增添新意。

在中国，园林置景的通常方法是设计各种各样的场景，并从特定角度欣赏它们。在那些赏景点上放置座椅或建筑，以达到精神或感官享受的不同目的。他们园林的完美之处既在于这些场景的数量和多样性，也在于各部分之间的巧妙组合。他们致力于以这样的方式配置场景，不仅展现场景各自的最大优势，而且使其联合起来形成一个典雅且引人注目的整体。

当场地开阔且可以引入许多场景时，他们通常会为每个场景配备一个单一的视点；但在场地被限定且没有足够的变化空间时，他们就会排布这些物件，使它们从不同角度看时，能够产生各异的表象，而且往往彼此之间毫无相似之处。他们同样致力于把作品中的各个独立场景按这样的方位统一起来，以便使其可以从一个或多个特定角度一并被看到，从而使观者为广阔、丰富且多样的景色所陶醉。他们尽可能地利用外部物体，小心翼翼地隐藏场地的边界，并努力使它们与远处的树林、田野和河流结合在一起，在看得见城镇、堡垒、塔楼或任何其他可观的物体的地方，他们都巧妙地设法从尽可能多的角度和方向来欣赏它们。同样，对可行舟的河流、大道、小径、山川和其他所有可移动的物体，他们也都这般处理，进而使景致更生动，更富有变化。[4]

除了欧洲常用的隐篱和下沉围栏的方法来隐藏边界外，他们还有其他更有效的方法。在看不到外面景物的平坦土地上，他们用人工台阶把植物围起来，形成步道，你可以沿着难以察觉的斜坡往上走：其内部边界上种有高大的树和林下灌木；而外围则是低矮的灌木丛；越过灌木丛徒步旅行者可以看到附近乡野的全部景致，这些景致宛如园林的延续，因为它的围栏被小心地隐藏在灌木丛中，而灌木丛又覆盖了外侧的斜坡。

而当园林恰好比邻近的乡野土地更高时，他们会引导人工河流在外围环绕，在乔木和灌木丛中隐藏边界。有时也将稳固的铁丝网漆成绿色，固定在种植园边缘的乔木和灌木上，并且以不规则的方向缠绕，除非你非常接近它们，否则你几乎看不到它们。而在使用隐篱或下沉围栏的地方，他们总是用荆棘和其他带刺的植物来填满沟渠，从而加固围栏，隐藏墙面，否则墙壁从外侧看起来会显得很丑陋。

在大型园林里，他们为一天的不同时间设计不同的场景，在视点设置建筑物，并从它们的使用中找出欣赏风景的最佳时间。而在小型园林里，正如前文所述，一种布局会产生多种表现，即便他们使用了相同的技巧。此外，他们为一年四季设置不同的场景：一些冬天的场景往往暴露在阳光下，由松树、冷杉、雪松、常绿橡树、木樨、冬青、紫杉和许多其他常青树所组成；种植各种月桂、棉毛荚莱、杨梅，以及在寒冷天气中生长茂盛的其他植物和蔬菜，为了给这些黯淡的植物带来多样性和愉悦性，他们在其间以规则的形式种植热带稀有灌木、花卉和树木，并用步道分隔开；在冬天，则用玻璃框架盖住它，并以庙宇或其他优雅的建筑形式来布置，即他们所谓的暖房。当天气太冷而无法在户外散步时，这些建筑会被地下的火温热，为人们提供舒适惬意的庇护所。各种叫声悦耳的美丽鸟儿被养在里面，人造岩石上的大瓷水箱里则养着金银鱼。他们还种植草莓、樱桃树、无花果树、葡萄、杏树和桃树，这些植物覆盖在玻璃框的木架构上，既可以用来装饰也可以食用。

春天的场景中，同样有很多常青树，混杂着各种各样的丁香花、金链花、酸橙树、落叶松、山楂树、杏树、桃树，还有野蔷薇、早生玫瑰和忍冬。地面和灌木丛的边缘，点缀着野生风信子、桂竹香、水仙花、紫罗兰、报春花、晚香玉、番红花、菊花、雪花莲和各种鸢尾花，以及会在三月和四月开放的其他花种。由于这些花的自然产量很少，它们就散布在种植园，以及饲养各种温顺或凶猛动物的动物园里。鸟舍和树林（其中设有适当的装置来饲养家禽）、装饰过的奶牛场，以及用于练习摔跤、拳击、斗鸡和其他在中国受欢迎的游戏的建筑。他们还在树林里为军事运动设计了开阔的空地，用于骑马、跳跃、击剑、射箭和跑步。

夏季的场景构成了他们园林中最丰富和最考究的部分。那里有许多湖泊、河流和各种各样的水景，以及各种构造的船只，用于航海、划船、钓鱼、捕鸟和作战。树林由橡树、山毛榉、印度栗、榆树、白蜡树、梧桐树、枫树、白杨和其他几种杨树组成，还有许多中国特有的其他树木。灌木丛由当地气候下生长的每一种美丽的落叶植物，以及在夏季开花的每一种花卉和灌木组成，所有一切组合成郁郁葱葱的景象，这是人们所能想象的最绚丽、最和谐的色彩。建筑宽敞壮丽且不计其数。每一个场景都有一个或多个标志，一些是为宴会、舞会、音乐会、知识辩论、戏剧、走钢丝和庆典活动而设计的，另一些则用于洗澡、游泳、阅读、睡觉或冥想。

在这些夏季种植园的中心，通常会留出一大片空地，用于更隐秘、更放纵的享乐。它由许多步道、廊道和过道组成，其中有许多错综复杂的弯道，以迷惑游客，使之误入歧途；它有时以灌木丛分开，混杂以参差的大树；其他时候则通过更高的植栽、玫瑰树丛和其他高大的开花灌木分开。整个地方是一片荒野，散布着各种物种：金色和银色的野雉、孔雀、鹧鸪、矮脚鸡、鹌鹑，以及各种猎物，在树林里成群结队；树枝上栖息着鸽子、夜莺和数以千计歌声美妙的鸟；鹿、羚羊、斑点水牛、绵羊和鞑靼马在草原上跳跃，每走一步都会发现某个令人愉快的东西：到橘子和桃金娘的树林里；到两岸长满玫瑰、忍冬和茉莉花的小河边；到有着沉睡的仙女和水神雕像的汩汩泉水旁；到里面铺着芳香的草和鲜花的翠绿箱架旁；到岩石上凿出的洞窟里，它装饰着珊瑚贝壳、矿石、宝石和水晶的外壳，这里有甘甜的小溪使人提神，有人工制造的阵阵清风使人凉爽。

在隔开道路的树丛中有许多隐蔽之处，每处都有一个雅致的楼阁，包括大殿和外屋。

这些建筑的主殿，包括一间或多间大客厅，两个小房间或更衣室，一间藏书室，几间卧室和下房，一间浴室和几间储藏室。所有这些都布置得富丽堂皇，并配有休闲书籍、风俗画、乐器，以及用于游戏、写作、绘画和刺绣的各种设备。其间有各种结构的床、榻和椅子，以适应不同的坐姿和躺卧。

客厅往往向小而封闭的庭院敞开，庭院四周摆满了漂亮的花盆，形态各异，有陶制、大理石制或铜制的，里面开满了当季稀有的花朵。在庭院的尽头通常有一个鸟舍；一座带有喷泉和鱼池的假山；一道瀑布；一座由竹子或藤蔓和开花灌木交织而成的凉亭；或者其他类似性质的优雅物件。

除了在这些单独的住处外，在其他灌木深处，还有更华丽和宽敞的建筑。其中一些建筑的结构是完全开放的，屋顶用黄花梨木或雪松做的柱子支撑，底部是青石。此外，在模仿了竹子和梧桐的木柱上，环绕有水果和鲜花，它们被巧妙地雕刻，并粉饰以合适的颜色。而另一些房间则是封闭的，有时仅有一个宽敞的堂屋，有时由许多大小不一、形状各异的房间组成，如三角形、正方形、六角形、八角形、圆形、椭圆形和不规则形状。所有这些房间都优雅地饰有大理石，镶嵌了珍贵的木材、象牙、银、金和螺钿，其间饰有大量的古代瓷器、镜子、雕饰、金漆、油漆和各种颜色的漆饰。

这些房间的门有圆形的、多边形的和长方形的。用于采光的窗子则被制成扇子、鸟、鱼、昆虫、树叶和花的形状，并镶以彩绘玻璃或是不同颜色的薄纱，以使光线柔和，并使房间里的物件焕发光彩。

所有这些建筑物在陈设上都花了很大的价钱，不仅有必要的可移动物品，还装饰了图画、雕塑、刺绣、小饰品和价值不菲的钟表，有些钟表体量巨大，由许多巧妙的机械装置组成，并饰以金饰，混合着珍珠、钻石、红宝石、祖母绿和其他宝石。

除了上面提到的不同结构外，他们还制作了波斯帐篷形式的构筑物。有些构筑物由树根和截头木组成，品味极佳，还有一些被称为"妙厅"（Miau [Miao] Ting）或"月厅"（Halls of the Moon），尺度巨大。其由一个单独的穹窿房组成，呈半球形，凹面绘制巧妙，模仿了夜晚的天空，其间开了多扇小窗代表月亮和星星，这些窗户都装有彩色玻璃，可以引入必要的光线，使整个内饰构造笼罩在晴朗夏夜令人愉快的幽暗之中。

这些房间的走道有时设在花坛中。其间大多数都会放置田园座椅，它们由形态良好的树枝制成，漆成红色以代表珊瑚。最常见的情况是，它们的底部往往有从中心岩石两侧潺潺而下的清澈流水，许多小岛漂浮在水面，随着水流方向四处移动。有些摆满了桌椅供宴会之用，有些设置了乐师的座位，还有些设置了亭子，亭子里面有供人休息的床铺，有榻、座位和其他各种用途的家具。

就园林建筑的辉煌程度和数量而言，从来没有哪个国家能比得上中国。王致诚神父告诉我们，北京附近的一座皇家园林，叫圆明园，它不仅是宫殿，而且其自身就是一座城市，它有四百座亭台楼阁，建筑风格迥然不同，就像是不同国家的产物。[5] 他提到，其中一座建筑，不包括家具在内，价值便超过了二十万英镑；还有一座建筑由百间房构成，它们大部分都足够宽敞，足以容纳欧洲的领主和他的全部随从。在这座园林里，还有一座设防的城镇，它有港口、街道、广场、庙宇、市场、商店和衙门，总之，北京有的一切它都有，只是规模较小而已。

在这个城市里，中国皇帝碍于自己的伟大形象，而无法出现在公众面前，而他们那些依照习俗被排除在外的女人，常常靠京城的匆忙和喧嚣来解闷。这些场景每年都会由宫中的太监多次表演：他们扮演商人、艺术家、工匠、军官、士兵、店主、搬运工，甚至小偷和扒手。在指定的日子里，每个人各司其职。船只到达港口，商店开张，货物被出售；茶馆、小酒馆和客栈都准备好接待客人；商贩沿街叫卖水果和各种各样的点心；店主们招揽客人来购买他们的商品；一切自由都被允许，没有身份的区别，就连皇帝也与群众没有什么不同。争吵发生了——伴随着搏斗——守卫抓住了闹事人员——他们被带到长官面前，他审理纠纷并谴责罪魁祸首，有时会严厉地施以笞刑，以供皇帝陛下和随行的贵人消遣。

在这些节日里，骗子也不会被遗忘。这一职业通常会分配给最伶俐的太监，他们就像古代的斯巴达青年一样，根据他们的功绩受到惩罚或赞扬。

秋天的种植园由多种橡树、山毛榉和其他落叶乔木组成，这些落叶乔木可以保留树叶，并在凋落时提供丰富多彩的颜色。他们把一些常绿植物、果树、灌木和一些在年末开花的灌木和花卉混杂在一起，并在其间放入如画般、长满苔藓和常春藤的枯树、树桩和残根。

这些场景所装饰的建筑物，一般都象征着衰败，意图使游客缅怀。有些是草庵和养老处，在那里，忠实的家族老仆在先人的坟墓边平静地度过余生；还有一些是城堡、宫殿、寺庙和荒芜的宗教房屋的废墟；或是半埋的门楼和陵墓，上面刻有残缺不全的铭文，用于纪念古代英雄；或是他们祖先的坟墓、陵寝及宠物的墓地；或是任何其他可能表明虚弱、失望和人性瓦解的东西；它与秋天自然的荒凉面貌和冷的空气结合在一起，让人的内心充满忧伤，并使人陷入沉思。

这就是中国园林的一般景象，其地面并没有什么显著的特质。但是，它有标志性的地方在于，他们的艺术家从未忘记改进它的单调之处。他们的目标是在观者的心中激发各种激情，同时他们丰富的想象力，总是用在不断地寻求新奇的事物上，并为他们提供了数千种技巧来实现这个目标。

迄今为止，我所描述的景色主要是令人愉快的类型，但是，中国园林有许多种类。他们根据情况不同来设定，将其分为三个不同的类别，并且以"愉快的""恐怖的""惊奇的"加以区分。

第一类是由植物界令人愉快、完美的产物组成的，与河流、湖泊、瀑布、泉涌和各种水景交织，以艺术或自然所能表现的一切如画的形式组合配置。建筑、雕塑和绘画被添加进来，为这些作品增添了光彩和多样性；最稀有的动物被收集起来，以使作品充满活力。可使人心灵振奋、感官愉悦或激发想象力的东西没有一件被忘记。

他们的恐怖场景由阴暗的树林、阳光照不到的深谷、悬空的光秃岩石、黑暗的洞穴和从四周奔流而下的湍急瀑布所构成。树木畸形，被迫偏离了自然生长的方向，仿佛被暴风雨撕成了碎片。有些树木被推倒，挡住了洪流，另一些则像是被闪电炸得粉碎。建筑成了废墟，或是被大火烧毁了一半，或是被汹涌的河水冲走了。除了散布在山上的几处凄惨的小屋外，什么也没有留下，这也同时表明了居民的存在和不幸。蝙蝠、猫头鹰、秃鹫和各种猛禽都在树林里扑腾；狼、老虎和豺狼在森林里嚎叫；饿得半死的动物在平原上游荡。从道路上可以看到悬崖、十字架、车轮和整套酷刑的装置。在最阴暗的森林深处，道路崎岖不平，杂草丛生，每一个物件都表明了这里人烟稀少，这里有供奉着复仇之王的庙宇，位于岩石深处的洞穴，以及延伸到地下的居所且长满了灌木和荆棘的斜坡。附近放置着石柱，上面描述了令人痛惜的悲惨事件和恐怖残忍的行径，这些都是从前的歹徒和强盗在这里犯下的罪行。为了增加这些场景的恐怖感，他们有时会在最高峰上的洞穴中，隐藏铸造厂、石灰窑和玻璃厂，它们会喷发出大量的火焰和持续的浓烟，使这些山脉看起来像火山一样。

他们令人惊奇的或超自然的场景是浪漫的，并且不可思议，以激起观者内心截然相反而又强烈的感觉。有时，游客会走下陡峭的下行小道，来到地下穹窿，这些穹窿被分成几间房间，里面的灯发出昏暗的光芒，映照出古代帝王和英雄的苍白形象，他们躺在龙床上，头上戴着星星花环，手里拿着写有道德箴言的碑文。笛子与风琴，在地下流水的推动下，每隔一定时间就打破这里的寂静，使空气中充满庄严的旋律。

有时，游客在森林的暮色中漫步之后，会发现自己在耀眼的日光下立足于悬崖边缘，瀑布从周围的山上倾泻而下，湍流在他脚下深处汹涌；或是在悬挑的岩石下，或是在树木密布的幽暗山谷里，或是在水流低沉的河岸旁，岸边阴森的纪念牌掩映在柳树、月桂树和其他植物的阴影下。

现在，他的道路是在岩石上凿成的幽暗通道，通道的一侧是凹处，里面满是巨龙、地狱恶魔和其他恐怖造型，它们用狰狞的爪子抓着铜桌，桌上刻有神秘语句，时刻准备着产生持续火焰，以便立即引导和惊吓游客。游客不时地被电脉冲的冲击、人工降下的骤雨或突然刮来的狂风，以及突如其来的火焰爆炸震惊。他脚下的土地因受到闭塞空气的力量冲击而颤抖。他的耳朵受到不同声音的不断冲击，而这些声音是用同样方法发出的；有的像人在痛苦中的呼喊；有的像公牛的咆哮，野兽的吼叫，猎狗的狂吠和猎人的呵斥；有的像饥饿的鸟发出的混杂的呱呱鸣叫；有的像雷声、海浪的咆哮声、大炮的爆炸声、号角的吹奏声及战争的所有噪声。

接着他路过高大的树林，那里有许多美丽的蛇和蜥蜴在地上爬行，有无数的猴子、猫和鹦鹉在树上攀爬，它们在他经过时恐吓他；或者穿过繁花似锦的灌木丛，在那里他听到鸟儿的歌声、长笛的和声及各种轻柔的乐器演奏音乐。在这段浪漫的旅行中，游客有时会发现自己置身于一个宽阔的幽深处，四周是茉莉花、蔓藤和玫瑰，美丽的鞑靼少女，身着宽松长袍，在空中飞舞，她们为他献上浓郁的美酒、山竹、凤梨和来自广西的水果，给他戴上花环，邀他在波斯地毯和皮毛床上感受隐居的惬意。

这些迷人的场景总是充满了水景，它们设计得如此巧妙，以至于产生了许多令人惊奇的效果，还有许多壮丽的景象。在不同场合，气流也同样被运用得极为成功，不仅是为了上述目的，而且是为了形成人为且复杂的回声。有些回声重复着脚步声；有些是衣服的沙沙声；还有一些是各色语调的人声：所有这些都是为了使正在前进的游客感到困窘、惊奇或害怕。

他们还运用了各种视觉欺骗方法，例如在事先准备好的表面上绘画，使其随着观者位置的变化而变化：在一个视点上展示人群；在另一个视点上展示动物搏斗；在第三个视点上展示岩石、瀑布、树木和山脉；在第四个视点上展示庙宇和柱廊；还有其他各种有趣的主题。他们还将由许多大理石组成的镶嵌作品铺在步道上和房间里，这些作品看似没有秩序、未经设计地拼凑在一起，但当从特定的角度观看时，它们就组合起来形成了生动而精确的人、动物、建筑和风景。他们经常将透视引入建筑单体乃至整个景色，这是通过引入庙宇、桥梁、船只和其他固定的物体形成的，物体离得越远，体量就越小，还通过给构图中较远的部分添加灰色的色调，并在远处种植比前景的树木颜色更暗淡、更矮小的树木，让实际微不足道的事物显得相当可观。

中国艺术家在这些迷人的场景中引入了各种感性且与众不同的树木、植物和花卉。他们在其中饲养各种大型鸟类、爬行动物和其他动物，这些动物是从遥远的国家进口的，或是通过杂交获得的。它们被人工驯服，并按照术士的习惯，由西藏巨犬和非洲巨人看守。

他们的庄园里也有陈列柜，里面收集了动物界、植物界和矿物界的所有非凡产品，以及绘画、雕塑、奖牌、古物和机械技艺的巧妙发明。当天气不好或酷热使人们无法待在户外时，这些都是新奇的娱乐来源。

中国园林中的不同场景和其他部分的交通依靠步道、马路、桥梁、可通船的河流、湖泊、近乎干涸的运河。他们的艺术家在其中尽可能多地引入多样性，不仅在形式和尺寸上，而且在装饰上也是如此。不过，他们避免了我们古老的欧洲园艺风格中充斥着的种种荒谬。

他们的一位艺术家说："我不是不知道，你们欧洲的种植者认为大自然的安排不合理，或者是对自然事物的熟悉和普遍而感到厌恶，于是将人工形式引入种植园，并将树木修剪成金字塔、花盆、人和动物的形状；我还听说过用植物裁剪成的柱廊，乃至整座宫殿，它们裁剪得就像用石头建成的那样精确。但这是以理性的代价换取多样性，这种挥霍绝不应该被容忍，除非是在令人陶醉的场景中，而且只应用在很小的部分，因为它们必然缺失美感与合宜性。如果这位种植者是一个旅行家和一个善于观察的人，那么他不可能需要这样的帮助来达到多样性，他会在他所经过国家的普通道路上看到上千种美丽的效果，而这些效果在引进时也许会获得更大的成功。"

他们的道路、步道和林荫道，要么是一条直线，要么是弯曲的，要么是由几条直线组成的"之"字形。他们注意到，没有什么比一条宽阔的道路，两旁种着高大的树木，笔直延伸到视线之外，更引人注目的了；没有什么比蜿蜒曲折的道路更妙趣横生了，每走一步都会发现新的布局；尽管它本身并没有激起强烈情绪的力量，但是，它突然地、出人意料地把旅人带到伟大或不寻常的事物上，其所引起的强烈惊讶和震惊就能被旅人更有力地感觉到，因为它与在狭窄道路上所享受到的宁静快乐迥然不同。而在很小的作品中，他们发现弯曲的方向对园林主人格外有用，不管实际的边界有多狭窄，借由弯曲的步道，他都可以赋予人们园林范围广大的印象。

他们说，由重复的直线组成的道路，在某些点改变方向，会兼具弯曲和笔直道路两者的优点，以及它们的特性。他们说，每一次改变方向时，事物的变化和新布局都会呈现在眼前，令人赏心悦目。它们的突然出现令人惊讶；当范围很广且出现频繁时，这种感觉会被加强并令人惊奇和赞叹。人们不确定这些重复出现的环节将在哪里结束，并在接近结束时感到焦虑，这些都给人很强烈的印象。这些印象能够避免人因长时间停留在相同对象上而内心陷入倦怠的情况。

因此，笔直的方向，特别是"之"字形，很适合大道或大路，因为它们通向城镇、宫殿、桥梁或凯旋门，通向城堡或关押罪犯的监狱，通向陵墓，以及其他旨在引起人们恐惧、崇敬或惊讶的作品。对于不起眼的物体，使用波浪线是较为恰当的方法。这些物体的局部过于细小，不适合远距离观察。它们本身是微不足道的，所以当它们出乎意料地出现时最为令人高兴。从最合适的位置观看，它们的细致之美才会闪现最华丽的光彩。

在布置园林步道时，中国艺术家非常用心地把它们依次引到所有的主要建筑、精美的前景和其他有趣的部分之中。这样，游客可以在不知不觉中被引导，就像是不期而遇一样，不回头也不会错过每一件值得注意的东西。

在某些地方，笔直的步道和蜿蜒的小径彼此保持着一定的距离，并且被密密麻麻的灌木丛隔开，以隐藏所有的外部物体，这样既可以使这位旅人对范围大小存有疑惑，又可以激发那种在错综复杂的孤独森林游荡时自然地袭上心头的阴郁之感。在其他地方，步道彼此靠近，树丛渐渐变得不那么深了，栽植得更为稀疏了，在此可听到附近散步之人的声响，看到树干和树叶间混杂的人影。不知不觉中园林又开始变大了，物体消失了，声音在模糊的低语声中消失了。出乎意料的是，步道变成了相同的开放空间，在那里不同的人群可以看到彼此惊喜地相遇，并可以毫无障碍地满足他们的好奇心。

中国的造园家很少以死路结束步道，他们小心翼翼地避免所有令人不愉快的失望，但如果情况迫使他们以死路结束，他们总是在某个有趣的目标上终止步道，这样就减少了失望，同时也消除了孩子气的幻想。

他们也从不绕着一块地的边界走上一圈，把中间完全敞开，就像我们经常做的那样。尽管这能让场地第一眼看上去显得醒目和高贵，但他们认为这种乐趣是短暂的。游客步行数英里路，同样的事物不断地闯入他们的眼帘，他们只会感到些许的乐趣。如果他们能创作的土地很小，并且他们要从主要住宅或其他重要地点展示一个宏大的场景，那么他们确实会留下很大一部分开放空间，但仍应注意要有一个恰当深度的灌木丛，它们经常会大量侵入开放空间，并遮挡游客视线，使空间的许多部分隐藏在游客的视线之外。

通过从各个角度改变开放空间的外观，使得空间产生了多样的变化。借由不断隐藏其中的一部分，他们创造了神秘，激发了游客的好奇心。同样，在许多地方，在很深的灌木丛中，他们会开辟一片地方，为建筑物、座位和其他物体提供空间，同时也为了使主路能大胆转弯，并从中分出几条小径。所有这些均摆脱了边界的概念，并使旅人在旅途中得到乐趣，而且，要沿着不同侧道走完所有弯道并不容易，仍然有一些东西留待人们去探究，还有一片区域供人们去想象。

在弯弯曲曲的小路上，他们小心翼翼地避开所有突然或不自然的弯道，尤其是英国造园师非常喜欢的规则蛇形曲线。他们注意到，这些永恒的、统一的、起伏的线条，在一切事物中，是最不自然的。将自然作为目标，他们很少在没有明显理由的情况下转折步道，除非是为了避免自然存在的障碍，或是为了美化风景而人为制造障碍。一座山，一处悬崖，一处深谷，一片沼泽，一片起伏的地面，一座建筑物，或者是某种珍贵的老树，都是一个让我们绕道而行的明显的理由。如果有一条河、一片海、一个宽阔的湖或一个视野开阔的平台出现在他们面前，他们会认为顺势转弯是明智的，以此增加这些高贵对象给人所带来的享受。但在平原上，无论是开阔地，还是形成树林和灌木丛的平原，既没有障碍，也没有好奇心引导人们沿着一条弯曲的小路行走，他们认为这是极为荒谬的，并说道，道路要么是人为建造的，要么是被不断经过的旅人踩踏出来的，在这两种情况下，如果人们本可以走一条笔直的路线，就不能指望他们会走弯曲的路线。一般来说，他们使用曲径很节制，毕竟这对他们来说很容易，他们处理的手法也非常巧妙，从来不会同时出现多条曲径。

同样，他们也小心避免在这些步道中出现完全平行的情况，既考虑它们周围的树木，又考虑它们构成的地面。这条路通常的宽度是八英尺到二十英尺，甚至三十英尺，根据植栽的范围而定。但在许多地方，两边的树木都相隔得更远，有开阔的空地，上面覆盖着草和野花，有蕨类植物、金雀花、荆棘和灌木丛。

步道的铺面不是草皮就是砾石，它们不会在道路边缘就结束，而是朝着两边的灌木丛、树丛或草丛延伸。这是为了更贴切地模仿自然，以摆脱那种令人讨厌的拘谨和僵硬，这与我们欧洲在植栽上的做法相反。

在笔直的道路或步道上，当范围广大时，中国艺术家遵循一种精确的秩序和对称，他们说，在伟大的作品中，艺术的出现绝不会令人厌恶，它向后人传达了他们祖先的伟大事迹，并让人产生许多崇敬之情和愉快的思考。御道就是这种性质的惊人作品，它们由三条大道组成，并装饰有四排高大的树木，一般是印度栗、云杉、雪松和其他造型正式的树种，或是橡树、榆树、郁金香树和其他最为高大的植物，它们皆以合适的间距种植，道路笔直地延伸，几乎以一个完美的水准延伸二三百英里，甚至四百英里。中央的林荫道有一百五十到两百英尺宽，两侧的一般有四十到五十英尺宽，伸展开来的树枝形成一把天然的保护伞，游客在其下经过，在一天中的任何时候都可以免受阳光的困扰。

在某些地方，这些道路由高大的拱形通道引领着，穿过岩石和山脉；在其他地方，由堤道和桥引领着，跨过湖泊、急流和海湾；在另一些地方，它们由铁链、柱子和许多拱廊支撑在悬崖之间，跨越村庄、宝塔和城市。总之，它们的建造没有遇到任何困难，每一个障碍都被惊人的努力和几乎难以置信的代价所克服。

刚才提到的那种作品，在中国各地有很多，但其中最重要的，当数京通（King-tong）道、福州、洛阳的桥梁，以及山西的栈道。

京通道是两座悬崖之间的通道，由二十根巨大的铁链组成，每根长二百英尺，上面覆盖着木板和泥土，以构成道路。[6]

福州和南台（Nan-ti）郊区之间的一座桥梁由一百个拱门组成，足以让足够大的船只满帆航行通过。它由凿成大块的石头建造，并由华丽的大理石栏杆围起来，其基座上支撑着两百头巨大的狮子，这些狮子都由同样的材料巧妙切割而成。[7]

洛阳桥位于福建省，是迄今为止听说过的规模最大、最令人惊叹的大桥。它由三百个黑色大理石桥墩组成，由相同材料的巨大石块相互连接，形成道路，道路由大理石栏杆围起来，基座上装饰着狮子和其他雕塑作品。桥全长一万六千二百英尺，或超过三英里，宽四十二英尺，组成它的石块每块长五十四英尺，直径六英尺。[8]

栈道（或柱道）是许多悬崖之间的交通，是为了缩短通往北京的道路而建造的。它有将近四英里长，相当宽，架在高得吓人的拱门和石墩之上，跨过山谷。[9]

在山中，这些御道的两侧都竖立着大量建筑，装饰有巨大的雕像和其他雕塑作品，为旅人提供持续不断的娱乐。这些是他们的智者、圣人和勇士的纪念碑，由国家出资修建，并刻有刚劲的铭文，记录了他们所纪念的人的生平轶事。这些建筑物中的一些分布在许多宽敞的庭院和富丽堂皇的府邸之中，无论是富丽堂皇的程度还是规模，它们都不逊于宫殿。

中央林荫道有时不是道路，而是可通航的运河，宽度从一百英尺到一百五十英尺不等，深度足以容许帆船和其他小船通行。运河两侧有马道，以便在逆风或是逆流的时候拖拽船只。中国的皇帝和官员常搭乘华丽的大型舢船或驳船，船上有许多富丽堂皇的房间，有时还会有一列规模较小、结构各异的小船随行，上面装饰着龙、彩带、彩绸灯笼和其他各种装饰品，组成了一场精彩而有趣的表演。

所有的皇家森林，除了穿过它们的大道之外，还有许多宽阔的林荫道，从不同的中心向四面八方分散开来，像星星的光芒，它们的尽头是庙宇、高塔、宫殿和附近乡村的一切有趣物件。这些林荫道发散的中心呈圆形或八角形，有八条林荫道；或者是半圆形的，从中只分出三条道路。它们的面积通常极为可观，中间装饰着一座牌坊、一座宝塔、一座宏伟的喷泉或其他一些重要的纪念碑。

在范围广大的地方，每条林荫道在其路线中都有一处或多处空地，从这些空地上又分出许多较小的林荫道，这些道路止于出于各种目的而建在树林中的建筑物，它们毫无疑问地增加了这些构成的多样性和复杂性，展现出一种除非亲眼看见否则无法想象的景象。无论在哪里，有深谷、大河或海湾干扰并切断了林荫道的路线，植栽仍会在对岸延续，以使它们显得更大。

在较小尺度的直路上，中国人非常巧妙地模仿了大自然不规则的运作方式，虽然其大致方向是一条直线，但他们会轻易地避免所有僵硬或正式的外观，会在界线之外种植一些树。通过将一些直立的树倾斜，或者将不同种类的植物栽植在不规则的距离上，使它们的茎干时而光秃裸露，时而覆有忍冬和蔷薇，或被灌木丛环绕。他们同样以各种方式切割和处理树枝，有些树枝被强行伸展，以遮盖和遮蔽人行道；另一些则被修剪，以获取阳光。地面也是起起伏伏，步道两边岸坡的某些地方相当高，形成了凹陷的道路。它们的顶部经常被灌木和倒下的树干覆盖。步道经过之处也常常被一棵种在中间的巨大橡树，或榆树，或郁金香树[10]所拦截，或被树篱所隔断，当树篱的一侧开放且受光，另一侧封闭且荫蔽时，会产生一种令人愉悦的对比。

在中国，我经常看到绿廊[11]和亭子，它们不像法国那样用格子结构，而是用竹子、榛木和榆木所制，它们的枝条在顶部交织在一起，形成了一个拱门，一点也不难看，而且在炎热的夏天相当实用。为了让这个凉爽的幽静处更加宜人，他们在外面种植了茉莉花、红豆、甜豌豆、各种百香果、金莲花、大旋花，以及许多其他种类的攀缘植物，迫使它们穿过绿廊，并以相当优美的方式丰富步道的侧面和拱门。

我也曾在中国的植栽里见过这样的情形，步道两旁由砍下来的紫杉和榆树组成篱笆，这在欧洲大多数国家是很常见的，中国艺术家有时为了多样化也采用这种做法，但它们从来不像欧洲的那样外观僵硬。他们很少使用剪刀，在树的顶端，枝条可以不受干扰地伸展，甚至在它们被切割的部分，也能看到大量其他植物穿插而过，如枫树、无花果树、葡萄藤等，它们的叶子和青翠与树篱形成鲜明的对比。

笔直的道路和人行道的尺寸因设计的目的而异，而且在某种程度上也取决于它们的长度。正如已经提到的那样，通向重要物体的道路或林荫道，一般由三条平行的步道组成：中间的道路有三十至一百五十英尺宽，甚至有二百英尺宽；两旁道路的宽度有十五到四十英尺。在他们的园子里，主要直路从不窄于二十英尺，也很少有宽度超过四十五或五十英尺的，而最窄的直道也有十二英尺宽。三十到三十六英尺被称为二百码长的足宽，四十到五十英尺被称为四百码长的足宽，六十英尺被称为六百码长的足宽，七十英尺被称为八百码长的足宽，当长度超过范围八百码的尺寸时，它们不会把自己束缚在任何比例上，而是尽可能地增加宽度，不过，从来没有超过一百五十到二百英尺的。他们认为，这是在不使林荫道与两旁的树木不成比例的情况下，所能采用的最大宽度。

在道路和步道的营建上中国造园家非常专业，也非常谨慎。他们从不把道路放在山脚下或高起的地面上，也不设计排水装置来接收从高处流下的水，而是通过道路下的拱形沟渠将水排入下方的平原。在雨季还会形成大量的小瀑布，增添风景的美感。专为马车设计的道路则要尽可能地平整。道路有坚实的底部，并经过塑形使它们迅速排出雨水。为了节省开支，他们会尽可能地就近取材，并且非常明智地使用不同土壤来组成混合土，这种混合土既不会变干硬也不会变湿滑，在干燥的天气里绝不松脱，在潮湿的天气里也绝不深陷，不易被磨成粉末，也不会形成粗糙的坚硬表面，使马在上面行走时感到困难和痛苦。

他们的步道要么是草地，要么是砾石，要么是碎石，并覆盖着少量的粗河沙。第一种步道除了私家园林很少在其他地方使用，草地在公共步道中易遭破坏，这种草地是用从丘陵和公共原野中所能寻到的最好、最干净的草皮做成的。他们通过不断除草并用大型铁质滚筒把它们碾平来维护。第二种步道由砾石黏合而成，在自然地面上铺大约六英寸深的砾石。如果地面是干燥或潮湿的，就铺在碎砖、硬石子或其他容易获得的硬质材料上，这些也常常被碾平以保持坚硬和美观。第三种步道由碎石组成，大约铺一英尺厚的碎石，夯实且形成规则表面。步道上面铺了足够多的河沙，以填满所有空隙，填好后，整块地都湿润了，然后再一次夯实它。

在道路和步道中，他们非常谨慎地设计了沉石，并附带有适当的排水沟和污水池，以便在暴雨后将水排出。对于那些下降的部分，为防止它们被水流损坏，每英尺的落差不超过半英寸。

在中国，即使是北方省份，夏天也是非常热的，因此他们的园林需要大量的水。在情况允许的小园林里，他们经常把大部分土地置于水中，只留下一些岛屿和岩石；而在较大的园林中，每个山谷都有它的溪流或河道，向山丘脚下蜿蜒，然后汇入更大的河流和湖泊。他们的艺术家断言，任何一个园林，尤其是面积广阔的园林，如果没有以多种形状分布的水，就绝不可能是完美的。在田园风光最常出现的季节里，水令人耳目一新，心旷神怡，它是多样性的主要来源，因为其易受不同形式和变化的影响，并可以与其他对象相结合。水的效果万千，而且异常有力，通过各种修改，它使艺术家能够强化每一处布局的特点：增加静谧场景的平和，给哀愁以忧郁，给欢愉以快乐，给伟大以崇高，给恐怖以骇人。

他们注意到，划船、帆船、游泳、钓鱼、打猎和搏斗等不同的水上运动是娱乐的无尽之源；鸟类、鱼类妙趣横生，尤其是对自然主义者而言；出现在水面的一艘艘船，有时被暴风雨猛烈推动，有时在光滑的表面上轻轻滑行，它们组合成了千姿百态、瞬息万变的图画，每一幅景色都生动活泼，光彩夺目。他们把平静晴朗日子里的清澈湖泊比作一幅丰富的画作，在这幅画上，周围的景物被完美地呈现出来，而且水就像世界上的一个孔洞，你可以通过它看到另一个世界、另一个太阳和其他天空。

他们还说，植物的自然美在很大程度上取决于充足的水供应，它在产生变化和对比的同时，也丰富了草坪的青翠植物或色彩，给植栽带来健康和活力。

他们的湖泊在地面所容许的范围内尽可能做大，周长可达几英里。它们被如此塑造，以至于从任何一个角度都无法看到它们的尽端，所以观者无法知晓它们的范围。湖泊中散布着许多岛屿，它们赋予其复杂的形式，消隐边界，丰富风景。其中一些岛屿非常小，仅能容纳一两棵垂柳、桦树、落叶松、金链花或其他一些垂枝植物，它们的枝条悬在水面上；另一些岛屿则很大，种植程度很高，并遍布草坪、灌木丛、树丛和建筑；还有的岛屿是崎岖且多山的，被岩石和浅滩环绕，被蕨类植物、高草和一些散落在山谷中的大树所覆盖，常可以看到大象、犀牛、单峰骆驼、鸵鸟和大狒狒在其间悄悄地游荡。

还有一些岛屿，被连续的梯台抬高到一定高度，并由各种宏大的阶梯相连。在这些平台的拐角处和台阶的两侧，放置着许多冒着香火的铜鼎。最高的平台上通常竖立着一座用于天文观测的高塔。一座雅致的庙宇内，摆满了圣像。巨大的神明立像，或其他一些重要作品，既可作为园林的装饰，又可作为整个国家的物件。

他们还在湖泊中引入大型假山，它由一种特殊的彩色石头建造而成，这种石头产于中国的沿海地区，并且设计得很有品味。它们有许多孔洞，从中可以看到远处的景致，还有容纳鳄鱼、巨大水蛇和其他怪物出没的洞穴，设有放置珍稀水鸟的鸟笼，以及石窟，石窟里面还有许多闪亮的房间，里面装饰着各种各样的海产和宝石。他们在这些岩石上种植各种各样的草、爬藤植物和灌木，如苔藓、地上常春藤、羊齿草、景天、常见的石莲花，以及其他各种景天属植物、鹤嘴兰、矮黄杨、岩蔷薇和金雀花；还植了一些树，有些树深深扎根在石缝里。他们在山顶设置草庵和庙宇，你可以通过在岩石上凿的崎岖蜿蜒的楼梯拾级而上。

在他们的湖泊边缘，可以看到宽阔的长廊，以及许多不同形式和规模的独立建筑，这些建筑周围环绕着植栽。船队停靠于前的港门，有飘扬着旗帜的堡垒和炮台，以及一丛丛开花灌木、布满牛群的草地、玉米地、棉花和糖类作物种植园、植有各种果树的果园，以及稻田，稻田延伸到湖水中，其间留出了供船只通行的航道。在一些地方，高大的树林构成了边界，还有河湾和溪涧用于通船，河岸上被高草、芦苇和野生树木所覆盖，形成了封闭阴暗的廊道，船只就从其下通过。透过廊道，乔木裁切出许多视景，可以看到远处的城镇、桥梁、寺庙和其他各种景致，这些景致接二连三地映入眼帘，使人内心充满期待。突然间，由于岩石、粗壮的树枝和横卧在通道上的整棵树而无法再向前走了。其间，可以看到河流仍然在继续延伸，伴随着许多岛屿。同时，也在水中出现了古代建筑的遗迹、纪念性铭文和雕塑的残片，它们被用于激发人们的好奇心，使其从失望转变为感动。

有时，船只并没有在通道里被拦阻，而是由于水流的急速流动和特殊的流向，随着河流被冲进布满林木的黑暗洞穴。在狂奔了一段时间之后，你又来到了日光中，来到了被高悬林木环绕的湖泊中，来到了景色壮丽的群山中，以及供奉着天后和神灵的庄严庙宇前。

在他们的湖泊上，中国人经常举行海战、游行和划船比赛，还有烟火和灯饰。在后两个方面，他们比欧洲人更出色，更专业。有时，不仅是湖泊和河流，所有的亭台楼阁，以及园林的每一个角落，都被数量惊人的美丽灯笼所照亮，这些灯笼有上千种不同形状，混杂着灯盏、火把、火盆和火箭，再没有比这更壮观的景象了。哪怕是装饰灯台和梵蒂冈圣彼得大教堂的灯饰，虽已是欧洲同类中最为壮观的展示，但与中国的这些相比，仍微不足道。

它们的河流很少是笔直的，而是蜿蜒曲折的，并分成许多不规则的节点。有时它们狭窄，喧腾而湍急；有时又深沉、广阔而平缓。它们的堤岸驳杂，模仿自然，有些地方光秃裸露，布满砾石；另一些地方则被树林覆盖，一直延伸到水边。先是平坦地势，点缀着鲜花和灌木；然后是陡峭的岩石，形成深远而蜿蜒的洞穴，在这里，树林里的鸽子和水鸟筑巢，或是地势上升形成许多小丘，覆盖着悬垂的树林，其间是溪流灌溉的山谷和林间空地，点缀着游乐场所、农舍和朴素的庙宇，周围饲养着成群的绵羊和山羊。中国艺术家把河流的尽头藏在树林里或者小山和建筑物背面，或者使它们在桥下转弯，进入洞穴，使之消隐于岩石和浅滩中。

在他们的湖泊和河流中能看到各种各样的芦苇，以及其他水生植物和花卉。它们既可作为装饰，又可作为飞鸟的休憩处。只要情况允许，他们就会在上面架设磨坊和其他水力机械。他们引进许多华丽的船只，按照各国的方式来建造，并在其中饲养从不同国家收集来的各种珍奇而美丽的水禽。

他们的桥梁种类繁多，气势恢宏，不逊色于其他装饰。有的桥梁用木材建造，用粗糙的木板拼凑而成，以质朴的方式置于大树根上；有些是由树干制成的，被草率地扔在溪流上，并被枯朽的树枝作为栅栏围绕起来，交织以各种各样的旋花植物和不同种类的爬藤植物；还有些是由巨大的木制拱门制成的，巧妙而细腻地组合在一起。也有石桥和大理石桥，上面装饰着柱廊、牌坊、塔楼、凉廊、钓鱼亭、雕像、浅浮雕、黄铜三脚鼎和瓷瓶。有些处于曲线或蜿蜒的平面上；另一些则向各个方向延伸；有的笔直，有的在河流或运河的交汇处，根据情况需要，呈三角形、四边形和圆形；在它们的角落里设置了亭子，其中心有一个水盆，装饰着法式喷泉及其他各种喷泉。

这些桥梁有些是完整的，十分整洁和有品味；另一些则似乎是废弃的；还有些则只完成了一半，其周围环绕着脚手架、机器和用于建造的设备。

读者不难想象，所有这些桥梁，以及亭台楼阁、寺庙、宫殿和其他在本书中偶尔提到过的建筑，是如此丰富地散布在中国园林中，应该完全去除了它们的乡野特质，并赋予它们壮丽恢宏的城市外观，而非栽培植物的场景。但中国艺术家对他们构筑物的判断是这样的，他们认为它们丰富和美化了特定的景致，而不损害自然所主导的整个作品。尽管他们的园林里到处都是建筑物和其他人造物，但也有许多它们没出现过的地方，而且一次发现两个或三个以上的情况极为少见。它们是如此巧妙地隐藏在山谷中、岩石和山脉后面，抑或是在树林和灌木丛之中。

然而，出于多样性的考虑，大部分中国园林会给外来的自然景观提供特定的地方。那里，所有或大部分建筑都集中在一个视点上，以圆形剧场的方式一层接一层上升，并扩展成一个相当大的范围。通过其天马行空的组合，展示出人们所能想象到的最壮观的混乱。他们的艺术家知道对比是如何强烈地振奋人心，所以他们在处理作品的本质或其修饰物时，不会放弃任何机会运用突然的转变或强烈的对比。由此，它们引导你从有限的视野走向广阔的视野；从恐怖的地方到欢乐的场景；从湖泊和河流到树林和草坪；从最简单的自然布局到最复杂的人工艺术。它们用明亮的颜色来对照那些暗淡的色彩；用黑暗来对照光亮。通过这些方式，他们的作品不仅在局部上各异，而且在整体效果上也非常引人注目。

中国人的瀑布，总是在土地允许和水量充足的地方出现，它们有时是规则的，就像马利（Marli）、弗雷斯卡提（Frescati）和蒂沃利（Tivoli）的瀑布一样，但更多时候它们是粗野的，就像特罗尔赫塔（Trolhetta）和尼罗河的瀑布一样。在一个地方，整条河流从山顶倾泻而下，汇入山下的河谷，它在岩石上激起泡沫和漩涡，直到下落至另一个悬崖，并将自己埋藏在无法穿透的森林的幽暗之中；在另一个地方，水从许多地方猛烈地喷涌而出，向不同方向喷出大量的瀑布；它们历经各种障碍，最终汇合在一起，形成一片汪洋大海。有时，瀑布的景色在很大程度上被悬垂的树枝所遮挡；有时它的通道会被树木和激流带下的成堆巨石所阻挠，粗糙的木桥经常从一块岩石架向另一块岩石，越过瀑布最陡峭的部分；狭窄的弯道沿着悬崖的边缘延伸；磨坊和茅屋悬挂在水面上。这些看似危险的情况增加了场景的恐怖感。

由于中国人非常喜欢水，他们的造园家努力在大自然没有水的地方通过技术来获得水。为此，他们有许多巧妙的发明来收集水，还有许多结构简单的机器，几乎可以把水升高到任何地方，而且花费很少。他们使用与欧洲相同的方法来处理泛滥的山谷。在其末端抬高泥土或砖石；在土壤过于多孔而无法保水的地方，他们会用黏土填平底部，这与我们使底部紧实的方式相同；并且为了避免死水造成的不便，即使在供应不足的情况下，他们也总是设法进行大量的排放以使水运动起来，这是通过将排出的水经过地下排水管输送回蓄水池来完成的，从那里借助泵和其他适合该目的的机器再次将水注入湖泊或河流中。他们总是让水域有相当大的深度，至少五六英尺，以防止浮渣和杂草漂浮在水面上。他们饲养天鹅和其他以杂草为食的鸟，以确保杂草始终在水面以下。

在浇灌土地及土地排水不良时，他们尽一切可能保护古树，避免它们因过度浸泡根部或过度排水而死去。他们说，失去一棵雅致的古树是无法弥补的损失，它会损害相邻植栽的美感，也常常会破坏从远处观看风景的效果。在整理土地时，出于同样的原因，他们对古老的植栽十分谨慎，既不会掩埋树干，也不会暴露任何想要保存的树木根部。

在种植中，中国艺术家并不像一些欧洲园师那样，不分青红皂白地种植所有他们拿手的东西。他们也不会无知地认为，植栽的整体完美在于构成它的乔木和灌木的多样性。相反，他们的实践受许多规则引导，这些规则建立在理性和长期观察的基础上，他们很少或者从来不会偏离这些规则。

中国古代作家李宗（Li-Tsong）说：“许多乔木、灌木和花卉在低湿度环境下生长最好。许多生长在山丘上：有些需要肥沃的土壤，但也有一些会生长在黏土、沙子甚至岩石上。许多生活在水中：对某些植物来说，充足的阳光是必要的，但对其他一些来说，阴凉的环境是必要的。有些植物在暴露的环境下生长最佳，但总的来说，荫蔽所是必要的。技艺精湛的造园家从研习和经验中学到了这些，并在操作时小心照料它们。他们深知生长环境决定了植物的健康和成长，并影响着植栽的美丽。”

在中国，就像在欧洲那样，植物通常在秋天和春天种植，有些在秋季种植效果最好，有些则在春季种植效果最好。在地面潮湿，根部有腐烂危险的时候；在植物还没从移植的冲击中恢复过来，而霜冻要把植物冻坏之时；或者当土地和空气太过干燥而无法养活它们时；抑或当它们在土地上还未扎根牢固，天气狂暴到会撼动或倾覆它们时，他们的造园家会避免种植它们。

他们观察到，在观赏性园林中，树木的完美之处在于它们的大小；它们形式的美丽多变；树皮的颜色和光滑度；叶子的数量、形状和丰富的绿色；它们在春天出现早，在秋天持续时间长；它们快速生长；它们能忍受酷热、寒冷、干旱和潮湿的强大适应力；在春天或夏天开花的时候不因落花而产生废弃物；以及能凭借其枝丁的力量抵抗狂风暴雨而不受伤害。

他们说，灌木的完美不仅在于上面提到的大部分特点，还在于它们的美丽、持久或花期的连续交替，以及在开花前和落花后的美丽容颜。

"我们很清楚，"他们说，"没有一种植物具有所有的优良品质，但要选择缺点最少的，并避免种植所有在我们的气候下难以生长的外来植物，虽然它们可能很罕见，但它们总是处于生病的状态而不可能美丽。为满足植物学家的好奇心，如果你愿意，可以为每个地区的植物提供温室和凉室，但它们只是疗养院，它们所容纳的植物是虚弱的，失去了美丽和活力，只有靠药物的力量和良好的护理才可以存活。"

一些欧洲园艺师在他们的植栽中偏好过多的变化，中国艺术家则谴责这一点，他们观察到，颜色、叶子和树枝方向的巨大差异必然会造成混乱，并破坏所有效果和宏伟所依赖的整体。他们也观察到这是不自然的，就像自然界中大多数植物都播下自己的种子一样，整个森林一般都是由相同种类的树组成的。然而，他们也接受适度的变化，但在植物的选择上绝不混杂。他们非常小心地处理每一种颜色、形状和叶子，只混合那些可以协调和组合融洽的。

他们说，有些树只适合群植，有些只适合单独种植，而有些则适应这两种情况。山香柏树、云杉、银杉，以及其他所有枝条水平伸展的树，都不适合群植，因为它们的树枝彼此交错，并且令人不悦地打乱了其背后的植物。他们从不将这些横向分枝的树木与柏树、东方侧柏或其他直立的树木混种，也不混合落叶松、垂柳、桦树、金链花或其他悬垂植物。他们说道，它们分枝的交叉形成了毫无画意的网络。他们也不同时使用梓树和洋槐，紫杉和柳树，梧桐树和漆树，也不用任何这样的异类树种。相反，他们在大树林里群植橡树、榆树、山毛榉、郁金香树、无花果树、枫树和梧桐树、印度栗和西方胡桃、椴树，以及所有那些茂盛的树叶会遮住树枝方向的树木，它们以球状生长，能很好地聚集在一起，通过色调的和谐组合，形成一大片丰富的绿色。

在较小的种植园中，他们使用长得矮小且整体协调的树木，在它们的周围种植波斯紫丁香、雪球花、丁香、各种豆树或肉桂树、开花的覆盆子、黄茉莉、金丝桃或圣约翰草、绣线菊、木槿花、玫瑰和其他开花灌木，混杂着接骨木、花楸、金合欢、山楂，以及许多其他种类的开花树木。在地面裸露的地方，覆盖以白、蓝、紫和杂色的长春花、小旋花、矮树丛、紫罗兰、报春花和各种爬藤花，以及草莓、圣约翰草和常春藤，它们会向上攀爬并覆盖树干。

在灌木丛中，他们尽可能地遵循同样的规则。再进一步观察，会发现，在一些地方，会同时种下茂盛的灌木；而在另一些地方，则种植那些交替茂盛的灌木。第一种方法最为出色，但它的持续时间很短，一旦花朵凋谢，灌木丛便显得破败，因此他们很少使用这种方法，只用于要在特定时期欣赏的场景。在其他场合，他们更喜欢后一种，因为它持续时间长，并且在花朵凋谢后也不那么令人不快。

中国的造园家不像欧洲一些地方的那样，在边界上不分青红皂白地布置花卉，而是非常谨慎地处理它们，并且，如果允许我这样说的话，他们会在种植园的边缘或那些要引入花卉的地方非常巧妙地勾绘出它们的路线。他们拒绝一切杂乱丛生、颜色刺眼和枝叶稀少的植物，只选择那些能持续一定时间、长得很大或成簇的、形状漂亮、枝叶茂盛、与周围的绿色相协调的植物。它们避免尺度和颜色上的突然转变，从最小的花卉逐渐上升到冬青、牡丹、向日葵、康乃馨罂粟和其他显眼的植物，并通过简单的渐变来改变它们的色调，从白色、草色、紫色和肉色，到最深沉的蓝色，以及最明亮的深红色和猩红色。他们常常将几种根混杂在一起，将叶子和花朵组合在一起，构成一个丰富和谐的体块。例如，白色和紫色的白烛葵、飞燕草和各种颜色的锦葵、罂粟、羽扇豆、樱花草、石竹和康乃馨，以及其他植物，它们的形式和颜色彼此一致。他们在开花灌木上也使用同样的方法，将白色、红色和杂色玫瑰混合在一起；紫色和白色丁香花；黄色和白色的茉莉；各种蜀葵，以及其他一切他们能以适当的方式结合起来的种类。通过这些混合，他们大大增加了构成的多样性和美感。

在大规模种植园中，花卉通常生长在天然土壤之中，但是在他们的盆景园里，以及其他所有被高度维护的地方，它们都被栽种在埋于地下的花盆里。花朵一凋谢，它们就被尽快移走，而其他的花儿则被拿来填补它们的位置。因此，几乎一年中的每个月花儿都是连续不断的，而且，花儿只有在它们最美丽的时候才会被人们看到。

中国的种植园中最有趣的部分是开放的小树林，因为女士们大部分时间都待在那里，所以要尽可能地把它们安置得舒适，并饰以各种自然之美。

种植它们的地面通常是不平坦的，但也并不崎岖，要么在平原上，升起许多和缓的隆起，要么在山丘的缓坡上，可以居高俯瞰广阔的景致；要么在山谷中，周围环绕着树林，并有泉水和溪流浇灌。

那些位于开放暴露地点的植栽，通常以鲜花盛开的草地、广阔的玉米地或大湖为边界。中国艺术家观察到它们的光彩和欢乐与树林的幽暗形成了令人愉悦的对比。当它们被限制在灌木丛或密林中时，植栽的设计使得从任意一个方向接近，树林的某些部分都是被隐藏的；它们在旅人的眼前渐渐敞开，逐渐满足他的好奇心。

一些树林由呈金字塔形的常绿树组成，这些树木在地表上稀疏地种植着，开花的灌木散落其中。其他的则由高大的伸展树木组成，它们的叶子在炎热的天气里为人们提供了一个阴凉的隐蔽处。植物从不拥挤在一处，它们之间留有足够的空间以供人们坐下或在草地上行走。阴凉的环境使草地可以始终保持青翠，并且在春天饰以各种各样的早开花卉，如紫罗兰、番红花、水仙、报春花、风信子、西洋樱草、雪花莲、水仙花和雏菊。树丛里的一些树木从茎干的最底部向上分枝，其他的则为了保持多样性而使茎干裸露，但更多的是被玫瑰树、多花蔷薇、忍冬、红豆、旱金莲、香豌豆、重瓣野蔷薇和其他芳香灌木包围着，这些灌木美化了植物的光秃部分并使空气芬芳。

有时，他们的开阔小树林也有柠檬树、橘子树、香橼树、柚子树和桃金娘树，随着气候的变化，它们要么生长在土壤中，要么生长在埋于地下的盆罐中，这些盆和罐在冬天会被移到温室里。还有各种形态优美的果树林，它们在开花或果实成熟时极为美丽。为了增加这些场景的丰富性，中国艺术家在这些树木附近种植不同颜色的葡萄藤，这些葡萄藤会爬上树木的枝干，而且挂着彩色的花穗从一棵树吊到另一棵树上。

在所有的开放树丛中都饲养着野雉及其雏鸟、鹧鸪、孔雀、火鸡和各种漂亮的家禽，它们在一天的特定时间被集中到那里喂食。他们也用同样的方法在那里饲养松鼠、小猴子、凤头鹦鹉、鹦鹉、豚鹿、斑点山羊、羔羊、豚鼠和许多其他美丽的动物。

中国造园家在开放树丛中使用的树，也用于单独种植，或将其种植成二、三、四棵一组，这些树有山香柏、云杉、银杉、冷杉、落叶松、平滑茎干松、侧柏和柏树，以及垂柳、白蜡树、枫树、西方胡桃、郁金香树、金合欢、橡树、榆树等所有以如画的形式生长的植物。当它们失去自然形状时，无论是由于生长过快还是其他意外，人们都会修剪它们以使它们形状宜人，或强迫它们转向其他方向。印度栗、马栗树、欧椴树和其他一些僵直的、正式的树，他们从不单独种植，但他们发现这些植物青翠茂盛，有着花朵和茂密的树叶，非常适合灌木丛、树林和林荫道。

中国造园家为园林里漂亮的部分种植了特殊的植物，另一些特殊植物则用于荒野和恐怖场景，或用于纪念碑和废墟，抑或与各种建筑物搭配，根据它们的特性用于这些不同的用途。

在种植过程中，他们非常注意植物的自然大小，把生长低矮的植株放在最前面，而逐渐向内种植那些更高的植株，因此所有的树都可以同时暴露在视野中。他们将某些植物挪到低矮且潮湿的环境中，将另一些挪到干燥且高耸的环境中。他们说，虽然一棵柳树可以长在山上，也可以生长在沼泽里，但这些都不是自然的情况。

当园林的主人富有时，他们只考虑植栽的完美；但当其贫困时，他们也顾及"经济"，他们将那些不仅美观而且实用的植物和建筑物引入他们的设计中。没有草坪，取而代之的是草地和田野，养着羊和牛，或种植水稻和棉花，或播种玉米、芜菁、豆荚、豌豆、麻和其他有着驳杂色彩的开花植物。小树林由各种有用的果树组成，如苹果树、梨树、樱桃树、桑树、果梅树、杏树、无花果树、橄榄树、榛树，以及中国特有的其他植物。

树林里长满了树木，可用作燃料和建造建筑，它还生产板栗、核桃、橡子和其他有利润的果实和种子，树林里还盛产各种野味。

灌木丛包括玫瑰、覆盆子、树莓、醋栗、薰衣草、葡萄藤和醋栗丛，以及伏牛花、桤木、桃树、油桃树和杏仁树。所有的步道都很狭窄，设在树的滴水下和种植园的边缘，因此不会占用有用的土地。在建筑物中，有些是谷物或干草的仓库；有些是马厩和牛棚；有些是奶牛场，附带牛舍和牛栏；有些是农夫的茅屋，附带储存农具的棚屋；有些是鸽舍及饲养其他家禽的场所；有些是温室，用于培育早熟或稀有的水果、蔬菜和花卉。所有这些都经过精心布置，设计得极有品味，虽然是依照质朴的乡土风格设计的。

湖泊和河流中畜养着丰富的鱼类和水禽，所有的船只都是为捕鱼、狩猎和其他既有利益又有娱乐性的活动而设计的。边界上种植的不是花，而是香草、芹菜、胡萝卜、土豆、草莓、旱金莲花、菊苣、黄瓜、甜瓜、菠萝和其他漂亮的水果和蔬菜，而那些不那么好看的食用品，都被小心地藏在果树篱笆后面。他们说，每个农夫都可以免费拥有一座园林，而且，如果所有土地拥有者都是有品味的人，那么这个世界可能会毫无困难地形成一座连续的园林。

这就是迄今为止我收集到的关于中国园林的实质内容。在这篇文章中，我力图提供一个关于他们造园风格的大纲，而不涉及琐碎的细节，也不列举他们的艺术家偶尔会使用的小规则。我确信，对有天分的人而言，这种细微的区别是没有必要的，而且往往是有偏见的，因为它们会给记忆带来负担，并以多余的限制阻碍了想象力。

前面所提到的处理方式和不同的技巧都是在中国主要采用的，也是他们造园风格的最佳代表。但是那个国家的艺术家如此有创造力，他们的组合如此多样，以至于他们的作品中没有任何二者是相同的。他们从不互相复制或模仿，他们甚至不重复自己的作品。他们说，见过一次的东西，在第二次看到时会显得无力，并且，任何与已知物体有着哪怕一点儿相似之处的物件，都很少能激发出新的想法。因此，读者不要以为提到的就是存在的一切。相反，可能已经产生了大量的其他例子，但所提供的这些示例可能就足够了，尤其是它们大多数就像音乐中的某些乐曲，虽然本身很简单，但对于丰富的想象力来说，暗示着无穷无尽的复杂变化。

对一般的欧洲人而言，上述许多描述似乎是不可能的，而且执行上述描述的事情，在某种程度上是不切实际的，但那些更熟悉东方的人知道，对东方的壮丽而言，没有什么会因为过于伟大而无法尝试，几乎没有什么是不可能的，那里的宝藏是无尽的，力量是无穷的，慷慨也是无界的。

欧洲艺术家绝不能指望与东方的辉煌相媲美，然而，应该让他们仰望太阳，尽可能多地汲取它的光辉。境遇经常会阻碍艺术家前进，他们可能常常被禁止高飞，但他们应该把注意力集中在伟大的物件上。他们的作品总是表明，他们知道通往完美的道路，如果他们能够被允许继续这趟旅程的话。

蜿蜒曲折的步道，蔓生的灌木，挖洞堆砌成的鼠丘，在草坪、小树林和灌木丛中进行永无止境的改变，都称为造园。谁是造园家无关紧要，无论是农民还是普桑；无论是玩耍的孩子，还是受雇的人。最卑贱的人也能做点儿力所能及的事情，而最优秀的人也只能点到为止。但是只要采用了较好的风格，园林都应当是自然的，而与庸俗的自然不相像。新颖而不做作，非凡而不张扬。在那里，观者感到愉悦，他的注意力始终被不断吸引，他的好奇心被激发，他的内心被各种矛盾的激情所振奋。造园家必须是有天分、经验和判断力强的人，他们必须洞察力敏锐，有多样的手段和丰富的想象力，并通晓人类的一切情感。

注释

1. William Chambers, *A Dissertation on Oriental Gardening* (London: Griffin, 1772). 同年出版了法文译本。

2. 同上，前言。

3. 钱伯斯在这里提及了他出版于1757年的短文《中国园林布局的艺术》。

4. 钱伯斯指的是"借景"手法。关于借景的更多细节，参见本文选中范罢览的描述。

5. 钱伯斯指的是1743年从北京写来的信，在其中法国耶稣会传教士王致诚描述了圆明园的皇家园林和建在其周边的微型城市。

6. 约翰·伯恩哈德·菲舍尔·冯·埃尔拉赫于1721年首次出版的《历史建筑设计》，可能是钱伯斯描述中国桥梁的来源之一。事实上，菲舍尔·冯·埃尔拉赫作品的第三卷包含了一些中国桥梁的著名实例的铜版画。图版15描绘了一座吊桥，并附有德语和法语解释："中国京通市附近美妙的链桥之一。" Johann Bernhard Fischer von Erlach, *Entwurff einer historischen Architectur* (Vienna, 1721), vol. 3, pl. 15.

7. 钱伯斯在这里指的是闽江上连接福州城和南台岛的桥梁。他的参考资料还是菲舍尔·冯·埃尔拉赫的《历史建筑设计》，其中有一幅此桥的铜版画，题为"福州和南台郊区之间的巨大中国桥"。参见同上，vol. 3, pl. 13.

8. 泉州市的洛阳桥。菲舍尔·冯·埃尔拉赫的《历史建筑设计》介绍了该桥，铜版画的标题是"中国福建省的洛阳桥"。参见同上, vol. 3, pl. 14.

9. 一幅表现该桥的铜版画，题为"栈道，由柱子构成的道路，位于中国山西省"，发表在菲舍尔·冯·埃尔拉赫的《历史建筑设计》中。参见同上，vol. 3, pl. 14.

10. 钱伯斯在这里指的是北美鹅掌楸（*Liriodendron tulipifera* L.），通常被称为郁金香树。

11. 绿廊是一种供攀援植物攀爬的拱形棚架。